Friedrich Oehlerking

Das Telefon-Sparbuch

Friedrich Oehlerking

Das Telefon-Sparbuch

Dienste, Netze, Chancen in der neuen Telekommunikations-Welt

Deutscher Sparkassen Verlag Stuttgart

GESCHÄFTSWELT
HANDBUCH
Band 4

Die Deutsche Bibliothek – CIP Einheitsaufnahme

Oehlerking, Friedrich:
Das Telefon-Sparbuch: Dienste, Netze, Chancen in der neuen Telekommunikations-Welt / Friedrich Oehlerking. – Stuttgart: Dt. Sparkassen-Verl., 1998
(GeschäftsWelt-Handbuch; Bd. 4)
ISBN 3-09-301125-6
GeschäftsWelt-Handbuch. – Stuttgart: Dt. Sparkassen-Verl.
[Neue Schriftenreihe]

Lektorat: Ralf Kustermann
Satz und Repro: Utesch GmbH, Hamburg
Druck und Binden: Media Print GmbH, Paderborn
Titelbild: Claudio Lazi, Stuttgart
Bildquellen: Deutsche Telekom AG: S. 9, 259, 277; DeTeMobil Pressestelle: S. 189, 207; EditorNetwork Medien GmbH: S. 89; H & M Presseservice: S. 227; MVC Deutschland GmbH: S. 241; Panasonic Deutschland GmbH: S. 13; Siemens AG, Ber. Private Telekommunikationssysteme: S. 17; Smithsonian Institution/Lockhead Corporation: S. 161; T-Mobil Pressestelle: S. 59, 109, 129, 173, 199, 295
Papier aus 100% chlorfrei gebleichtem Zellstoff
Printed in Germany
I–1/98, Art.-Nr. 330 122 004
ISBN 3-09-301125-6

Inhalt

Vorwort 9

1 **Einleitung** 13

2 **Der Markt: „Wenn's bei der Konkurrenz nicht klingelt"** 17
2.1 Im Konzert der Werbetrommler 18
2.2 Ergebnisse – die Probe aufs Exempel 23
2.2.1 Rauchende Colts 23
2.2.2 Dienstleistung bei Talkline 27
2.2.3 Mannesmann Arcor – mit Erfahrung zum Erfolg? 28
2.2.4 Otelo sieht sich als Allrounder 29
2.2.5 Debitel – kompetente Beratung 32
2.2.6 TelePassport – von Callback bis Fax 32
2.2.7 Nicht typisch Beamter – die Deutsche Telekom 35
2.3 Kommunikation und ihre Kosten im Überblick 45

3 **Kosten: Keine Angst vor Tarifen** 59
3.1 Callback – per Rückruf Geld gespart 60
3.2 Telefonieren à la Card 66
3.3 LCR – Surfen zwischen den Spotmärkten 71
3.3.1 Netzsurfen in Skandinavien 81
3.3.2 Router im Überblick 82
3.3.3 Fragen an den Experten 86

4 **Das neue Recht – Schutz für Kunden und Mitarbeiter** 89
4.1 Im Interesse der Kunden 90
4.2 Allgemeiner Kundenschutz 91
4.3 Angebot für Diensteanbieter 92
4.4 Wenn ein Partner nicht mehr will 94
4.5 Verfügbarkeit als Universaldienstleistung 95
4.6 Rechte von Grundstückseigentümern 95
4.7 Auch Netzbetreiber haben Rechte 96
4.8 Einzelverbindungsnachweis 97
4.9 Rechnungserstellung 98
4.10 Nebenleistungen, die ihr Geld wert sind 104

5 **Mobilfunk: „Von der Hand in den Mund"** 109
5.1 Karte macht mobil bei Arbeit, Sport und Spiel 113

5.2 Das Handy im Ausland 115
5.3 Mobil auf die Datenautobahn 116
5.3.1 Speditionen auf Empfang 120
5.3.2 Kurznachrichten im Paket 121
5.3.3 Corporate Networks werden mobil 122
5.4 Service Provider oder Netzanbieter? 123
5.5 Leasing – die Zeitfalle schlägt zu 126
5.6 Ein Loch ist im Handy 127

6 Bündelfunk: „Das verkannte Genie" 129
6.1 Null Mark pro Minute 131
6.2 Neue Möglichkeiten mit Digitaltechnik 133
6.3 Bündelfunk – auch im Dienste der Umwelt 134
6 3.1 Bevor das Wasser bis zum Halse steht 137
6.3.2 Altes Handwerk mit moderner Technik 140
6.3.3 Bündelfunk in der Energiewirtschaft 140
6.4 Kommunen sparen mit Mobilfunk 143
6.5 Bündelfunk sichert Bauten 146
6.6 Günstiges Klima dank Bündelfunk 149
6.7 Bündelfunk auch überregional 151
6.8 Mobilfunk für Handwerk und Gewerbe 153
6.9 Sprache und Daten durch die Luft 154
6.10 Die Funktionen von Bündelfunk 155
6.11 Was Bündelfunk kostet 157

7 Satellitenfunk: Die globale Lösung 161
7.1 Iridium: 66 kleine Satellitelein 162
7.2 Vom Seefunk zum persönlichen Handy: Inmarsat 164
7.3 ICO – das Spot-Beam-Telefon 166
7.4 Das Jahr von Globalstar: 1999 167
7.5 Mit Space Odyssey ins Jahr 2001 168
7.6 Der Markt für Satellitentelefonie 169

8 Service: Dienstleistung am Telefon 173
8.1 Ein teurer Service 177
8.2 Mehr Leistung fürs Geld 179
8.3 Nummernmarkt der Eitelkeiten 180
8.4 Auskünfte zum Nulltarif 183

9	**Funkruf: „Hebamme auf Hallig 7“**	189
9.1	Ein Page(r) hilft weiter	190
9.2	Scall, TelMI oder Quix?	192
9.3	Spartips beim Umgang mit Pagern	195
10	**Datenfunk: „Der heiße Draht zur Zentrale“**	199
10.1	Bedarfsgerechte Entsorgung	201
10.2	Wie man eine Flotte flott macht	203
10.3	Der elektronische Wachhund	203
11	**Telefax: Marketing über die Leitung**	207
11.1	Massenfaxversand	208
11.1.1	Die rechtliche Situation	211
11.1.2	Im Zweifelsfalle „Robinson“	213
11.1.3	Was können Sie vesenden?	214
11.1.4	Eigenversand oder Dienstleister?	215
11.2	Der Faxabruf	219
11.2.1	Faxpolling	219
11.2.2	Fax-on-Demand	220
11.2.3	Fax-Back	223
11.3	Fax-In	223
11.4	Einzelfaxversand	224
12	**Internet: Mit doppeltem Boden**	227
12.1	Was ist Internet-Telefonie?	228
12.1.1	Preisvorstellungen im Trüben	230
12.1.2	Alte Dienste im neuen Kleid	230
12.1.3	Neue Tarifmodelle sind absehbar	231
12.1.4	Alte Technik ist überfordert	232
12.1.5	Endgeräte im Umfeld der IP-Telefonie	232
12.2	EDI und Electronic Commerce im Internet	233
12.2.1	Electronic Data Interchange	234
12.2.2	Shopping im E-Kaufhaus	235
12.3	Mit dem Intranet gewinnen	237
13	**Videokonferenzen: „Reisespesen nicht gewesen“**	241
13.1	Kontakt mit der Kamera	243
13.2	Vom verwaisten Studio an den Konferenz-PC	246
13.3	Wo macht Videoconferencing Sinn?	249
13.4	Konferenz unter Druck	251

13.5 Frühstück bei Tiffany's – Videokonferenz zur Miete 251

14 Corporate Network: „Eigenes Netz ist Goldes wert" 259
14.1 Wann lohnt sich ein Corporate Network? 261
14.1.1 Pret-à-porter aus dem Haute-Couture-Netz 264
14.1.2 Netzwerk für die Techniker Krankenkasse 265
14.1.3 Netzwerk bei der B. Braun Melsungen AG 266
14.1.4 Netzwerk in Froschperspektive 267
14.2 Das Internet als virtuelles Privatnetz 268
14.3 Das Konzept des virtuellen Privatnetzes 270
14.3.1 Internet-Sicherheit 271
14.3.2 Abschottungen reichen nicht aus 272

15 Citynetz: Die Kommunen machen mobil 277
15.1 Neue Pfründe für die Rathäuser 278
15.2 Die Rolle der Citynetze im Wettbewerb 280
15.3 Tour de Netz 283
15.3.1 Net de Cologne 283
15.3.2 Mit Isis auf der Kö 286
15.3.3 NEFkom – der Franken-Highway 287
15.3.4 Bits im Pott 288
15.3.5 Service an der Alster 289
15.3.6 An der langen Leine durch Hannover 290
15.3.7 Münchner Kindl 291
15.3.8 Ein Netz für Alma Münster 291

16 Aus der Praxis:
Tips für Betreiber von TK-Anlagen und Firmennetzen 295

Glossar 302

Stichwort- und Personenverzeichnis 307

Vorwort

Seit rund zwanzig Jahren beschäftige ich mich als Beobachter, Beteiligter und Benutzer mit dem Thema Telekommunikation und habe es von vielen Seiten kennenlernen dürfen. Gerade der tägliche Umgang mit diesem Werkzeug hat mir gezeigt, wie viele Chancen und Möglichkeiten die Telekommunikation einem eröffnet. Wie ein Schweizer Messer, an dem man immer neue Instrumente zum Ausklappen entdeckt.

In den letzten Wochen und Monaten brachen jedoch die Dämme. Die fortschreitende Liberalisierung der verschiedenen Sektoren dieses Marktes führte zu einer Überschwemmung durch Angebote, der ich nicht mehr Herr werden konnte. Wenn es schon einem „alten Hasen" so ergeht, wie sieht es dann um jene Selbständigen und Unternehmer aus, für die sich das Thema Telekommunikation bisher in der Nebensächlichkeit der monatlichen Telekom-Rechnung und der Frage nach einem Faxlieferanten erschöpfte?

Das war der Auslöser zu diesem Ratgeber, der den wahren Nutzen zwischen den Zeilen von Werbespots und Hochglanzprospekten für gewerbliche Anwender von Telekommunikation transparent machen sollte. Und zugleich auch noch verraten sollte, wie man dabei so manche Mark spart. Dabei war ich in der glücklichen Lage, auf kompetente Helfer und Berater in meiner Umgebung zurückgreifen zu können. In enger Zusammenarbeit und stetigem Ideenaustausch mit Friedrich Bräuninger, dem Chefredakteur von GeschäftsWelt, das Wirtschaftsmagazin der Sparkassen-Finanzgruppe, und anderen Kollegen von Editor Network in München reifte schließlich die Idee zur Veröffentlichung in der Reihe „GeschäftsWelt-Handbuch".

Dabei war ich in der glücklichen Lage, auf kompetente Helfer und Ratgeber zurückgreifen zu können. Das beginnt bereits mit der Abwägung der Schritte, in welche Richtung ich mit dem von mir herausgegebenen Telefax-Magazin für Telekommunikation „getfax" gehen wollte. Hier war mir immer ein nützlicher Ratgeber die Begleitung durch meinen Freund Gernot Gutacker in Stuttgart. Mit ihm zusammen entwickelten wir vor fast sechs Jahren die Idee zu „getfax", dessen Herausgabe mir seither durch seine Firma GTC als Faxdienstleister mit ermöglicht wird. Sehr hilfreich ist zudem der Wissensschatz seiner Tochter Anja Gutacker, auf den ich nicht nur für dieses Buch zugreifen konnte.

Erwähnen möchte ich bei dieser Gelegenheit auch die Firma „Status Moderne Kommunikation" in Alling bei München. Sie ist schwerpunktmäßig in den Bereichen Computeranlagen, Netzwerksysteme, Telekommunikation und Studiotechnik tätig und berät „getfax" bei der Vorbereitung eines umfassenden Informationsangebots im Internet. Ihr Inhaber, Alexander Becker, begleitet mich seit über sieben Jahren mit Rat und Tat.

Die weite Spanne, die die neuen liberalisierten Telekommunikationsmärkte nun eröffnen und die Gegenstand dieses Buches ist, läßt ahnen, auf welch große Unterstützung ich in diesem Markt angewiesen war. Das beginnt bei der Pressestelle des Bundesministeriums für Post und Telekommunikation und endet bei den verschiedenen Pressestellen der Hersteller- und Dienstleistungsfirmen. Ohne sie und ihre tägliche Arbeit am Thema Telekommunikation wäre nicht nur dieses Buch nicht entstanden, sondern es gäbe vor allem diese Fülle an Chancen und Möglichkeiten der modernen Telekommunikation nicht. In diesem Sinne möchte ich die Nennung von Firmen in diesem Buch nicht als Werbung, sondern vielmehr als Dank für die Hilfe verstanden wissen, die sie mir und uns allen zukommen lassen.

Stellvertretend für sie alle möchte ich einen Branchenrepräsentanten herausgreifen, Peter Steding, der mir mit einer Fülle von Beispielen zum Thema Bündelfunk unschätzbare Hilfe geleistet hat. Er ist Inhaber der Firma Creative Identity in Lautertal, die die Anbieter von Bündelfunk in ihrer Öffentlichkeitsarbeit unterstützt.

Mein ganz besonderer Dank gilt schließlich meinem lieben Kollegen und Freund Ulrich Pfaffenberger, Vollblutjournalist und Ideenmaschine, Ratgeber und strenger Kritiker. Von ihm habe ich viele Impulse für dieses Buch erhalten. Er hat mit unermüdlicher Hingabe die Entstehung dieses Buches begleitet.

Zuletzt noch eine Bitte: Betrachten Sie dieses Buch nicht als alleinseligmachenden Katechismus. Nutzen Sie es vielleicht eher als einen Anstoß, in ein Gespräch mit Ihrem Anbieter von Telekommunikation zu treten. Ich verspreche Ihnen: Sie werden eine ganz neue Welt kennenlernen, mit vielen Varianten, bei der Kommunikation mit Ihrer Umwelt, mit Geschäftspartnern, Freunden, Bekannten und Verwandten. Sie werden jede Menge Zeit, Aufwand, Energie, Nerven und letztlich Geld sparen oder aber sogar sich neue Betätigungsfelder mit neuen Geldquellen erschließen. Es wird sich lohnen.

Markt Indersdorf, im November 1997

1 Einleitung

Der „Gemeinsame Markt“ der Telekommunikation beginnt nicht erst am 1. Januar 1998. Genausowenig, wie die Oktoberrevolution im Oktober stattgefunden hat.

Aber zu diesem Datum fällt der offizielle Startschuß zu einem Markt, der schon lange vorher angekündigt hat, daß er das Zeug dazu hat, unsere gesamte Volkswirtschaft umzukrempeln. Einige Bereiche der Wirtschaft werden dadurch überflüssig werden, andere ergänzt.

Es ist vor allem die offensichtliche Schnellebigkeit der Produkte und Dienstleistungen, die davor abschrecken, auf den „fahrenden Zug“ aufzuspringen, geschweige denn es erlauben, sich zu orientieren und das Richtige für sich herauszupicken.

Daher steht die Mehrzahl der mutmaßlichen Nutz(nieß)er bislang eher staunend am Rande und beobachtet, wie die großen Unternehmen der Telekommunikation sich in immer wieder anders gearteten Kooperationen, Allianzen, Fusionen und Gremien diesen neuen Markt untereinander aufteilen. Und viele fragen sich dabei: Und wir? Welchen Nutzen habe ich als mittelständischer Unternehmer, als Kleinbetrieb, Selbständiger, Freiberufler oder schlicht und einfach als Verbraucher von diesem großen Wandel?

Mit Hilfe von Beispielen aus dem Unternehmensalltag, unter Berufung auf den guten Rat von Fachleuten und Anwendern und stets vom Anspruch auf größtmögliche Praxisnähe geleitet, will ich Ihnen in den folgenden Kapiteln dieses Buches Antwort auf diese Frage geben.

Vor dem Einstieg in die neue Welt der Telekommunikation jedoch ein wichtiger Hinweis: Es ist eigentlich egal, wann man die Recherchen zu einem Bericht oder Buch aus dem Markt der Telekommunikation abschließt – bei Drucklegung sieht die Wirklichkeit immer schon wieder ein bißchen anders aus. Der Markt entwickelt sich mit atemberaubender Geschwindigkeit weiter. Es kann also durchaus sein, daß von uns im einen oder anderen Fall gemachte Erfahrungen sich mittlerweile ganz anders darstellen. Wir haben dies, soweit irgend möglich, berücksichtigt. Dennoch kann für die Angaben zu Produkten und Dienstleistungen von Anbietern, soweit sie in diesem Buch zur Sprache kommen, keine Garantie übernommen werden. Seien Sie also nicht irritiert, wenn Sie auf aktuelle Nachfragen nicht immer identische Auskünfte erhalten sollten.

Für die weitere Orientierung des Lesers am Markt verweise ich an dieser Stelle auf zwei Institutionen, die ich als besonders hilfreich kennen- und schätzengelernt habe: Die eine ist das „Praxismagazin zur Telekommunikation – connect“, das mir allmonatlich mit einer Fülle an Tips, Beratung, Information,

Hintergrund und Analysen ein unentbehrlicher Wegweiser im Dschungel der frei – und manchmal recht wild – wachsenden Telekommunikationsflora geworden ist.

Die andere ist der Verband der Postbenutzer in Offenbach, der einige goldene Regeln zum Umgang mit den neuen Märkten zusammengestellt hat. Sie sind im letzten Kapitel dieses Buches abgedruckt. Davon abgesehen verfügt der Verband über einen unermeßlichen Fundus an Know-how, den man sich insbesondere als größerer Kunde der neuen Netzanbieter erschließen sollte. Auch wenn er keine Rechtsberatung vornehmen darf, kann der Verband dank seiner Erfahrung auf dem Gebiet der Telekommunikation einem Unternehmer und Endverbraucher so manches Lehrgeld ersparen helfen.

Dafür, daß Sie sich im Angebotsdschungel des Telekommunikationsmarktes orientieren und den für Ihre Zwecke sinnvollsten und wirtschaftlichsten Weg finden, sollen die folgenden Kapitel sorgen.

2
Der Markt

„Wenn's bei der Konkurrenz nicht klingelt"

Haben Sie sich nicht auch schon mal gefragt: Da wird das Monopol der Deutschen Telekom abgeschafft, und neue Wettbewerber sollen Ihnen nun das Heil auf Erden für Ihre Telekommunikationsbedürfnisse bringen. Doch sind die Wettbewerber dafür überhaupt gerüstet? Werde ich als Kunde bei den Neuen König sein? Bin ich bei ihnen besser beraten als bei den Alten? Wir machten zusammen mit der Fachzeitschrift „Funkschau" die Probe aufs Exempel. Das Ergebnis ist ernüchternd: Bei der Konkurrenz der Telekom scheint's noch nicht geklingelt zu haben.

2.1 Im Konzert der Werbetrommler

Mit Werbeetats von mehreren 100 Millionen Mark wollen die neuen Telefonfirmen der Telekom die Telefonkundschaft abspenstig machen. Mit fast 20 Milliarden Mark Investitionen sollen die Netze aus- und aufgebaut, Vertrieb und Service angeleiert werden, um der Telekom die Stirn zu bieten. In keiner anderen Branche werde der Kampf um den Kunden härter geführt werden als in der Telekommunikation (TK), zitiert die Hamburger Illustrierte *stern* eine Prophezeiung der MediaGruppe München. An Tankstellen, in Bahnhöfen, auf Schritt und Tritt soll Ihnen, dem König Telefonkunde, das Telefonieren versüßt werden. Vor allem mit Preisen, von denen Sie unter dem vermeintlichen Telekom-Joch bislang nur träumen konnten.

Doch wie es aussieht, könnte der erhoffte Preissegen in eine Art Vobis-Syndrom umschlagen. Der PC-Anbieter mußte vor Jahren nach anfänglichen Markterfolgen mit Niedrigpreis-PCs feststellen, daß der Kunde nachlässige oder gar fehlende Beratungsleistung schlecht honoriert.

Ähnliches lassen auch bei den künftigen Telekommunikationsanbietern Ergebnisse befürchten, die unsere Umfrage zur Beratungsleistung bei den Telekom-Konkurrenten erbrachte.

Hintergrund

Netzbetreiber im Test

Bei der Beantwortung waren die Wettbewerbskandidaten, also die Telekommunikationsgesellschaften einschließlich der Deutschen Telekom, gefordert, Kompetenz in der Kundenberatung zu zeigen. Dabei kam es nicht darauf an, komplett ausgearbeitete Konzepte zu liefern.

1. Die Telefonnetzbetreiber sollten Auskunft geben: Welche Lösungen bieten Ihnen als Geschäftskunden die neuen Netzbetreiber?
2. Es genügte eine aufgeschlüsselte, kompakt begründete Darstellung der jeweils unterbreiteten Vorschläge, wie man Ihre Kundenprobleme zu lösen gedenkt.
3. Es sollte angegeben werden, mit welchen Grundkosten (Beratungshonorar, geschätzter Aufwand für die Umstellung des Telefonsystems, monatlicher Basispreis für einzelne Dienstleistungen und/oder Installationen) Sie als Kunde und Anwender zu rechnen haben.

Daran gemessen läßt sich die Wettbewerbssituation derzeit in folgenden Resultaten darstellen:

- Die Deutsche TelekomAG (DTAG) hat ihre Lektion seit Ende der Deutschen Bundespost in verschiedenen Bereichen gut bis sehr gut gelernt. Sie versteht es, sich Ihrer Sorgen als möglichem Kunden so anzunehmen, daß Sie zumindest zunächst Vertrauen schöpfen können in Kompetenz, Know-how und Eingehen auf Ihre individuellen Bedürfnisse.
- Lediglich drei Mitbewerber der Telekom, Debitel, TelePassport und Colt Telecom, vermitteln in der Art und Weise ihrer Beantwortung der Testfragen eine ähnliche Vorstellung.
- Das Gros der Konkurrenten scheint derzeit außerstande, potentiellen Kunden eine Groborientierung zur Lösung unternehmensspezifischer Telekommunikationsprobleme vorschlagen zu können. Einfallsreichtum, Professionalität und Visionskraft genügen hier (noch) nicht, um der künftigen Unternehmensstrategie ein Ziel und eine Richtung zu geben. Dies übrigens ganz unabhängig von der jeweiligen Konzerngröße. Man wird den Eindruck nicht los, daß in den Chefetagen der großen Konzerne oberste Richtschnur für den Eintritt ins Telekommunikationsgeschäft die Devise ist: „Künftige Marktplätze besetzen, koste es, was es wolle. Know-how gibt's später *by doing on the job*!" Eine Devise, von der zumindest fraglich ist, ob Sie sie sich als Kunde lange gefallen lassen würden.

Um den künftigen TK-Anbietern auf den kundenorientierten Puls zu fühlen, sollten diese sich Gedanken für eine Kundenberatung zur Lösung von Telekommunikationsproblemen in Unternehmen verschiedenen Zuschnitts machen. Vier Szenarien standen auf dem Plan:

- ein *Kleinstunternehmen,*
- ein *Kleinbetrieb,*
- ein *Mittelbetrieb* und
- ein *Großbetrieb.*

Hintergrund

Szenarien

Vorausschicken möchten wir, daß es sich bei den nachfolgenden Kundenszenarien um Beispiele handelt. Soweit Preisvoraussagen gemacht werden, sollten Sie sie auf jeden Fall konkret für Ihren Bedarf ausrechnen lassen.

Kleinstunternehmen

- praktischer Arzt,
- 2 Mitarbeiter, Innenstadtlage, 2 Sprechzimmer, 4 Kommunikationsstellen
- Kommunikation mit Labor, Patienten, Fachärzten, Klinik, Notdienst
- Datenübertragung zu Labor und Kassenärztlicher Vereinigung
- bestehende Siemens-Telefonanlage (analog), Handy vorhanden, noch ohne Faxanschluß

Problemstellung: Der Kunde sucht eine schnelle und kostengünstige Lösung. Für die Hardware kann über 3000 DM verfügt werden.

Kleinbetrieb

- regionaler Handwerksbetrieb (Einzugsgebiet 120 km Umkreis um Zentrale)
- Installateurbetrieb mit Fachhandel, 60 Mitarbeiter
- 12 Filialen plus Zentrale, Fuhrpark (15 Kfz)
- gehört zu den 3 größten der Branche in der Region
- steht unter scharfem Kostenwettbewerbsdruck

Problemstellung: Die Kommunikation zu Zulieferern und Kunden, aber auch die interne Kommunikation läuft bisher unkoordiniert und in EDV-Insellösungen ab. Der Kunde sucht nun nach einer ganzheitlichen Abstimmung.

Mittelbetrieb

- Spezialmaschinenbauer
- 200 Mitarbeiter, davon 20 Verwaltung und Vertrieb, 2 Betriebe am Standort
- 60 Prozent Exportanteil, zahlreiche Einzelfertigungen/Einzelkunden
- 2 Großkunden in D, 1 Tochterbetrieb (Rohfertigung) in Tschechien
- Kommunikation mit Kunden, Zulieferern und 5 freien Handelsvertretern in Deutschland, Österreich, der Schweiz, je 1 Repräsentant in Brüssel, Paris, Mailand, Chicago, Singapur, Moskau

Problemstellung: Der Kunde sucht nach einer Kostensenkung bei verbesserter Kommunikationsqualität und -zuverlässigkeit. Er benötigt eine Lösung für eine serviceorientierte Ad-hoc-Kommunikation.

Großbetrieb

- Versicherungsunternehmen, Tochter eines britischen Konzerns
- 2000 feste Mitarbeiter
- 5500 freie Vertreter
- Zentrale in Saarbrücken
- 8 Generalvertretungen in Deutschland (Hamburg, Düsseldorf, Berlin, Hannover, Frankfurt/M., Stuttgart, München, Leipzig)
- 20 Niederlassungen in Deutschland
- Kommunikation intern und mit Kunden

Problemstellung: Das Unternehmen hat in jüngster Zeit große Einbrüche im Kundenbestand registriert. Eine Analyse hat starke Defizite bei der Beratungsqualität und Kommunikationsschnelligkeit ergeben. Das Unternehmen möchte den Service und die interne Kommunikation verbessern.

Mit zwei Hauptproblemen hatten es die meisten Teilnehmer der Befragung dabei zu tun: Zum einen sollten sie neben der Beantwortung der Szenarien einen Preisvergleich geben. Dies war auch wegen der hinauszögernden Haltung der Telekom in der Frage der Interconnect-Verträge problematisch.

Zum anderen standen ihnen die Möglichkeiten herkömmlicher Unternehmensberatung nicht zur Verfügung. So konnten sie nicht einen sogenannten Beratungstermin vereinbaren, an dem man sich im Unternehmen selbst die Probleme ins Konzeptheft diktieren läßt. Nicht selten wird durch die Kunst der

Umformulierung wiederum ein Problemlösungskonzept gezaubert, das man sich dann honorieren läßt. Man kassiert folglich für eine Arbeit, die im wesentlichen vom Kunden bereits erledigt wurde.

Wie im richtigen Marktleben auch, wenn Sie sich als Kunde einen ersten Eindruck über das Angebot am Markt verschaffen, Leistungs- und Preisvergleiche vorab anstellen wollen, bevor Sie zum konkreten Showdown mit detailliertem Kostenvoranschlag bitten, wurde lediglich das Problemszenario grob geschildert und vorgegeben, was ungefähr zunächst erwartet wird:

- eine Kommunikationslösung unter Berücksichtigung der Marktanforderung und der Problemstellung.
- Aufzeigen eines optimalen Szenarios unter folgenden Aspekten:
  - Betriebskosten
  - Telekommunikationskosten
  - Beschaffungskosten TK-Technik.

Interessant für die Auslotung von bereits vorhandenen Kapazitäten schien zudem,

- in welchem Bereich sich das Angebot auf eigene Ressourcen stützt und in welchem Ihnen Fremdleistung (zur freien Auswahl oder aufgrund von bindenden Vereinbarungen) vorgeschlagen wird.

Hintergrund

Befragte Unternehmen

- Deutsche Telekom AG (DTAG) als künftiger Wettbewerber unter Wettbewerbern,
- Mannesmann Arcor, Düsseldorf,
- VIAG Interkom, München,
- Otelo (RWE/Veba), Düsseldorf,
- Plusnet-Thyssen, Düsseldorf,
- Colt Telecom GmbH, Frankfurt/M.,
- VEW Telnet, Dortmund,
- Debitel, Stuttgart,
- TelePassport, Frankfurt/M.,
- Talkline, Elmshorn,
- Cellway, Hallbergmoos,
- Info AG, Hamburg,
- MFS-WorldCom, Frankfurt/M. sowie
- die City-Netze HanseNet (Hamburg) und
- M"net (München).

2.2 Ergebnisse – die Probe aufs Exempel

2.2.1 Rauchende Colts

Positiv aufgefallen ist uns der Netzbetreiber Colt Telecom, in München erst kürzlich in den direkten Wettbewerb zur Telekom eingestiegen. Dieser Anbieter ist sich schon jetzt seiner starken Position gegenüber dem bisherigen Monopolträger im Stadtnetzbereich durchaus bewußt und hat sich mit viel Hingabe und Selbstbewußtsein an der Umfrage beteiligt.

Der Anbieter bereitet mit Ausnahme bereits bestehender Glasfasernetze in Frankfurt/M. und München eigene Netze in Hamburg und Berlin vor. Er hat ein Beratungspaket geschnürt, das eine profunde Kenntnis von Zielgruppe, Markterfordernissen und Möglichkeiten, auf sie einzugehen, verrät. Dabei dürfen Sie nicht vergessen, daß dieses Unternehmen seine Dienstleistungen nur innerhalb bzw. in einem definierten Umfeld um diese Städte anbietet. Eben da, wo man vor allem als Konkurrent der Deutschen Telekom antritt, also nicht deutschlandweit, sondern im lokalen Anschlußbereich.

Aber selbst da, wo Colt, etwa bei Telefonkunden mit größeren Gesprächsvolumina ab 5000 Einheiten, zur Zeit noch nicht seine Zielgruppe hat, werden Sie schon heute bei der Beratung darauf verwiesen, daß man mit anderen Telekommunikationsanbietern zusammenarbeitet, indem Ihnen deren Dienstleistungen vermittelt oder eigene Dienstleistungen an sie weitergegeben werden. Man merkt gleich: Dieser Anbieter will Ihnen vermitteln, daß man Ihnen weiterhelfen möchte und die beste Lösung für Ihre Bedürfnisse sucht.

Kosten

Colt Telecom

Die Colt-Preise gegenüber der Telekom sind immer 10 Prozent günstiger. Abhängig von den Regionen, in die telefoniert wird, können bis zu 65 Prozent gespart werden. Gleiches gilt für die Region 200, für Fernverbindungen und beim Mobilfunk (national derzeit höchstens 10 Prozent Ersparnis). International splittet Colt in 250 Länder auf und bildet keine Blöcke wie die Telekom. Geboten werden zwei grundsätzliche Preismodelle:

1. Taktungsmodell: Hier werden die Taktungen der Deutschen Telekom weitergegeben.
2. Minutenmodell: Beim Minutenmodell wird für jede Region ein Minutenpreis angeboten (zuzüglich Rabattierungs-Staffeln).

- Als *Kleinstunternehmer* wären Sie Kunde des Colt-„Connect"-Dienstes mit indirektem Anschluß an das Colt-Netz, Ersparnis von 10 Prozent bis zu 65 Prozent (abhängig von den Regionen, in die telefoniert wird). Keine Grundgebühr, keine Anschlußgebühr, keine Hardwarekosten.
  Diesen Dienst können Sie als Kunde innerhalb von 5 Tagen bekommen, wenn Sie in einer Stadt mit direkter Colt-Präsenz ansässig sind.
- Auch als *Kleinbetrieb* wären Sie Colt-„Connect"-Kunde mit indirektem Anschluß ans Colt-Netz, da Sie im Musterszenario als Kunde nicht im Stadtbereich von 120 km ansässig sind. Ersparnis von 10 Prozent bis zu 65 Prozent (abhängig von den Regionen, in die telefoniert wird). Keine Grundgebühr, keine Anschlußgebühr, keine Hardwarekosten.

Für verschiedene Bedürfnisse gewerblicher Telefonnutzer hat das Unternehmen Lösungsmöglichkeiten parat:

1. Kommunikation zu Zulieferern: Mit Colt-„Line" können Sie alle abgehenden Rufe weltweit abwickeln.
2. Kunden und intern ganzheitliche Abstimmung: innerhalb einer Stadt mit festen Kunden möglich, intern ohne Einschränkung möglich.
3. Insellösung: innerhalb einer Stadt keine Insellösungen mehr, alle Dienste auf einer SDH-Plattform.

- Als *Mittelbetrieb* wären Sie Colt-„Line"-Kunde mit direktem Anschluß an das Colt-Netz, wenn der Firmensitz in Frankfurt/M., Berlin, Hamburg oder München ist. Ihre Betriebe mit einem Standort können per Colt-Link vernetzt werden. Sie sparen laut Colt-Angaben auch hier mindestens 10 Prozent bis zu 65 Prozent (abhängig von den Regionen, in denen der Kunde telefoniert, wobei Verbindungen mit dem Ausland ein höheres Einsparpotential besitzen).
  Für den Anschluß der Telefonanlage bzw. des Telefons an die Colt-Vermittlungsanlage wird das Colt-eigene Glasfasernetz genutzt. Von der Colt-Vermittlungsanlage werden Ihre Telefongespräche verschiedenen nationalen und internationalen Carrier übergeben, die an den Colt-Knoten angeschlossen sind. Die Auswahl des jeweiligen Carriers stimmt Colt nach Preis und Qualitätskriterien ab. Im Falle einer Störung bei einem Anbieter werden die Gespräche über einen Ausweich-Carrier abgewickelt.

Die Colt-Leitungen werden vom Übergabepunkt bei Ihnen bis zur Colt-Vermittlungsanlage überwacht. Diese Überwachungen sind im Preis enthalten.

- *Großbetrieb*: Für Ihre Niederlassungen in Hamburg, Berlin, Frankfurt/M. und München bietet Colt Ihnen „Line"-Dienstleitungen an (siehe auch *Mittelbetrieb*).
  In diesem überregional ausgerichteten Szenario würde Colt Ihnen als Kunden die Lösung Ihres Problems durch einen deutschlandweiten Telekommunikationsanbieter empfehlen.

Tip

Wolf im Schafspelz

Wenn Sie Beratungsdienstleistungen bei einem der neuen Netzbetreiber einholen, hüten Sie sich vor dem Wolf im Schafspelz. Befolgen Sie möglichst folgende Tips:

- Lassen Sie sich nicht von blumigen Umschreibungen vermeintlicher Kompetenz in die Irre führen wie „Unser Unternehmen betätigt sich als neuer Anbieter für Netzdienstleistungen im Bereich der Telekommunikation", der gleichwohl „über ein hohes technologisches Know-how und ein umfassendes Lichtwellenleiternetz im Bereich Westfalen" verfüge. Das Gegenteil ist meist der Fall!
- Wenn Ihnen versprochen wird, man schaffe für Sie als Kunden „individuelle Lösungen", will das nichts besagen. Bei einem modernen Netzdienstleister sollte dies eine Selbstverständlichkeit sein.
- Auch sollten bei Ihnen alle Alarmglocken schrillen, wenn behauptet wird, für ein individuelles Eingehen auf Ihren Bedarf benötige man „detaillierte Informationen, z.B. über den tatsächlichen Bestand der Telekommunikationsausrüstung und was Sie als Kunde gerne realisiert haben möchten". Womöglich begründet damit, daß nur „aus dieser Situation heraus sich ein besonderes Anforderungsprofil" von Ihnen ergebe. Meist wird zudem versprochen, Sie erhielten dann ein genau auf Ihren Fall zugeschnittenes Angebot, verpackt in einem Leistungspaket, welches für Sie transparente und nachvollziehbare Preisstrukturen enthält. Ein typischer Dr. Nichtswissend würde es so ausdrücken: „Sage mir, was du hast, und ich sage dir, was du hast." Was Ihnen als Patienten fehlt, weiß ein solcher Herr Doktor wahrscheinlich selber nicht.

Wohlgemerkt: Das muß nicht immer so sein. Auch Profis können Ihnen eine Lösung nur dann maßschneidern, wenn Sie Ihren Bedarf genau kennen. Aber erst in einer späteren Phase Ihrer Auftragsentscheidung. Hier geht es allein darum, welche Kriterien einer Vorauswahl sich Ihnen als Kunden bieten. Und da sollte vom Anbieter schon mehr kommen als der Hinweis, später werde man sich alles genau anschauen und dann schon weitersehen.

- Bleiben Sie deshalb hart und bestehen Sie darauf, daß man Ihnen im Rahmen des Möglichen anhand eines von Ihnen vorgegebenen Szenarios ein Vorkonzept entwirft. Darin sollten Sie nur folgende Parameter vorgeben:
  - Unternehmensgröße (Mitarbeiterzahl o. ä.)
  - räumliche Unternehmensaufteilung (Zentralstandort, Nebenstandorte etc.)
  - Kommunikationsbedarf in groben Umrissen (z. B. Außendienststeuerung, Kommunikation mit Rechenzentrum etc.).
- Alle weiteren Angaben sollten Sie einer späteren Phase überlassen, wenn eine Vorentscheidung gefallen ist und Sie es für nützlich erachten, daß ein Vertreter des Anbieters Ihren Bedarf genauer unter die Lupe nimmt. Wenn Sie eine Antwort erhalten wie „Da die uns vorliegende Anforderung dieses spezifische Bild nicht klar strukturiert" oder „Da der deutsche Telekommunikationsmarkt noch nicht vollständig liberalisiert ist, wollen wir Informationen über Kosten und damit verbundene Anfragen über zu veröffentlichende Szenarien noch nicht bekanntgeben", können Sie sich beglückwünschen: Sie sind gerade einem Anbieter entronnen, der viel Weihrauch über nicht vorhandene Kompetenz verbreitet, Ihnen aber sonst höchstwahrscheinlich nicht weitergeholfen hätte. Auf dessen Hilfe können Sie in der Regel auch später ohne Verlust verzichten.
- Allgemeinwerbliche Hinweise wie „... Ein von uns betriebenes Corporate Network senkt die TK-Kosten im Vergleich zu seinen früheren Ausgaben erheblich ..." oder „... ermöglicht die Integration des Mobilfunks in das Corporate Network von uns weitere Preisvorteile ..." oder „... unterschiedliche Anschaltkonzepte bieten dem Kunden die jeweils wirtschaftlichste Lösung ..." oder „... die Anschaltung mit einer Dial-In-Unit ist ideal für Unternehmen mit geringerem TK-Volumen, denn sie ist eine einfache und preiswerte Lösung ..." haben in einer Beantwortung des Anbieters

auf Ihre Voranfrage nichts zu suchen. Allenfalls in unverbindlichen Werbeprospekten. Wenn Sie sich diese überhaupt zumuten wollen, sollten Sie sie bereits vor Einladung zu einem Vorkonzept studiert haben.

- Konkretere Preisangaben werden Sie in dieser Vorphase Ihrer Entscheidungsfindung allerdings kaum erwarten dürfen. Sie bleiben einem Kostenvoranschlag in einer späteren Phase Ihrer Auftragsvergabe vorbehalten. Allerdings sollten Sie Standardpreise einfordern. Werden auch diese etwa mit dem Hinweis auf „Wettbewerbsgründe" verweigert, wie es in solchen Fällen so schön heißt, können Sie darauf schließen: Hier hat man allem Anschein nach kein Interesse an Markttransparenz und will Ihnen damit einen wichtigen Entscheidungsparameter vorenthalten.

2.2.2 Dienstleistung bei Talkline

Beim Service-Provider Talkline hatten wir bei unserer Anfrage nicht auf Anhieb Glück. Man wolle sich erst noch mit Partnern aus dem einschlägigen Fachhandel am Markt zusammentun. Das Unternehmen stellt aber optimale Synergien in Aussicht, zumal schon heute Hardwarekomponenten und Systemlösungen vom Fachhandel betreut würden.

- Netzbetrieb: Talkline will künftig die Rolle eines „Netzbetreibers" spielen. Gespräche sollen, wie bereits vom Anbieter im Mobilfunk praktiziert, über Anschlüsse alternativer Carrier möglich sein. Neben diesem klassischen indirekten Vertriebsweg würden größere Kunden auch gemeinsam betreut werden.
- Least Cost Routing (LCR): Talkline vermarktet unter der Produktbezeichnung „Talkline WorldCall" bereits heute flächendeckend an Unternehmen Gespräche mit Gesprächsumleitung durch eine LCR-Box. Dies erfolgt über kostengünstige ausländische Partner. Dadurch können die Gesprächskosten für Unternehmen mit mehr als 1000 DM Gebührenaufkommen im Monat deutlich reduziert werden. Ab 1998 sollen Anschlüsse wesentlich schneller abgewickelt werden.
- Service-Nummern: Ein Betrieb von Service-Nummern wird nach Talkline-Auskunft zwar unterstützt. Man könne für Kunden aus dem eigenen Rufnummernvorrat Service-Nummern schalten. Jedoch sei man eher an den zu erbringenden Call-Center- und Audiotex-Leistungen interessiert.

Die Preisgestaltung für das reine Schalten der Nummern sei identisch zur DTAG, da man derzeit nur hier diese Dienste zukaufen könne.

2.2.3 Mannesmann Arcor – mit Erfahrung zum Erfolg?

Mannesmann Arcor AG & Co. werden nicht zuletzt wegen der Erfahrungen im Konzern über das Schwesterunternehmen Mannesmann Mobilfunk-D2 privat zusammen mit der DTAG die besten Ausgangschancen nachgesagt. Das Angebot ist entsprechend umfassend:

- In der Produktlinie Sprach-Services sind die Sprachdienste von Mannesmann Arcor zusammengefaßt.
- Der Produkt Business Service stellt den Telefonservice dar, gleichzeitig ist er Basisdienstleistung für höherwertige Sprachdienste wie VPN (Virtual Private Network) oder IN-Dienste (Intelligent Network).
- Der Business Service wird auf Basis öffentlicher Vermittlungstechnik und werden dem ISDN-Protokoll bereitgestellt, im Mannesmann-Arcor-Sprachnetz die öffentlichen ISDN-Protokolle 1TR6 und DSS1 und die Schnittstellen S_0 (2 B-Kanäle/1 D-Kanal) sowie S_{2M} (30 B-Kanäle/1 D-Kanal) unterstützt.
  Sie können bei Arcor Ihre Standorte über die Anschlußvarianten
  - Access Node,
  - Direktanschaltung und
  - Switched Access

  an das Mannesmann-Arcor-Sprachnetz anbinden lassen.

Ihre Anbindung wird von Mannesmann Arcor projektiert und richtet sich nach dem Produkt, Ihren Schnittstellen und dem Verkehrsvolumen, das sie erzeugen wollen. Mannesmann Arcor berechnet sekundengenau und nur in zwei Entfernungszonen:

1. Gespräche im Nahbereich werden taktbezogen (90/180 Sek.) abgerechnet.
2. Zusätzlich können Sie bei Arcor mit dem „Company Call" Gesprächspreise für Verbindungen im Unternehmensverbund reduzieren.

Bei den Preisen setzt Arcor in erster Linie auf volumenabhängige Modelle. Beispiel: ein Unternehmen mit monatlichem Gesamtaufkommen von einer Million Telefonminuten an diversen Standorten. Der Anteil der unternehmensinternen Gespräche sei dabei 5 Prozent in der Regionalzone und 25 Prozent in der Fernzone. 85 Prozent der Gespräche werden in der Hauptzeit (9–18 Uhr, Montag bis Freitag), 15 Prozent in der Nebenzeit angenommen.

Die Einsparung gegenüber dem DTAG-Standardtarif beträgt laut Mannesmann Arcor 20,8 Prozent. Zusätzlich werden standortbezogen Volumenrabatte gewährt.

Den „Freephone Service“ von Mannesmann Arcor können Sie in Ihrem Unternehmen nutzen, wenn Sie möchten, daß Ihre Zentrale und jede Ihrer Filialen unter einer Servicerufnummer erreicht werden. Sollte doch einmal irgendwo besetzt sein, so wird das Gespräch automatisch weitergeleitet. Sie können je nach Gesprächsaufkommen die Verteilung der Anrufe auf die jeweiligen Standorte jederzeit ändern. Die Routingdaten werden Ihnen über entsprechende Statistiken oder als Rohdaten für individuelle Auswertungen zur Verfügung gestellt. Sie erhalten für alle Teilbereiche des Gesamtpakets eine einzige Rechnung, brauchen sich also auch dann, wenn unterschiedliche Dienstleister eingeschaltet sind, nicht mit verschiedenen Rechnungsstellern abzugeben.

Egal, mit welchem Szenario Sie als Kunde zu Arcor kommen: Sie sollten eine Maxime des Carriers mit erfüllen wollen: „Wir brauchen möglichst viel Verkehr auf dem Netz“, so Arcor-Manager Peter Mihatsch. Bleibt zu hoffen, daß dann vielleicht auch guter Rat nicht allzu teuer ausfallen wird.

2.2.4 Otelo sieht sich als Allrounder

RWE/Veba-Tochter Otelo in Düsseldorf geht mit der strategischen Grundaussage an den Markt, daß Otelo die Tarife der Telekom bei nationalen und internationalen Ferngesprächen um mindestens 20 Prozent unterbieten will. Das Otelo-Angebot umfaßt folgende Dienste:

1. Aufbau eines Intranets,
2. Aufbau von Corporate Networks,
3. EDI und
4. Mobilfunkdienste (E-Plus).

Im Mittelpunkt des Otelo-Geschäfts (neben dem Kabelfernsehen und E-Plus) standen vor Ende des Telekom-Monopols die rund 700 Großkunden, denen man eine breite Palette von Sprach-, Daten-, Mehrwert- und anderen Diensten anbiete. Erst ab Januar 1998 will man sich zusätzlich massiv um Sie als Privatkunden und kleineren Geschäftskunden bemühen. Die Bedingung: Sie sollten „viel und gerne telefonieren“.

Otelo sieht sich als Allround-Telekommunikationsanbieter und bietet:

- Mobilfunk (E-Plus),
- Paging (Quix),
- Kabelnetze,
- Internet-Anschluß,
- Daten- und Mehrwertdienste für Firmenkunden sowie den
- Aufbau eines Angebots für Festnetz-Telefonie auch für Privatkunden.
- Service-Nummern über eigene Call-Center und einem eigenen Festnetz ab Januar 1998. In Essen baut das Unternehmen eines der nach eigenen Angaben größten Call-Centers Deutschlands auf und will dort auch Schulungen für Mitarbeiter anbieten.
- Zusätzlich bietet Otelo an, über ein Partnerunternehmen für Sie ein Call-Center (und „Audio-Tex") laufen zu lassen.
- Internationale Telefonie für international orientierte Unternehmen mit vielen Ferngesprächen (auch in Übersee). Der „Global-Call"-Dienst befindet sich noch im Aufbau. Mit ihm sollen Sie internationale Fern- und Mobilfunkgespräche weltweit führen können.
- Interessant für *Mittelbetriebe* soll auch die Otelo Calling Card sein. Mit der Calling Card sollen Sie in derzeit 24 Ländern (wird ausgebaut) bargeldlos telefonieren können. An einer Abrechnung via Bankkonto wird momentan gearbeitet. Ihre Telefonate sollen dann entsprechend abgerechnet werden. Als Unternehmen können Sie zudem eine Otelo Corporate Card nutzen, die Sie an beliebig viele Mitarbeiter Ihres Unternehmens ausgeben können. Ihr Unternehmen erhält für die Gespräche aller Ihrer Mitarbeiter eine monatliche Gesamtrechnung. Otelo verspricht für die Calling Card Tarife, die unter den entsprechenden Angeboten der Telekom liegen. Weitere Kostensenkungen bei Fern- und internationalen Gesprächen um mindestens 20 Prozent verspricht das Unternehmen ab Januar 1998. Hier lohnt es sich also, die Augen und Ohren offenzuhalten.

  Wenn Sie einen größeren Betrieb leiten, können Sie die Beratungsqualität und die Kommunikationsschnelligkeit zwischen Ihrem Unternehmen und Ihren Kunden erhöhen. Otelo offeriert Ihnen für diesen Fall ein Call-Center. Hier sind verschiedene Lösungen vorstellbar, die vom kompletten Outsourcing bis zum Aufbau eines eigenen Call-Centers in Ihrem *Großbetrieb* reichen. Als weiteres Angebot regt Otelo Beratung und Management beim Aufbau eigener Internet-Seiten an.

Lösungen mit Otelo:

- *Kleinstunternehmen*: Grundsätzlich können Sie beispielsweise als praktischer Arzt bereits heute über die Otelo-Beteiligungsgesellschaft germany.net einen kostenlosen Internet-Zugang beziehen. Über die Beteiligung an E-Plus offeriert Ihnen Otelo zudem Mobilfunk. Denkbar ist auch, daß Sie sich als Arzt für ein Paging-Angebot von Otelo (Quix) entscheiden (für Notdienst etc.; Patienten können Sie dann über ein von der Praxis ausgegebenes Quix darüber informieren, daß sie zu Ihnen in die Sprechstunde kommen können. So können Sie Wartezeiten in der Praxis verringern).
  Derzeit wird an der technischen Realisierung des Deutschen Gesundheitsnetzes gearbeitet, das Bundesärztekammer und Kassenärztliche Bundesvereinigung anbieten. Über dieses Expertennetz können Sie künftig als Arzt mit Kollegen, Kliniken usw. kommunizieren.
- Wenn Sie Inhaber eines *Kleinbetriebes* sind, bietet Ihnen Otelo aus seinem Produktportfolio insbesondere Datenlösungen und einige integrierte Telekommunikationsdienste an.
  Sofern in Ihrem Unternehmen viele Ferngespräche geführt werden, könnte Otelo für Sie als Partner für Telekommunikation in die nähere Auswahl kommen, da sein Angebot rund 20 Prozent günstiger als das der Deutschen Telekom sein soll.
  Es versteht sich von selbst, daß Ihnen Otelo dazu rät, die Installateure Ihres Betriebes mit einem Handy des Beteiligungsunternehmens E-Plus auszustatten.
- Bewirtschaften Sie einen *Mittelbetrieb*, gilt im Grunde das gleiche Angebot. Sie können hier vor allem von EDI-Lösungen (Electronic Data Interchange) profitieren.
- Bei *Großbetrieben* plädiert Otelo für die Verbesserung der Innenkommunikation: Neben dem Aufbau eines Corporate Networks für Sprache, Daten und Mehrwertdienste wird hier an eine Intranet-Lösung gedacht. Ihre 5500 freien Vertreter könnten sich so direkt in Ihr unternehmensinternes Kommunikationsnetz einwählen. Um die Kommunikation zwischen der Zentrale, den Generalvertretungen und den Niederlassungen zu verbessern, biete sich ein Videokonferenz-System an.

2.2.5 Debitel – kompetente Beratung

Keine weitschweifenden Ausreden, sondern kompetente Beratung auch im Vorstadium einer Auswahl des künftigen Lieferanten von Telekommunikationsdienstleistungen erhalten wir bei dem Service-Provider Debitel. So zeigt sich, daß er wohl nicht von ungefähr in seinem angestammten Bereich Mobilfunk die Nummer eins ist.

Hatten einige Mitbewerber bei diffizileren Punkten aus der Aufgabenstellung – aus welchen Gründen auch immer – gekniffen, zeichnet Debitel ein weitgehend detailliertes Bild dessen vor, wie die Lösung der Problemszenarien im Ernstfall aussehen könnte: mit Angaben zu der zu beschaffenden Hardware, des Lieferanten, von dem Sie diese beziehen können, sowie einer Aufschlüsselung von zu erwartenden Betriebs- und Telekommunikationskosten.

Was uns besonders beeindruckte, war die Festlegung eines Nutzens durch den Anbieter. Dies zeugt nicht nur von kompetenter Beratung, sondern auch vom Mut und der Bereitschaft, sich auf eine bestimmte Leistung und deren Wert für Sie als Kunden notfalls festlegen zu lassen.

Dabei muß man auch bei Debitel berücksichtigen: Debitel versteht sich als Telefongesellschaft und vertreibt keine Hardware, bietet Ihnen gleichwohl Beratung bei der Auswahl von TK-Anlagen an. Debitel hat angekündigt, möglichst bald alle Dienstleistungen selbst anzubieten, sobald dazu die rechtliche Möglichkeit besteht.

Zur Verbesserung der Servicequalität regt Debitel Kombinationen aus 0130- und 0180-Rufnummern in Verbindung mit Call-Centern an. Die interne Kommunikation könne zum Beispiel durch die Ausstattung von Vertretern mit mobilen Kommunikationsmitteln verbessert werden, z. B. auf Lotus-Notes- oder Intranet-Basis.

Durch Wahl geeigneter TK-Anlagen könnte Ihr Unternehmen mit seinen 20 Niederlassungen und 8 Generalvertretungen ein VPN (Virtual Private Network) aufbauen und dadurch die Erreichbarkeit verbessern. Stellenweise könnten hier auch Mietleitungen von neuen Carriern günstig sein.

2.2.6 TelePassport – von Callback bis Fax

Von einer anderen Seite nähert sich der Anbieter TelePassport in Frankfurt am Main. Ursprünglich als reines Callback-Unternehmen gegründet, hat er mittlerweile eine Reihe weiterer Telekommunikationsdienstleistungen von Callback bis hin zur Faxdienstleistung im Repertoire.

Auch bei den von TelePassport gemachten Angaben gilt zu berücksichtigen, daß das Unternehmen bei der geforderten Berechnung der Einheiten lediglich eine durchschnittliche Ersparnis in den jeweiligen Segmenten gegenüber den Einheiten der DTAG angeben konnte.

Beim Stichpunkt „Telefax-Outsourcing" ist man zudem der Einfachheit halber vom reinen Fax-Broadcasting ausgegangen. Dieses wird nach den Übertragungszeiten berechnet, die je nach Empfängergerät unterschiedlich ausfallen können. TelePassport verfügt über beträchtliches Beratungs-Know-how.

Praxis

Beratungsbeispiel TelePassport

- Als *Kleinstunternehmer*, wie im Musterszenario beschrieben, sind Sie für TelePassport weniger interessant. Es sei denn, Sie würden viele Auslandsgespräche (wie z.B. internationale Anwälte, Makler etc.) führen. Auch für diesen Fall hält TelePassport aber eine Lösung parat: Vor Ihre analoge TK-Anlage schaltet TelePassport die sogenannte „SparBox". Sie nutzt bei jeder Verbindung in das Mobilfunknetz automatisch und für Sie als Nutzer nicht erkennbar die TelePassports Callback-Tarife.
  Umgekehrt wird Ihr Handy mit Callback ausgestattet, um so die Verbindungen in das Festnetz zu verbilligen. Sie müssen für die „SparBox" einmalig 385 DM zzgl. MwSt., für Verbindungskosten zwischen Festnetz und Handy 0,81 DM/Minute veranschlagen.
  Weitere Gebühren, Einrichtungskosten oder Mindestumsatz fallen nicht an. Abgerechnet wird nur die reine Gesprächszeit im 30/6-Sekunden-Takt. Sonstiges: kostenloser Einzelverbindungsnachweis, Vertrag täglich kündbar.
- *Kleinbetrieb*: TelePassport geht bei seinem Voranschlag davon aus, daß Sie über einen ISDN-S_{2M}-Anschluß in der Zentrale und über ISDN-S_0-Anschlüsse in den 12 Filialen verfügen. Ihre 15 Kfz-Fahrer nutzen je ein Handy.
  TelePassport installiert in der Zentrale zwischen NTBA (das ist der graue Kasten der Telekom an Ihrem ISDN-Netzanschluß) und der TK-Anlage einen TelePassport-LCR-Router für einen S_{2M}-Anschluß. Wenn Ihnen keine moderne TK-Anlage zur Verfügung steht, kann der LCR-Router diese ersetzen. Der Router entscheidet bei jeder Verbindung anhand der Zielwahl, ob Gespräch, Fax oder Datentransfer über die DTAG oder über TelePassport Global Net-

work Services (GNS) geleitet werden soll. Stets jedoch wählt, so wurde uns bei TelePassport versichert, der Router den kostengünstigsten Weg aus. Das gilt auch für die Verbindungen zu den 15 Handys in Ihrem Fuhrpark.

In Ihren Filialen installiert TelePassport je eine ISDN-Box (funktioniert wie Router) pro S_0-Anschluß. Ihre Mitarbeiter mit Handy nutzen Callback, um in das Festnetz zu telefonieren. Vorteil dieser Lösung laut TelePassport: Sie haben als Kunde keine Investitionen und können in der Zentrale sogar auf eine neue TK-Anlage verzichten. Sie schließen mit TelePassport einen Vertrag zwischen 6 und 36 Monaten Laufzeit. Dafür installiert TelePassport die LCR-Hardware. An monatlichen Kosten für die tägliche Fernüberprüfung und eine gegebenenfalls notwendige Wartung des S_{2M}-Routers in der Zentrale fallen 98 DM zzgl. MwSt. bei einem 3-Jahres-Vertrag an. Die Verbindungskosten in der Zone 200 und der Zone Fern betragen 0,43 DM zzgl. MwSt. pro Minute im 1-Sekunden-Takt. Die Verbindungskosten Deutschland Mobil GSM betragen 0,80 DM pro Minute im 30/6-Sekunden-Takt. Sonstiges: kostenloser Einzelverbindungsnachweis, kein Mindestumsatz, einmalige Installationspauschalen pro S_0-Anschluß 498 DM, für den S_{2M}-Anschluß 998 DM jeweils zzgl. MwSt.

- Als *Mittelbetrieb* wären Sie der „typische und optimale" Kunde für TelePassport. Man würde Sie am Standort mit einem TelePassport-ISDN-LCR-Router ausrüsten, der auf Wunsch wieder Ihre TK-Anlage ersetzen kann. Die Kosten betragen wie oben monatlich nur 98 DM zzgl. MwSt. bei einem Vertrag mit 36 Monaten Laufzeit. Da der Betrieb zu ca. 60 Prozent mit Kunden im Ausland telefoniert, ist bei Nutzung der TelePassport Global Network Services (GNS) von einem sehr hohen Einsparpotential auszugehen: In Europa 16 Prozent, in den GUS-Staaten 7 Prozent, in den USA 47 Prozent und in Singapur 43 Prozent Ersparnis gegenüber der DTAG. Im Inland sparen Sie entsprechend. Sonstiges: kostenloser Einzelverbindungsnachweis, kein Mindestumsatz. Einmalige Installationspauschale 998 DM zzgl. MwSt. Im Falle von sehr hohen Volumina von und zu den Zulieferern und Kunden wird man Ihnen eventuell nach eingehender Kalkulation ein weiterführendes Angebot über internationale Festverbindungen unterbreiten.

- *Großbetrieb*: Konkurrenzfähige Angebote sind für 1998 angekündigt. Möglicherweise nicht uninteressant wären für Sie aber in jedem Fall die Marketing-Services, um Ihnen bei Problemen mit dem Kundenservice und der Innenkommunikation weiterzuhelfen. TelePassport bietet die Schaltung von kostengünstigen und innerhalb von Stunden einsetzbaren Telefon- und Videokonferenzen an, beispielsweise für interne Meetings und spontane Kommunikation mit Key-Accounts. Hierfür beträgt die Servicepauschale pro Teilnehmer und Minute 1,18 DM (Audio) und 2,98 DM (Video) plus Verbindungskosten nach DTAG- oder TelePassport-Tarif. Weiterhin wird TelePassport Ihnen ein Faxabrufsystem sowie Fax-Broadcasting anbieten.

Selbst wenn die eigene Dienstleistung nicht ausreichen sollte, werden Sie kompetent an den für den Einzelfall in Frage kommenden Fachmann weitergeführt. Hier fühlen Sie sich wie bei einem Arzt aufgehoben, für den nicht nur das von der Schulmedizin Abgesegnete gilt, sondern der um die heilende Wirkung eines aufmunternden Wortes hier und da weiß, das die Sicherheit des echten Profis ausstrahlt. TelePassport scheint es zu haben, und die Vermutung wird nicht unberechtigt sein, daß auch ein Mehr an Know-how, Vision und Preis-/Nutzen-Bewußtsein beim Anbieter selbst dahintersteckt.

2.2.7 Nicht typisch Beamter – die Deutsche Telekom

Einen Sonderfall stellt zweifelsohne die bisherige Monopolinhaberin, die Deutsche Telekom AG, dar. Bei unserer Umfrage nach dem Beratungs-Know-how konnte sie aus dem vollen schöpfen. Schließlich ist sie ja auch seit Jahrzehnten allein am Markt tätig und mußte nur in Teilbereichen seit relativ kurzer Zeit gegen Mitbewerber antreten.

Unfair, werden viele sagen und anführen, Telekom könne bereits auf Ressourcen zurückgreifen, die ihren Mitbewerbern bislang verwehrt waren. Und doch hat uns interessiert, welche Beratungsleistung wir von der DTAG zu erwarten hätten:

1. Weil sie auf dem freien Markt von 1998 an zunächst Wettbewerberin unter Wettbewerbern ist.
2. Weil auch sie gegen Hürden zu kämpfen hat. Wir wollten wissen, inwieweit das Unternehmen seinem eigenen Anspruch gerecht wird und sich

von der Behörde zum kundenorientierten Unternehmen gewandelt hat. Aber auch welche Potentiale hier bei ihr bereits spürbar sind und wo es noch Defizite gibt.

Ohne Zweifel: Die Telekom hat in der Tat ihre Lektion gelernt. Sie lieferte das ausführlichste Beratungskonzept ab, das kaum noch etwas zu wünschen übrigläßt. Auch die Beantwortung unserer Fragen fiel am umfangreichsten aus – alles mit sehr viel Liebe zum Detail hergestellt. Auch deshalb werden wir im folgenden die Lösungsvorschläge der Telekom sehr detailliert präsentieren.

Kleinstunternehmen

1. Zum öffentlichen Netz wird ein Euro-ISDN-Basisanschluß als Mehrgeräteanschluß eingerichtet. Der Anschluß besteht aus zwei B-Kanälen, d. h., es können zwei externe Verbindungen zur gleichen Zeit genutzt werden. Außerdem beinhaltet dieser Anschluß drei Rufnummern. Die vorhandene Rufnummer wird in eine dieser drei MSN-Rufnummern umgewandelt und weiterhin zur Sprachkommunikation benutzt. Über die zwei zusätzlichen Rufnummern werden die Fax- und die Datenkommunikation geführt.
2. Zur Abwicklung der internen und externen Sprachkommunikation wird die Telekommunikationsanlage *Eumex 209* eingesetzt. Sie verfügt über eine S_0-Schnittstelle zur Aufnahme des Basisanschlusses und acht analoge Schnittstellen zur Anschaltung der Endgeräte.
3. Das vorhandene schnurlose Telefon kann an einer der acht analogen Schnittstellen weiter verwendet werden.
4. Obwohl die Faxmöglichkeit auch über die nachfolgend beschriebene PC-Anwendung gegeben ist, empfehlen wir den Einsatz eines Faxgerätes der Gruppe 3, z. B. zum Faxen oder Kopieren von Hardcopy.
5. Zur schnelleren Datenkommunikation statten wir den PC mit der *Teledat–150*-Anwendung zum Betrieb am ISDN-Mehrgeräteanschluß aus.

Der PC wird an den ISDN-Basisanschluß im Busbetrieb zur TK-Anlage angeschaltet. Der Datenaustausch im ISDN erfolgt mit einer höheren Geschwindigkeit (64 kbit/s) als bisher im analogen Bereich und spart somit Verbindungskosten. Die direkte Erreichbarkeit ist durch die Zuordnung der dritten MSN-Rufnummer gewährleistet. *Teledat 150* besteht aus einer PC-Karte und der dazugehörigen Software. Als Systemvoraussetzung ist ein 486er-PC mit 8 MB RAM ab DOS 5.0 und Windows 3.XX oder Windows 95 oder Windows-NT-Workstation und CD-ROM-Laufwerk erforderlich. Mit der dabei integrierten

T-Online-Anwendung ist dem Arzt der Zugang zu allen medizinischen Datenbanken in T-Online und Internet möglich.

Kleinbetrieb

a) Sprachkommunikation

1. Auswechslung einer analogen Telefonanlage gegen eine digitale Telekommunikationsanlage.
2. Anschaltung einer D1-Überleiteinrichtung an die TK-Anlage für die Kommunikation mit den im Außendienst eingesetzten Fahrzeugen. Die Funk-Funk-Kommunikation ermöglicht die Nutzung der günstigeren Funktarife.
3. Ausstattung der Filialbetriebe mit kleinen ISDN-TK-Anlagen bzw. mit ISDN-Anschlüssen für die PC-gestützte Datenübertragung zur Zentrale; Fuhrpark wird mit Funktelefonen und D1-Anschlüssen ausgestattet.
   Eine Alternative: Die Kommunikation zwischen Zentrale und Fuhrpark kann in einem regionalen Wirtschaftsraum über den Bündelfunkdienst „Chekker" abgewickelt werden. Merkmale:
   - keine Verbindungsentgelte innerhalb des Bündelfunknetzes
   - Mobilfunknetze, die jeweils einen geschlossenen Wirtschaftsraum versorgen
   - interessant für Firmen, deren Einzugsbereich innerhalb eines Versorgungsbereichs von Chekker liegt.
4. Für Kunden und Zulieferer wird eine einheitliche Service–130/180-Rufnummer eingerichtet.

Vorteile:

- hohes Leistungsspektrum von ISDN-Anlagen (Durchwahl, Anzeige der Rufnummer des Anrufers...)
- Leistungsmerkmale im ISDN (Rufumleitung, Datenübertragung mit 64 kbit/s)
- Erhöhung der Erreichbarkeit aufgrund der kundenindividuellen Verkehrsführung mit Service 130/180
- kostengünstiger Funktarif zwischen Zentrale und Einsatzfahrzeugen.

b) Datenkommunikation

1. Einsatz von PC mit ISDN-Karte in den Zweigstellen für den Zugriff auf die zentrale Datenbank am Zentralstandort.
2. Lokales Netzwerk am Zentralstandort mit Anbindung ans ISDN-Netz über Router.

Vorteile:

- Datenübertragung im ISDN mit 64 kbit/s
- schneller Zugriff auf aktuelle Datenbestände.

c) Kostenübersicht

	einmalige Kosten/Kaufpreis	mtl. Kosten	Tarif
Passive ISDN-Karte Teledat 150	169 DM		
ISDN-Standard-anschluß	200 DM	46 DM	
D1-Anschluß	49 DM	29 DM	Telly D1 Eco
kleine ISDN-Anlage; bis zu 8 Anschalte-möglichkeiten	89 DM		

(alle Preisangaben inkl. 15 Prozent MwSt.)

Mittelständisches Unternehmen

TK-Anlage A-Stadt

Voraussetzung für die notwendige Flexibilität im Kommunikationsbereich sowie für die Nutzung kostensenkender Technologien und Leistungsmerkmale ist die Auswechslung der vorhandenen analogen Telefonanlage am Zentralstandort in A-Stadt gegen eine digitale TK-Anlage. Die neue Anlage wird mit ISDN-Anschlüssen beschaltet. Die Sprechstellen im Zweigwerk in A-Stadt, die derzeit über analoge Festverbindungen mit der Telefonanlage verbunden sind, werden in einer digitalen TK-Anlage zusammengefaßt. Aufgrund des hohen Sprach- und Datenverkehrs zwischen beiden Standorten sollen die neuen TK-Anlagen über digitale Festverbindungen unter Einbeziehung von Sprach-/Daten-Multiplexern miteinander vernetzt werden.

Vorteile:

- Integration von Sprache und Daten für die gemeinsame Übertragung über denselben Übertragungsweg
- optimale Nutzung der zur Verfügung stehenden Trunkbandbreite durch Sprache und Daten

- Komprimierung von Sprache auf 8 kbit/s zur Erhöhung der übertragbaren Sprachkanäle führt bei vorgegebener zur Bandbreite zur Einsparung von Übertragungswegen
- Flexibilität in der Vergabe von Bandbreite.

Die Alternative: Bei relativ geringem Datenaufkommen sowie bei S_0-Datenanwendungen zwischen Zentrale und Zweigstelle kann auf eine Sprach-/Datenintegration über Multiplexer verzichtet werden und statt dessen nur eine Sprachkomprimierung durchgeführt werden. In diesem Fall wird die erforderliche Funktionalität in die Telefonanlage verlegt. Die entsprechenden Datenanwendungen werden über S_0-Schnittstellen an die TK-Anlage angeschaltet.

Geschäftskundenangebot Dial & Benefit

Das kundenbezogene Angebot ist maßgeschneidert für Unternehmen mit einem monatlichen Telekommunikationsaufkommen im Telefonnetz/ISDN von über 5000 DM netto. Es eröffnet alle Möglichkeiten, beim Telefonieren, Faxen und Datenübertragen viel Geld zu sparen. Das kundenbezogene Angebot enthält folgende Leistungen:

- Alle internationalen und ein großer Teil der nationalen Verbindungen, die von Ihren ISDN-Anschlüssen bzw. Anschlüssen an digitalen Vermittlungsstellen an einem Standort generiert werden, sind in das Angebot einbezogen.
- Sie erhalten einen fixen Grundnachlaß auf Verbindungen in bestimmte internationale Tarifbereiche.
- Zusätzlich werden die Umsätze aus Verbindungen volumenabhängig vergünstigt. Der Volumennachlaß ist in drei unterschiedlich hohe Angebotsstufen gestaffelt, d. h., je höher das Telekommunikationsaufkommen ist, desto größer ist auch Ihr finanzieller Vorteil.
- Drei Produktvarianten, abhängig vom Nettoumsatz für Verbindungen der eingeschlossenen Anschlüsse innerhalb eines Abrechnungszeitraums, erlauben einen individuellen Zuschnitt des Angebots auf das jeweilige Kommunikationsvolumen des Kunden.
- Für die Realisierung des Angebots Dial & Benefit sind keine zusätzlichen Investitionen erforderlich.
- Es steht die hohe Qualität des öffentlichen Telefonnetzes/ISDN zur Verfügung (Verbindungsqualität, Verfügbarkeit, Netzsicherheit, Übertragungsgeschwindigkeit, ISDN-Leistungsmerkmale).
- Für das Geschäftskundenangebot wird eine detaillierte Rechnung erstellt.

Grundnachlaß

Die maßgeschneiderten Leistungen des kundenbezogenen Angebots garantieren Ihrem Unternehmen einen fixen Grundnachlaß in verschiedene internationale Tarifbereiche.

Volumennachlaß

Für den Volumennachlaß können Sie individuell in Abhängigkeit von der Höhe Ihres Telekommunikationsaufkommens unter drei Angeboten wählen. Die verschiedenen Angebote unterscheiden sich in der Höhe des zu bezahlenden Mindestumsatzes. Der in zwei Stufen unterteilte Volumennachlaß ist mengenabhängig.

Kommunikation: Service – Kunde

- Durch Einsatz der Mehrwertdienste Service 130/180 kann im Rahmen einer individuellen Verkehrsführung ein 24-Stunden-Service garantiert werden. Die Möglichkeit der Einrichtung von Heimarbeitsplätzen ist dadurch gegeben.
- Bei Fernwartung und Ferndiagnose werden mit ISDN durch die höhere Übertragungsgeschwindigkeit bei besserer Übertragungsqualität kurze Verbindungszeiten und somit Kosteneinsparungen erreicht.

Kommunikation mit den freien Handelsvertretern

Zur Verbesserung der Kommunikation mit den freien Handelsvertretern schlagen wir den Einsatz von E-Mail vor. Dies bietet den Vorteil, daß aktuelle Mitteilungen sehr kostengünstig an die Handelsvertreter verschickt werden können. An die Mitteilungen können Dateien, z. B. vorbereitete Angebote, angehängt werden. Der Außendienstmitarbeiter kann diese Mitteilungen dann zu Hause oder unterwegs auf sein Notebook laden und weiterverarbeiten.

Als günstigste Einstiegslösung bietet sich hier unser Produkt T-Online an. Dieses beinhaltet einen kostenlosen E-Mail-Dienst inklusive einer Internet-Mail-Adresse. Bei größerem E-Mail-Aufkommen empfehlen wir Ihnen in der Zentrale einen Internet-Anschluß. Hierzu würden wir Sie gerne eingehend beraten und ein gesondertes Angebot vorlegen.

Kommunikation mit den Repräsentanten

Für den Austausch von Dokumenten empfehlen wir auch hier die Nutzung von E-Mail über das Internet. Voraussetzung hierfür ist eine E-Mail-Adresse im Internet, bei deren Beschaffung wir Ihnen gerne behilflich sind.

Für den Standort A-Stadt bietet sich dabei T-Online oder aber ein Internet-Anschluß an.

Verbesserung der Kommunikation zum Zweigwerk Kroatien
– Standleitung: Für die Verbesserung der Kommunikation zum Zweigwerk Kroatien bieten sich folgende Lösungen an:

Wird für die Fertigung in Kroatien ein Online-Zugriff auf die Rechner in Deutschland benötigt (z. B. Lagerbestandspflege, Teilebestellung, aktuelle Daten zum Stand der Fertigung, neue Fertigungsaufträge ...), rechnet sich durch die meist lange Verbindungszeit häufig eine Standleitung zwischen den Werken. Die für Online-Zugriffe benötigte Datenübertragungsgeschwindigkeit bewegt sich üblicherweise zwischen 9,6 kbit/s und 19,2 kbit/s, abhängig von der Datenmenge, die je Bildschirmmaske übertragen wird, und von der Anzahl der Clients, die gleichzeitig arbeiten.

Da eine digitale internationale Mietleitung in die meisten Länder erst ab 64 kbit/s verfügbar ist, bietet es sich für den internen Sprachverkehr zwischen den beiden Werken an, diese über Sprach-/Datenmultiplexer zu führen. Je nach gewähltem Komprimierungsgrad und damit auch der Sprachqualität lassen sich zusätzlich zu der Datenübertragung zwischen zwei und acht gleichzeitige Sprach-/Faxverbindungen realisieren.

– DirecPC™: Geht man davon aus, daß die Fertigung in Kroatien mit CAD-Files gesteuert wird, so ergibt sich fallweise ein Bedarf an hoher Übertragungsbandbreite, um diese Files schnell und damit kostengünstig nach Kroatien zu übertragen. Ein für diesen Fall sehr häufig benutztes Medium stellt ISDN dar. Jedoch ist eine Datenübertragung via ISDN zum gegenwärtigen Zeitpunkt zwischen Deutschland und Kroatien noch nicht möglich. Eine weitere Möglichkeit zur schnellen Datenübertragung von der Zentrale in Richtung Tochterunternehmen besteht durch eine fallweise Datenübertragung dieser Daten via Satellit. Hierbei werden die Daten kodiert über Satellit ausgestrahlt und können dann von der zugehörigen Empfangsstation empfangen werden. Mit diesem Daten-Delivery-Dienst können Daten mit einer Übertragungsgeschwindigkeit von bis zu 3 Mbit/s gesendet werden. Die Preise setzen sich hierbei aus einem geringen monatlichen und einem geringen mengenabhängigen Entgelt zusammen.

Exakte Angebote zu diesen sicherlich interessanten Möglichkeiten erfordern eine Untersuchung der Verkehrsmengen und eine intensive Beratung. Hierzu bieten wir Ihnen ein unverbindliches Gespräch an.

Nutzung des Internet
Für ein Unternehmen im starken Wettbewerb ist heute die Präsenz im Internet – genauer im World Wide Web – einfach Pflicht. Sie können Ihr Unternehmen im Internet präsentieren und mehr Kundennähe erreichen. Wir helfen unseren

Kunden mit unserer Fachkompetenz und mit wirtschaftlichen Einstiegslösungen, darunter das Komplettangebot „Web and Go".

Großunternehmen

a) Obere Netzebene (Zentrale – Generalvertretungen)

Sprachkommunikation
Die zur Zeit beim Kunden vorhandenen TK-Anlagen werden im ersten Lösungsansatz in das neue Netz integriert, um die Investitionskosten zu minimieren. Zu einem späteren Zeitpunkt empfehlen wir den Einsatz einheitlicher TK-Anlagen. Dieses gewährleistet hohen Komfort und eine effiziente Nutzung der Übertragungswege.

ISDN-TK-Anlagen für die Zentrale, die Generalvertretung und die Niederlassungen
Sämtliche Standorte werden mit ISDN-TK-Anlagen ausgestattet. Diese bilden die Plattform für die Sprachkommunikation. Angestrebt wird eine homogene TK-Landschaft, die durch den Einsatz von Octopus-E–5000-TK-Anlagen gewährleistet wird. Noch nicht abgeschriebene vorhandene ISDN-Anlagen anderer Fabrikate werden in die digitale Vernetzung (S_0/S_{2M} und QSIG-Protokoll) soweit wie möglich eingebunden.

Das genaue Mengengerüst muß über eine Ist-Aufnahme ermittelt werden. Für die Vorbereitung und Ausführung dieser Aufgabe stellen wir Ihnen gerne unser Know-how zur Verfügung.

Für eine grobe Kostenplanung der Investition wird mit 350 DM pro Port (Nebenstelle oder Leitung) gerechnet. Diese Kosten beinhalten nicht die Endgeräte.

Callcenterfunktionen
Um die Anforderung, Erhöhung der Beratungsqualität und Kommunikationsschnelligkeit sowie Verbesserung des Services zu erreichen, schlagen wir die Einrichtung eines Call-Centers (CC) vor.

Das CC bietet die Möglichkeit, Kundenanrufe automatisch sach- und funktionsorientiert an die jeweiligen Mitarbeiter zu vermitteln. Im Vordergrund steht die Optimierung der Kundenbetreuung. Wartezeiten sollen vermieden, der Kunde so schnell wie möglich qualifiziert bedient werden.

Durch die Integration der vorhandenen DV-Umgebung können Sachbearbeiter über den Anrufer informiert werden.

Der Einsatz eines CCs führt nicht nur zu hoher Kundenzufriedenheit mit dem angebotenen Service, sondern steigert auch die Produktivität und die Motivation der Mitarbeiter.

Ein CC stellt ein sehr komplexes System dar, für die Planung und Realisierung stehen wir Ihnen gern mit unseren Spezialisten zur Verfügung.

Einheitliche Rufnummer bundesweit
Mittels einer Service–180-Rufnummer wird bundesweit eine einheitliche Rufnummer zur Verfügung gestellt. In Verbindung mit dem Call-Center wird der Zugang zum Unternehmen kanalisiert und eindeutig definiert. Hieraus ergeben sich folgende Vorteile:

– für den Anrufer vereinfachte Kontaktaufnahme
– flächendeckende Unternehmenspräsenz
– bei Standortveränderungen Beibehaltung der Rufnummer.

Datenkommunikation
Für die Datenkommunikation schlagen wir eine gleiche Vorgehensweise wie bei der Sprachkommunikation vor. Die vorhandenen Geräte werden in unseren Lösungsvorschlag integriert und können später optimiert werden.

Zusammenführung der Sprach- und Datenkommunikation
Die Kommunikation zwischen der Zentrale und den 8 Generalvertretungen wird in einem sternförmigen CN realisiert. Die großen Entfernungen erlauben durch diese Lösung Kosteneinsparungen im Bereich der Telefonie. Ein weiterer positiver Aspekt ist die gleichzeitige Nutzung der verfügbaren Bandbreite für Sprache und Daten. Die von uns vorgesehene Lösung erlaubt die zeitgleiche Nutzung von 4 komprimierten Sprachkanälen und eine Datenübertragung mit ca. 128 kbit/s.

Einmalige Leitungskosten	61 900 DM
Monatliche Leitungskosten	29 190 DM
Einmalige Hardwarekosten	ca. 366 000 DM

Service- und Montagekosten für die eingesetzte Hardware sind individuell zu vereinbaren.

b) Obere Netzebene (Zentrale – Großbritannien)

Für die Abwicklung des Kommunikationsverkehrs zur Konzernmutter in Großbritannien sehen wir eine digitale Internationale Mietleitung (dIML) mit einer Bandbreite von 64 kbit/s vor.

Produkt	Einmalige Kosten	Monatliche Kosten (nationaler Anteil)
dlML 64 kbit/s	4800 DM	2750 DM

Diese Kosten gelten für eine Mindestmietzeit von einem Jahr.

c) Mittlere Netzebene (Generalvertretungen – Niederlassungen)

Sprachkommunikation
Die Sprachkommunikation wird mit den vorhandenen TK-Anlagen über das öffentliche Telefonnetz der Telekom abgewickelt. Aufgrund der getroffenen Annahmen bietet sich eine CN-Lösung auf der mittleren Netzebene wegen der günstigen Regionaltarife nicht an. Die Hardwareinvestitionen sind so umfangreich, daß eine Amortisation in kurzer Zeit nicht gegeben ist.

Auch für die mittlere Netzebene ist die Digitalisierung der TK-Anlagen mittelfristig erforderlich.

Datenkommunikation
Die Verbindungen der mittleren Netzebene werden mittels festgeschalteter Verbindungen realisiert. Ein wesentlicher Gesichtspunkt dieser Variante ist der volumenunabhängige Preis. Die benötigten Bandbreiten werden in Abhängigkeit des individuellen Datenaufkommens bereitgestellt. Nach unseren Erfahrungen kann die Übertragungsgeschwindigkeit zwischen 9600 bit/s und 64 kbit/s je Verbindung variieren. Als mittlere Entfernung zwischen den Standorten werden 50 km angenommen. Die sich ergebenden Kosten je Standort entnehmen Sie bitte der folgenden Tabelle.

Leitungstyp	Einmalige Kosten	Monatliche Kosten
9600 bit/s	1500 DM	1026 DM
19,2 kbit/s	1500 DM	1072 DM
64 kbit/s	4000 DM	1328 DM

d) Untere Netzebene (Niederlassungen – freie Vertreter)

Unser Lösungsvorschlag sieht auf der unteren Netzebene für die Sprach- und Datenkommunikation die Nutzung des ISDN vor. Dies ermöglicht eine schnelle (64 kbit/s) und zuverlässige Datenkommunikation zwischen den Niederlassungen und den freien Vertretern.

Datenkommunikation
Die Basis dieser Lösung bietet unser Produkt Teledat 150. Dieses Produkt ermöglicht es, den PC des freien Mitarbeiters für den Einstieg ins ISDN kostengünstig aufzurüsten.

Um die hohe Erreichbarkeit der Niederlassung zu gewährleisten, werden dort Primärmultiplexanschlüsse (PMxAs) installiert. Sollten die in den Niederlassungen vorhandenen Endgeräte nicht in der Lage sein, den PMxAs zu „handeln", werden diese optional angeboten.

Optionale Hardwarekosten
Service- und Montagekosten für die eingesetzte Hardware sind individuell zu vereinbaren. Ein exaktes Angebot zu diesen sicherlich interessanten Möglichkeiten erfordert eine Untersuchung der Verkehrsmengen und eine intensive Beratung.

2.3 Kommunikation und ihre Kosten im Überblick

	Kommunikationsszenarien		Neues Lösungskonzept	
Kommunikationsbeziehungen	heute	künftig	Vorteile	Einsparungspotential
Kundenakquisition/ Marktkommunikation	gezieltes Marketing über Anschreiben und Telefon	Web-Seite im Internet	• weltweite Präsenz • multimediale Präsentationsmöglichkeit von Produkten • ständige Aktualität • kurze Reaktionszeiten	• geringerer Personalaufwand • Einsparung von Werbemitteln • Einsparung von Telefonkosten
		E-Mail	einfache Kontaktaufnahme	
		Telefax		
interne Kommunikation im Betrieb	analoge TK-Anlage	ISDN-Anlage	• größeres Leistungsspektrum z. B.: Rufweiterschaltung • Rückruf bei besetzt • PC-unterstütztes Telefonieren	• mtl. Miete ist günstiger • Kostenvorteile durch schnelle Datenübertragung im ISDN

	Kommunikationsszenarien		Neues Lösungskonzept	
Kommunikationsbeziehungen	heute	künftig	Vorteile	Einsparungspotential
			• Prozeßoptimierung • Optimierung des Personaleinsatzes • bessere Erreichbarkeit	
Kommunikation mit Filialstelle am selben Standort	über Telefonnetz	über Telefonnetz bei geringem Gesprächsaufkommen		
	Vernetzung von TK-Anlagen über Festverbindungen	Vernetzung von TK-Anlagen über digitale Festverbindungen	• ständige Verfügbarkeit • Übertragung von Anlagenleistungsmerkmalen • Weitergabe von Gesprächen	• keine Verbindungsentgelte • pauschales mtl. Entgelt
		Vernetzung mit Einsatz von Sprach-/Daten-Multiplexer oder Komprimierung von Sprache in TK-Anlage	• optimale Nutzung der Übertragungsbandbreite • Komprimierung von Sprache	• Einsparung von Bandbreite = Einsparung von Kosten
		virtuelle Vernetzung über ISDN-Netz		
		E-Mail		
Kommunikation mit Tochterbetrieb im Ausland (CR)	über Telefonnetz	E-Mail Telefonnetz Telefax		
		direc-PC	kostengünstige Übertragung von CAD-Daten	
		Videokonferenz IML/Sprachkompr.	schneller Informationsaustausch	• Einsparung von Reisekosten

	Kommunikationsszenarien		Neues Lösungskonzept	
Kommunikationsbeziehungen	heute	künftig	Vorteile	Einsparungspotential
Kommunikation mit Zulieferer	über Telefon	über Telefon über E-Mail über Telefax		
Kommunikation mit Handelsvertretern im In- und Ausland	über Telefon persönlich vor Ort	über Telefon oder Videokonferenz		
Kunde – Auftragsannahme	über Telefon	Vorrouting des ankommenden Verkehrs im Knoten der Telekom		
		Service 130/180	• einheitliche Rufnummer • zielorientierte Verkehrssteuerung	
Kunde – Service		Service 130/180 Fernwartung über ISDN-Netz		

Mobilfunkgebühren

Tarif		100 Einheiten	200 Einheiten	500 Einheiten	1000 Einheiten
vom Festnetz		10,43 DM	20,86 DM	52,15 DM	104,30 DM
	nach C	9 Minuten	18 Minuten	45 Minuten	90 Minuten
	nach D1	9 Minuten	18 Minuten	45 Minuten	90 Minuten
	nach D2	9 Minuten	18 Minuten	45 Minuten	90 Minuten
	nach E-plus	8,83 Minuten	17,66 Minuten	44,16 Minuten	88,33 Minuten
zu anderen Mobilfunkdiensten	von C nach D1 fifty/fifty	23,00 DM = 44,83 Min.	46,00 DM = 89,66 Min.	115,00 DM = 224,15 Min.	230,00 DM = 448,3 Min.
	von C nach D2 fifty/fifty	23,00 DM = 54,16 Min.	46,00 DM = 108,32 Min.	115,00 DM = 270,8 Min.	230,00 DM = 541,6 Min.
	von C nach E-plus fifty/fifty	23,00 DM = 54,16 Min.	46,00 DM = 108,32 Min.	115,00 DM = 270,8 Min.	230,00 DM = 541,6 Min.
	von D1 nach C Sunshine	10,00 DM = 16,66 Min.	20,00 DM = 33,33 Min.	50,00 DM = 83,33 Min.	100,00 DM = 166,66 Min.

Tarif	100 Einheiten	200 Einheiten	500 Einheiten	1000 Einheiten
von D1 nach C Moonshine	5,60 DM = 16,66 Min.	11,20 DM = 33,33 Min.	28,00 DM = 83,33 Min.	56,00 DM = 166,66 Min.
von D1 nach D2 Sunshine	16,50 DM = 16,66 Min.	33,00 DM = 33,33 Min.	82,50 DM = 83,33 Min.	165,00 DM = 166,66 Min.
von D1 nach D2 Moonshine	8,16 DM = 16,66 Min.	16,32 DM = 33,33 Min.	40,80 DM = 83,33 Min.	81,60 DM = 166,66 Min.
von D1 nach E-plus Sunshine	16,50 DM = 16,66 Min.	33,00 DM = 33,33 Min.	82,50 DM = 83,33 Min.	165,00 DM = 166,66 Min.
von D1 nach D2 Moonshine	8,16 DM = 16,66 Min.	16,32 DM = 33,33 Min.	40,80 DM = 83,33 Min.	81,60 DM = 166,66 Min.
Bei Kunden mit Mobilfunk-Rahmenvertrag kann eine Taktzeitverlängerung je Tarifeinheit vertraglich vereinbart werden.				

Gebühren im Festnetz der DTAG

Tarif	500 Einheiten 9–12 Uhr	500 Einheiten preisgünstigste Zeit	1000 Einheiten 9–12 Uhr	1000 Einheiten preisgünstigste Zeit	2000 Einheiten 9–12 Uhr	2000 Einheiten preisgünstigste Zeit	5000 Einheiten 9–12 Uhr	5000 Einheiten preisgünstigste Zeit
	52, 15 DM	52, 15 DM	104,30 DM	104, 30 DM	208, 60 DM	208, 60 DM	521, 50 DM	521, 50 DM
City[1]	12,5 Std.	33,3 Std.	25 Std.	66,6 Std.	50 Std.	133,3 Std.	125 Std.	333,3 Std.
Region 50	3,6 Std.	16,7 Std.	7,2 Std.	33,3 Std.	14,4 Std.	66,7 Std.	36,1 Std.	166,7 Std.
Region 200	1,8 Std.	16,7 Std.	3,6 Std.	33,3 Std.	7,2 Std.	66,7 Std.	18 Std.	166,7 Std.
Fern	1,7 Std.	16,7 Std.	3,3 Std.	33,3 Std.	6,7 Std.	66,7 Std.	16,7 Std.	166,7 Std.
Euro-City[2]	1,2 Std.	1,25 Std.	2,4 Std.	2,5 Std.	4,8 Std.	5 Std.	6 Std.	6,25 Std.
Euro 1[2]	1,04 Std.	1,25 Std.	2,1 Std.	2,5 Std.	4,16 Std.	5 Std.	5,2 Std.	6,25 Std.
Euro 2[3]	0,8 Std.		1,56 Std.				3,9 Std.	
Welt 1[4]	0,7 Std.	0,76 Std.	1,4 Std.	1,52 Std.	2,8 Std.	3,04 Std.	3,5 Std.	3,8 Std.
Welt 2[3]	0,42 Std.		0,84 Std.		1,67 Std.		2,1 Std.	
Welt 2[3]	0,72 Std.		1,44 Std.		2,88 Std.		3,61 Std.	
Welt 4[3]	0,32 Std.		0,64 Std.		1,28 Std.		1,6 Std.	

1 = 9–16 Uhr, 2 = 8–18 Uhr, 3 = ganztägig, 4 = 3–14 Uhr

Die nachfolgende Berechnung legt mögliche Geschäftskundenrabatte zugrunde

Summe TE	5500 TE	5500 TE	11000 TE	11000 TE	22000 TE	22000 TE	55000 TE	55000 TE
Standard-preis	573,65 DM	573,65 DM	1147,30 DM	1147,30 DM	2294,60 DM	2294,60 DM	5736,50 DM	5736,50 DM
Bonus-8-Preis	557 DM	557 DM	1108 DM	1108 DM	2160 DM	2160 DM	5317 DM	5317 DM
Ersparnis in %	3,00 %	3,00 %	3,40 %	3,40 %	5,90 %	5,90 %	7,30 %	7,30 %
Dial & Bene-fit-Preis	kein Angebot	kein Angebot	kein Angebot	kein Angebot	kein Angebot	kein Angebot	5177 DM	5177 DM
Ersparnis in %	–	–	–	–	–	–	9,80 %	9,80 %
D & B-CN-Preis	kein Angebot	kein Angebot	kein Angebot	kein Angebot	kein Angebot	kein Angebot	kein Angebot	kein Angebot
Ersparnis in %	–	–	–	–	–	–	–	–

Tarifeinheit (TE) 1 = 9–16 Uhr, 2 = 8–18 Uhr, 3 = ganztägig, 4 = 3–14 Uhr

Betrieb einer Service-Nummer (1)

Kosten für den Anbieter bei einem einminütigen City-Gespräch für eine sechsstellige Rufnummer ohne Customer Control

Anrufe/Monat in DM	130	0180/2	0180/3	0180/5
1500	216,45	60,00	60,00	60,00
3000	372,90	60,00	60,00	60,00
5000	581,50	60,00	60,00	60,00
10000	1103,00	60,00	60,00	60,00

Beim Service 0180/2 beginnt die Entgeltpflicht um eine Tarifeinheit (TE) versetzt, d.h. City-Gespräche von einer TE Verbindungsdauer sind für den Anbieter kostenfrei. Danach wird im Takt von 60 s je eine TE berechnet. City-Gespräche bei Service 0180/3 und 0180/5 sind generell kostenfrei für den Anbieter. Berechnet werden nur die monatlichen Grundkosten.

Betrieb einer Service-Nummer (2)

Kosten bzw. Anbieter-Auszahlungsanteil von der Deutschen Telekom für eine Service-Rufnummer im Intelligenten Netz ohne Customer Control bei einer Verbindungsdauer von 60 s.

Anrufe/Monat in DM	T1 0190/4 0190/6	T2 0190/1 0190/2 0190/3 0190/5	T3 0190/7 0190/9	T4 0190/8
1500	551,74	30,00	– 1535,22	– 3100,44
3000	473,48	– 570,00	– 3700,43	– 6830,87
5000	369,13	–1370,00	– 6587,39	–11804,78
10000	108,26	–3370,00	–13804,78	–24239,57

Die mit „minus“ gekennzeichneten Beträge sind Guthaben und werden dem privaten Informationsanbieter ausgezahlt, bzw. auf sein Konto überwiesen. Das monatliche Grundentgelt für die Service-Rufnummer ist bereits von diesem Betrag abgezogen. Alle Beträge zzgl. Umsatzsteuer in gesetzlicher Höhe.

Monatliche Telekommunikationskosten

DTAG-Tarif*)	Einheiten**)	Gesprächsdauer*) in Minuten (gerundet)	Deutsche Telekom AG	Debitel***)	Tele Passport***)	Colt Telecom***)	Talkline***)	Arcor****)	Otelo	Plusnet	VEW Telnet
Telefonkosten											
City	500	750	52,15	wie DTAG	k. A.	Werden noch nicht angeboten.	k. A.	k. A. wg. Interconnect-Problematik	k. A.	k. A.	k. A.
	1000	1500	104,30	wie DTAG	k. A.		k. A.		k. A.	k. A.	k. A.
	2000	2000	208,60	wie DTAG	k. A.		k. A.		k. A.	k. A.	k. A.
	5000	5000	521,50	wie DTAG	k. A.		k. A.		k. A.	k. A.	k. A.
Region 50	500	233	52,15	wie DTAG	k. A.		k. A.	48,93	Die jetzigen Tarife der DTAG bei nationalen und internationalen Ferngesprächen sollen um mindestens 20 % unterboten werden.	k. A.	k. A.
	1000	466	104,30	wie DTAG	k. A.		k. A.	97,86		k. A.	k. A.
	2000	932	208,60	wie DTAG	k. A.		k. A.	195,72		k. A.	k. A.
	5000	2330	521,50	wie DTAG	k. A.		k. A.	489,30		k. A.	k. A.

*) ohne Geschäftskundenrabatte
**) Zugrunde gelegt ist eine Gesprächsverteilung 50:50 vormittags:nachmittags.
***) International keine Blockbildung wie DTAG, sondern Splittung nach Ländern.
****) Abrechnung im Sek.-Takt.

DTAG-Tarif*)	Einheiten**)	Gesprächsdauer*) in Minuten (gerundet)	Deutsche Telekom AG	Debitel***)	Tele Passport***)	Colt Telecom***)	Talkline***)	Arcor****)	Otelo	Plusnet	VEW Telnet
Region 200	500	106	52,15	wie DTAG	48,38	Noch nicht in Zielgruppe, wird für andere Dienstleister vermittelt.	43,11	46,64		k. A.	k. A.
	1000	212	104,30	wie DTAG	96,76		86,21	93,28		k. A.	k. A.
	2000	424	208,60	wie DTAG	193,52		172,43	186,56		k. A.	k. A.
	5000	1060	521,50	wie DTAG	483,80		431,06	466,40		k. A.	k. A.
Fern	500	100	52,15	45,69	45,69		41,36	44,00		k. A.	k. A.
	1000	200	104,30	91,38	91,38		82,73	88,00		k. A.	k. A.
	2000	400	208,60	182,76	182,76		165,46	176,00		k. A.	k. A.
	5000	1000	521,50	456,90	456,90		413,65	440,00		k. A.	k. A.
Euro-City	500	72	52,15	41,84	50,89	10- bis 65 % günstiger als Telekom, je nach Region (keine Blöcke wie DTAG, sondern Splittung in 250 Länder), in die telefoniert wird.	39,34	44,40		k. A.	k. A.
	1000	144	104,30	83,68	101,78		78,68	88,80		k. A.	k. A.
	2000	288	208,60	146,40	203,56		154,2	177,60		k. A.	k. A.
	5000	720	521,50	366,00	508,90		373,71	444,00		k. A.	k. A.

Euro 1	500	62	52,15	41,76	44,38		38,97	44,40		k. A.	k. A.
	1000	124	104,30	83,52	88,76		77,95	88,80		k. A.	k. A.
	2000	248	208,60	146,00	177,52		152,78	177,60		k. A.	k. A.
	5000	620	521,50	365,00	443,80		370,25	444 ,00		k. A.	k. A.
Euro 2	500	47	52,15	41,66	46,15		45,02	44,40		k. A.	k. A.
	1000	94	104,30	83,32	92,30		90,03	88,80		k. A.	k. A.
	2000	188	208,60	145,80	184,60		176,46	177,60		k. A.	k. A.
	5000	470	521,50	364,50	461,50		427,66	444,00		k. A.	k. A.
Welt 1	500	44	52,15	43,58	29,42		38,85	39,16		k. A.	k. A.
	1000	88	104,30	87,16	58,84		77,69	78,32		k. A.	k. A.
	2000	176	208,60	159,20	117,68		152,28	156,64		k. A.	k. A.
	5000	440	521,50	398,00	294,20		369,05	391,60		k. A.	k. A.
Welt 2	500	25	52,15	41,80	31,50		38,71	39,75		k. A.	k. A.
	1000	50	104,30	83,60	62,00		77,43	79,50		k. A.	k. A.
	2000	100	208,60	146,30	126,00		151,75	159,00		k. A.	k. A.
	5000	250	521,50	265,76	315,00		367,77	397,50		k. A.	k. A.
Welt 3	500	22	52,15	41,76	33,90		38,70	43,78		k. A.	k. A.
	1000	44	104,30	83,52	67,80		77,39	87,56		k. A.	k. A.
	2000	88	208,60	146,24	135,60		151,69	175,12		k. A.	k. A.
	5000	220	521,50	365,60	339,00		367,62	437,80		k. A.	k. A.
Welt 4	500	19	52,15	41,70	37,03		38,77	43,78		k. A.	k. A.
	1000	38	104,30	83,40	74,06		77,54	87,56		k. A.	k. A.
	2000	76	208,60	146,00	148,12		151,98	175,12		k. A.	k. A.
	5000	190	521,50	365,00	370,30		368,31	437,80		k. A.	k. A.

DTAG-Tarif*)	Einheiten**)	Gesprächsdauer*) in Minuten (gerundet)	Deutsche Telekom AG	Debitel***)	Tele Passport***)	Colt Telecom***)	Talkline***)	Arcor****	Otelo	Plusnet	VEW Telnet
C	100	9	10,43	26,6	7,2	Noch nicht in Zielgruppe, wird für andere Dienstleister vermittelt.	5,73	k. A.	k. A.	k. A.	k. A.
	200	18	20,86	53,20	14,40		11,46	k. A.	k. A.	k. A.	k. A.
	500	45	52,15	99,76	36,00		28,07	k. A.	k. A.	k. A.	k. A.
	1000	90	104,30	199,52	72,00		54,42	k. A.	k. A.	k. A.	k. A.
D1	100	9	10,43	12,60	7,20		5,73	k. A.	k. A.	k. A.	k. A.
	200	18	20,86	25,20	14,40		11,46	k. A.	k. A.	k. A.	k. A.
	500	45	52,15	47,26	36,00		28,07	k. A.	k. A.	k. A.	k. A.
	1000	90	104,30	94,52	72,00		54,42	k. A.	k. A.	k. A.	k. A.
D2	100	9	10,43	12,60	7,20		5,73	k. A.	k. A.	k. A.	k. A.
	200	18	20,86	25,20	14,40		11,46	k. A.	k. A.	k. A.	k. A.
	500	45	52,15	47,26	36,00		28,07	k. A.	k. A.	k. A.	k. A.
	1000	90	104,30	94,52	72,00		54,42	k. A.	k. A.	k. A.	k. A.
E-plus	100	8,83	10,43	12,36	7,07		5,73	k. A.	k. A.	k. A.	k. A.
	200	17,66	20,86	24,72	14,14		11,46	k. A.	k. A.	k. A.	k. A.
	500	44,16	52,15	46,38	35,34		28,07	k. A.	k. A.	k. A.	k. A.
	1000	88,33	104,30	92,76	70,67		54,42	k. A.	k. A.	k. A.	k. A.

Telefax-Outsourcing	500	k. A.	k. A.	nicht im Angebot, Fax zu DTAG-Preisen möglich.	k. A.	k. A.	k. A.	k. A.	k. A.	k. A.	k. A.
	1000	k. A.	k. A.		k. A.	k. A.	k. A.	k. A.	k. A.	k. A.	k. A.
	2000	k. A.	k. A.		k. A.	k. A.	k. A.	k. A.	k. A.	k. A.	k. A.
	5000	k. A.	k. A.		k. A.	k. A.	k. A.	k. A.	k. A.	k. A.	k. A.
Anrufe/ Monat	Betrieb einer Service-Nummer										
„0130"	1500	Kosten für den Anbieter bei einem 1-minütigen City-Gespräch für eine 6-stellige Rufnummer ohne Customer Control.	216,45	Preise wie DTAG, derzeit nicht im Angebot.	k. A.	k. A.	Ein Betrieb von Service-Nummern wird unterstützt, für Kunden werden sie aus eigenem Rufnummernvorrat geschaltet. Die Preisgestaltung dafür wie bei DTAG, da diese Dienste noch zugekauft werden müssen.	0800- und 0900-Service-Rufnummern ab 1998.	Über eigene Call-Center und eigenes Festnetz sollen Service-Nummern ab Januar angeboten werden. Derzeit Call-Center und Audiotex über Partnerunternehmen, Gebühren laufen über DTAG.	k. A.	k. A.

DTAG-Tarif*)	Einheiten**)	Gesprächsdauer*) in Minuten (gerundet)	Deutsche Telekom AG	Debitel***)	Tele Passport***)	Colt Telecom***)	Talkline***)	Arcor****	Otelo	Plusnet	VEW Telnet
	3000		372,90		k. A.	k. A.				k. A.	k. A.
	5000		581,50		k. A.	k. A.				k. A.	k. A.
	10000		1103,00		k. A.	k. A.				k. A.	k. A.
„01802"*)	1500		60,00		k. A.	k. A.				k. A.	k. A.
	3000		60,00		k. A.	k. A.				k. A.	k. A.
	5000		60,00		k. A.	k. A.				k. A.	k. A.
	10000		60,00		k. A.	k. A.				k. A.	k. A.
„01803"**)	1500		60,00		k. A.	k. A.				k. A.	k. A.
	3000		60,00		k. A.	k. A.				k. A.	k. A.
	5000		60,00		k. A.	k. A.				k. A.	k. A.
	10000		60,00		k. A.	k. A.				k. A.	k. A.
„01805"**)	1500		60,00		k. A.	k. A.				k. A.	k. A.
	3000		60,00		k. A.	k. A.				k. A.	k. A.
	5000		60,00		k. A.	k. A.				k. A.	k. A.
	10000		60,00		k. A.	k. A.				k. A.	k. A.
„01901"	1500	Kosten bzw. Anbieter-Auszahlungsanteil der DTAG für Service-Rufnummer im Intelligen-	30,00		k. A.	k. A.				k. A.	k. A.

		ten Netz ohne Customer Control (Verbindungsdauer 60 s).									
	3000		–570		k. A.	k. A.				k. A.	k. A.
	5000		–1370		k. A.	k. A.				k. A.	k. A.
	10000		–3370		k. A.	k. A.				k. A.	k. A.
„01902“	1500		30		k. A.	k. A.				k. A.	k. A.
	3000		–570		k. A.	k. A.				k. A.	k. A.
	5000		–1370		k. A.	k. A.				k. A.	k. A.
	10000		–3370		k. A.	k. A.				k. A.	k. A.
„01903“	1500		30		k. A.	k. A.				k. A.	k. A.
	3000		–570		k. A.	k. A.				k. A.	k. A.
	5000		–1370		k. A.	k. A.				k. A.	k. A.
	10000		–3370		k. A.	k. A.				k. A.	k. A.
„01904“	1500		551,74		k. A.	k. A.				k. A.	k. A.
	3000		473,48		k. A.	k. A.				k. A.	k. A.
	5000		369,13		k. A.	k. A.				k. A.	k. A.
	10000		108,26		k. A.	k. A.				k. A.	k. A.
„01905“	1500		30		k. A.	k. A.				k. A.	k. A.
	3000		–570		k. A.	k. A.				k. A.	k. A.
	5000		–1370		k. A.	k. A.				k. A.	k. A.
	10000		–3370		k. A.	k. A.				k. A.	k. A.
„01906“	1500		551,74		k. A.	k. A.				k. A.	k. A.
	3000		473,48		k. A.	k. A.				k. A.	k. A.
	5000		369,13		k. A.	k. A.				k. A.	k. A.
	10000		108,26		k. A.	k. A.				k. A.	k. A.

DTAG-Tarif*)	Einheiten**)	Gesprächsdauer*) in Minuten (gerundet)	Deutsche Telekom AG	Debitel***)	Tele Passport***)	Colt Telecom***)	Talkline***)	Arcor****	Otelo	Plusnet	VEW Telnet
„01907"	1500		–1535,22		k. A.	k. A.				k. A.	k. A.
	3000		–3700,43		k. A.	k. A.				k. A.	k. A.
	5000		–6587,39		k. A.	k. A.				k. A.	k. A.
	10000		–13804,78		k. A.	k. A.				k. A.	k. A.
„01908"	1500		–3100,44		k. A.	k. A.				k. A.	k. A.
	3000		–6830,87		k. A.	k. A.				k. A.	k. A.
	5000		–11804,78		k. A.	k. A.				k. A.	k. A.
	10000		–24239,57		k. A.	k. A.				k. A.	k. A.
„01909"	1500		–1535,22		k. A.	k.A.				k. A.	k. A.
	3000		–3700,43		k. A.	k. A.				k. A.	k. A.
	5000		–6587,39		k. A.	k. A.				k. A.	k. A.
	10000		–13804,78		k. A.	k. A.				k. A.	k. A.

*) Beim Service 0180/2 beginnt die Entgeltpflicht um eine Tarifeinheit (TE) versetzt, d. h. die City-Gespräche Verbindungsdauer ist für den Anbieter kostenfrei. Danach wird im Takt von 60 s je eine TE berechnet.

**) City-Gespräche bei Service 0180/3 und 0180/5, Stand 1997.

3 Kosten

Keine Angst vor Tarifen

Es gibt grundsätzlich drei Möglichkeiten, wie Sie die durch die Entregulierung der Telefonmärkte entstehenden verschiedenen Preismargen nutzen können:

- im Callback-Verfahren,
- mit einer Calling Card oder
- durch eine LCR-Box.

3.1 Callback: per Rückruf Geld gespart

Bereits seit längerem können Sie Ihr Handy in Deutschland weit preiswerter nutzen, als es Ihnen Ihre Telefongesellschaft ohne Netz weismachen will – und zwar ohne daß Sie sich um Tariftricks und Vertragsfallen von Service-Providern und D-Netz-Betreibern hierzulande sonderlich scheren müssen.

Der Trick: Sie machen genau das, was Sie Ihrem Jüngsten wahrscheinlich auf das eindringlichste schon versucht haben auszureden, um zu verhindern, daß er die Fußballtips über obskure Telefonansagedienste aus der Karibik herantelefoniert – sie telefonieren über den Umweg über Übersee!

Weniger abenteuerlich nennt man dies „Callback" – Sie telefonieren per Rückruf aus den USA. Zwar könnte dieses Verfahren auf Dauer obsolet werden, zumal wenn – wie erhofft – mit wachsendem Wettbewerb die etablierten Telefongesellschaften zu immer niedrigeren Preisen auch bei uns gezwungen

Praxis

Callback in sieben Schritten

1. Sie werden bei einem der rund 20 Callback-Anbieter in Deutschland Kunde.
2. Von Ihrem Anbieter erhalten Sie eine Telefonnummer in den USA, beginnend mit einer 001.
3. Sie rufen diese Nummer an.
4. In den USA lassen Sie es einmal läuten und legen sofort wieder auf.
5. Nun warten Sie auf einen Rückruf, der in den USA eingeleitet und deswegen auch nach dortigen Tarifen abgerechnet wird.
6. Nach Erhalt des Rückrufs geben Sie die gewünschte Telefonnummer in Deutschland an.
7. Nun können Sie hierzulande ein Telefonat zu US-Gebühren führen. Die aber sind weit günstiger als jene der Deutschen Telekom.

sein sollten. Doch vorerst können Sie damit noch recht erkleckliche Ersparnisse beim Telefonieren herausholen.

Innerhalb Deutschlands dürften die Deutsche Telekom und ihre Mitbewerber im Festnetz immer günstiger werden. Aber im weit teureren Mobilfunkbereich können Sie die hiesigen Preise über einen Callback-Anbieter recht beträchtlich unterlaufen. Tarifunterschreitungen bis zu 50 Prozent unter Telekom-Niveau sind da keine Seltenheit. Gerade im Mobilfunkbereich ist dieses Verfahren auch für Sie als Privatverbraucher, kleinen oder mittelständischen Unternehmer attraktiv, auch wenn Sie nicht täglich pausenlos mit den USA, mit Hongkong oder Japan telefonieren müssen.

Kosten

Nutzen Sie den günstigsten Tarif

Lassen Sie sich von Ihrem Mobilfunk-Netzbetreiber den Tarif mit der günstigsten monatlichen Grundgebühr geben. Zwar haben Sie dann in der Geschäftszeit hier einen sehr hohen Gesprächstarif. Aber den umgehen Sie per Callback. Abends, wenn der Mondschein-Tarif unter dem Callback-Tarif liegt, telefonieren Sie dann ohne Callback.

Nehmen Sie das Beispiel D2. Der Tarif mit der niedrigsten monatlichen Grundgebühr ist der Wenigtelefonierertarif D2-Fun 24. Sie beträgt hier nur 24,95 DM. Der Minutenpreis für Gespräche mit dem Festnetz der Telekom ist dagegen mit 1,89 DM in der Hauptverkehrszeit zwischen 8 und 17 Uhr montags bis freitags ziemlich gesalzen. In dieser Zeit telefoniert man per Callback eine Minute lang für etwa 90 Pfennig, fast eine ganze Mark günstiger. Erst nach 17 Uhr, wenn D2 pro Minute nur noch 39 Pfennig haben will, kommt man dann günstiger ohne Callback weg.

Ähnlich rechnet sich für Sie das Beispiel beim Partner-Plus-Tarif von E-plus. Die monatliche Grundgebühr beträgt hier nur 19,95 DM, die Minute in der Hauptzeit 1,79 DM, in der Nebenzeit wiederum nur 39 Pfennig. Auch hier telefonieren Sie per Callback in der Hauptzeit für 90 Pfennig die Minute preiswerter als zu den üblichen E-plus-Netzgebühren.

Die Preisunterschiede rechnen sich über den Monat zu erklecklichen Ersparnissen beim Callback-Verfahren zusammen. Faustregel: Wenn Sie über Callback 100 Minuten mobiltelefonieren, haben Sie rund 100 DM gespart.

Auch im Callback-Anbietermarkt selbst können Sie zusätzlich sparen. Stellen Sie hierfür vorher einen gründlichen Preisvergleich an.

Tip

Vorsicht bei der Auswahl

- Seien Sie beim Vergleich der Anbieter eher konservativ! Nicht immer bedeutet niedriger Minutenpreis, daß das Angebot insgesamt für Sie günstiger ist.
- Oft versteckt sich dahinter ein um so höherer Mindestaufschlag, der ein Mindestumsatzvolumen bei Ihnen monatlich voraussetzt. Auch müssen Sie bisweilen aufwendiges Firmengebaren, teure Werbeprospekte und dergleichen durch Zusatzgebühren mitbezahlen, deren Kosten der Anbieter bei Ihnen als Kunden wieder hereinholen will.

Daß der Callback-Segen innerhalb Deutschlands nicht auf mobiles Telefonieren beschränkt bleiben wird, ist abzusehen. Die wichtigen Callback-Anbieter bereiten derzeit innerdeutsche Verbindungen im Rahmen ihrer Netzwerkdienste vor.

Von 1998 an, wenn die Telekom das Monopol auf Sprachtelefon in Deutschland verloren hat, wollen die Callback-Anbieter nach eigenen Angaben im Inland noch stärker zulangen. TelePassport beispielsweise hat ein sogenanntes *Interconnect Agreement* erreicht, das die Deutsche Telekom AG verpflichtet, sämtliche Gespräche, die von TelePassport-Kunden innerhalb des TelePassport-Netzes geführt werden sollen, direkt auf TelePassport-Knoten durchzuschalten. Dazu wählen Sie als Kunde dann nur noch eine einzige Telefonnummer, der die sogenannte Verbindungsnetzbetreiberkennzahl (VBK) vorangestellt ist.

Seit 1. Januar 1998 können Sie direkt bei der Telefonanwahl den jeweils günstigsten Netzbetreiber auswählen, über den Sie Ihr jeweiliges Telefongespräch abwickeln möchten. Dazu genügt es, die entsprechende Verbindungskennzahl zum gewünschten Netzbetreiber vor der eigentlichen Rufnummer zu wählen. Damit haben Sie die Möglichkeit, bei jeder Verbindung individuell den günstigsten Anbieter zu bestimmen. Verbindungsnetzbetreiberkennzahlen haben die Struktur 010xy.

Folgende Verbindungsnetzbetreiberkennzahlen wurden bislang von dem dafür zuständigen Bundesamt für Post und Telekommunikation vergeben (Stand 29. 10. 97, Quelle: BAPT)

Verzeichnis der Kennzahlen für Verbindungsnetzbetreiber

Unternehmen	Verbindungsnetz-betreiberkennzahl
ACC Telekommunikation GmbH, Düsseldorf	01049
AT & T-Unisource Communication Services (Deutschland) GmbH, Frankfurt	01097
CityKom Münster	01025
CityCom Wuppertal Multimedia GmbH	01042
CityLine Telefondienste GmbH	01019
Colt Telecom GmbH, Frankfurt	01028
Communikationsnetze Süd-West GmbH & Co. KG, Stuttgart	01023
debitel Kommunikationstechnik GmbH & Co KG	01018
DeTeMobil Deutsche Telekom MobilNet GmbH, Bonn	01071
Deutsche Telekom AG, Bonn	01033
3U Telekommunikation GmbH i. G., Löbau	01078
E-plus Mobilfunk GmbH, Düsseldorf	01077
ESPRIT Telecom Deutschland GmbH, Düsseldorf	01055
EWE TEL GmbH, Oldenburg	01014
HanseNet Telekommunikation GmbH	01041
Interoute Telecom Deutschland GmbH, Frankfurt	01066
ISIS Multimedia Net GmbH, Düsseldorf	01020
KielNet GmbH Gesellschaft für Kommunikation, Kiel	01043
KomTel Gesellschaft für Kommunikation und Informationsdienste GmbH, Flensburg	01046
Mannesmann Arcor AG & Co., Eschborn	01070
Mannesmann Mobilfunk GmbH, Düsseldorf	01072

Unternehmen	Verbindungsnetz-betreiberkennzahl
M"net Telekommunikations GmbH, München	01089
NEFkom Telekommunikation GmbH & Co. KG, Nürnberg	01034
NetCologne GmbH, Köln	01022
Otelo communications GmbH, Düsseldorf	01011
PLUSNET Gesellschaft für Netzwerk Services mbH, Düsseldorf	01040
Primus Telecommunications Ltd., Düsseldorf	01069
RSL COM Deutschland GmbH, Frankfurt/Main	01015
STAR Telecommunications Deutschland GmbH, Frankfurt	01098
TALKLINE PS PhoneServices GmbH, Elmshorn	01050
TelDaFax Telefon-, Daten- und Fax-Transfer GmbH & Co. KG, Wetter (Hessen)	01030
Tele Danmark Internetz GmbH, Hamburg	01012
Tele Europe s. A., Luxembourg	01013
Telecom-InfoService GmbH, Wien (A)	01060
Telegate Aktiengesellschaft für telefonische Informationsdienste, Herrsching	01080
Teleglobe GmbH, Frankfurt	01010
TelePassport GmbH	01024
VEW TELNET Gesellschaft für Telekommunikation und Netzdienste mbH	01044
VIAG INTERKOM GmbH & Co. KG, München	01090
VIAPHONE GmbH, Frankfurt	01079
WESTCom GmbH, Heidelberg	01085
WorldCom Telecommunication Services GmbH, Frankfurt	01088

Übrigens können Sie bei den meisten Callback-Anbietern auch noch einen weiteren Inlandsnutzen in Anspruch nehmen. Wenn Sie z. B. unterwegs horrende Telefongebühren in Hotel, Krankenhaus oder ähnlichen Lokalitäten umgehen möchten, können Sie Ihrem Callback-Carrier auch kurzfristig per Rückruf die Telefonnummer durchgeben, unter der Sie im Moment zurückgerufen werden möchten, um im Inland zu telefonieren.

Tip

Auf den Zahn fühlen

Zum Dienstleistungsstandard eines seriösen Callback-Anbieters gehören u. a. folgende Merkmale, auf die Sie bei Inanspruchnahme eines Callback-Dienstes achten sollten:

- Keine Vertragslaufzeiten unterschreiben.
- Keine Kündigungsfristen zulassen. Es sollte das Prinzip „Hire and Fire" gelten.
- Rückrufnummernänderung kurzfristig per Telefonanruf und ohne Zusatzgebühren.

Mein Tip: Nutzen Sie die Möglichkeit zur kurzfristigen Rückrufnummernänderung z. B., wenn Sie unterwegs im Hotel Callback zur Einsparung horrender Hotelaufschläge auf das Zimmertelefon nutzen wollen. Bei einigen Anbietern kommt beim Rückruf vom Computer in den USA sogar die bis zu dreimal in einer gewünschten Sprache wiederholte Ansage „Bitte verbinden Sie dieses Gespräch mit Herrn Soundso in Zimmer X". Erkundigen Sie sich nach den Möglichkeiten!

- Achten Sie auf die Preisunterschiede für Least Cost Routing (LCR).
- Juristische Identifizierbarkeit des Dienstleisters in den USA. Mindestens genaue Firmierung, Adresse etc. sollten angegeben sein.
- Keine Anmelde- oder monatlichen Grundgebühren. Achten Sie bei den Preislisten, die die Callback-Anbieter veröffentlichen, genau darauf, daß Endpreise angegeben sind. Vorsicht bei solchen Anbietern, die von Ihnen erst Rechenkünste verlangen, um auf den Endpreis, standardmäßig in Dollar pro Minute, zu kommen.

3.2 Telefonieren à la Card

Eine weitere praktische Möglichkeit stellen Calling Cards dar. Sie sind eigentlich nichts anderes als ein Merkzettel, auf der Sie

1. eine gebührenfreie Anwahlnummer eines Callback-Anbieters – in Deutschland also typischerweise beginnend mit den Ziffern 0130 – und
2. Ihre persönliche Identifikationsnummer, die PIN, finden, über die Ihr Callback-Anbieter dann Ihr Telefongespräch abrechnet.

Nur eben, daß dieser Merkzettel schön aufgemacht ist und die Größe einer Scheckkarte hat. Sie ist somit abwaschbar, knitterfrei, wiederaufladbar und enthält keine komplizierten Chips. Die braucht sie auch nicht, da sie in keinerlei Schlitz an irgendeinem Automaten gesteckt werden muß, der dann nicht funktioniert.

Es gehört mittlerweile mehr oder weniger zum Standard eines gut sortierten Telefon-Discounters, auch eine Calling Card im Angebot zu haben.

Mit der Calling Card können Sie theoretisch von jedem Telefon aus bargeldlos telefonieren, laut Telekom mit deren „T-Card Holiday" aus über 65 Ländern. Darüber hinaus bietet Telekom bei der T-Card Holiday noch einige Zusatzdienstleistungen an wie

- eine Nachricht in einer Sprachbox hinterlassen, falls Sie zu Hause niemanden erreichen oder der Anschluß besetzt ist, oder
- die Verbindung von einem deutschsprachigen Operator herstellen lassen.

Tip

Hotels zocken ab

Vorsicht ist geboten bei solchen Werbesprüchen wie jenem der Deutschen Telekom über die Nutzung der T-Card Holiday in Hotels. Sie behauptet nämlich, Sie könnten sich mit der Card die oft lästigen Hotelzuschläge sparen. Das mag in vielen Häusern der Fall sein. Sie sollten sich jedoch sicherheitshalber vor der Nutzung erkundigen, ob dies im individuellen Fall auch zutrifft. Einige Hotels sehen es unter Umständen gar nicht so gern, wenn ihnen die lukrativen Aufschläge für das Telefonieren von den Gästezimmern weggeschnappt werden sollen.

Die T-Card Holiday von der Deutschen Telekom gibt es für 25 oder 50 DM in jedem T-Punkt und in großen Postfilialen. Seit 1. September 1997 gilt für T-Card-Verbindungen im In- und Ausland der einheitliche Grundpreis von

90 Pfennig je Verbindung statt bisher 2,50 DM (Inland) bzw. 3,00 DM (Ausland).

Die T-Card stellt gewissermaßen eine Mischung aus Calling Card und Chipkarte dar und weist in ihrer neuen Ausführung eine ganze Reihe von Leistungsmerkmalen auf, die über die reine Calling-Card-Anwendung hinausgehen:

- Mit dem PayCard-Service der T-Card sollen Sie bei Verkehrsbetrieben in Deutschland bargeldlos Fahrscheine bezahlen können (fragen Sie aber vor der Fahrt beim Chauffeur oder Fahrdienstleiter, ob dies für das von Ihnen benutzte Verkehrsmittel zutrifft!). Der Zahlungsvorgang soll einfacher als der Einkauf mit herkömmlichen Kreditkarten sein, da für das Bezahlen weder die Geheimzahl noch die Unterschrift notwendig sind. Sie schieben die T-Card in das dafür vorgesehene Kartenlesegerät, der von Ihnen zu zahlende Betrag wird von der Chipkarte abgebucht. Nur beim Ladevorgang an den über 93 000 Kartentelefonen der Deutschen Telekom ist die Eingabe der persönlichen Geheimzahl (PIN) erforderlich. Der jeweilige Ladebetrag (mindestens 20 DM bis maximal 400 DM) wird inklusive Ladeentgelt von Ihrem Konto per Lastschrift abgebucht. Bis 1. Januar 1998 war das Laden – quasi als Schnupperangebot – kostenlos. Vorteil: Sie brauchen nicht mehr umständlich nach Kleingeld zu suchen oder Wechselgeld beim Bezahlen von Fahrscheinen abzurechnen.
- Darüber hinaus können Sie mit dem PayCard-Service anonym telefonieren. Die Tarifeinheiten werden wie bei der Telefonkarte abgebucht. Mit dem TeleCard-Service der T-Card können in Deutschland alle öffentlichen Kartentelefone und Faxgeräte der Deutschen Telekom genutzt werden: T-Card ins Kartentelefon schieben, TeleCard-Service auswählen, PIN eingeben und gewünschte Rufnummer wählen. Abgerechnet werden die Verbindungsentgelte über die Telefonrechnung, auf Wunsch mit Einzelverbindungsübersicht. Mit dem Calling-Card-Service kann der Kunde von jedem Telefon aus in Deutschland und in über 70 Ländern bargeldlos telefonieren – Telekom sagt „in der Regel", also lieber vorher fragen!
- Bei der Call-Home-Funktion haben Sie die Möglichkeit, eine von Ihnen bestimmte Rufnummer – sie ist einmal im Monat änderbar – im System zu speichern. Wählen Sie diese Call-Home-Nummer nun an, wird Ihnen kein Grundpreis für die Verbindung berechnet.
- Bei der Rufnummernsuche werden Sie sofort, wenn die Nummer gefunden ist, mit ihr verbunden.

Preisbeispiel T-Card

Der Preis pro T-Card-Verbindung setzt sich zusammen aus dem Grundpreis von 0,90 DM pro Verbindung und dem zeitabhängigen Preis für die jeweilige Verbindung.

Beispiel T-Card-Gespräch von Italien nach Hawaii: Preis je Verbindung 0,90 DM plus Preis je angefangene Minute 2,53 DM.

In einigen Ländern wird die Zugangsnummer nur durch den Einsatz einer nationalen Telefonkarte oder den Einwurf einer Münze freigeschaltet. In der Regel erfolgt keine Abbuchung, und Sie erhalten die Münze nach Gesprächsende zurück.

Hinweis! Bitte wieder vorher fragen! Die Telekom wäscht ihre Hände in Unschuld und weist ausdrücklich darauf hin, daß „länderspezifische Regelungen und Sonderregelungen z. B. von Hotels, Telefon- oder Fluggesellschaften nicht im Einflußbereich der Deutschen Telekom liegen".

T-Card-Inlandsverbindungen:

Die Anwahl des T-Card-Dienstes erfolgt in Deutschland über eine kostenfreie 0130-Nummer. Sodann werden der Grundpreis je Verbindung plus der Verbindungspreis je angefangene Minute berechnet. Im Vergleich zum Telefonat vom heimischen Anschluß aus ist das T-Card-Telefonat je nach Tarif teurer. Es rechnet sich aber beispielsweise auf der Reise, wenn Sie gezwungen sind, von einem Hotel aus zu telefonieren. Dort werden Ihnen bei einem Telefonat vom Hausanschluß aus mittlerweile bis zu 1 DM pro Einheit auf den Telekom-Tarif aufgeschlagen. Hier kann sich die Nutzung einer T-Card durchaus lohnen. Vergleichen Sie die Nutzungsgebühren des Telefons vor Ort (Hotel, Restaurant, Tankstelle etc.) mit nachfolgender Gebührentabelle für das Inlandsgespräch mit einer T-Card:

Zeit	Preis je Verbindung	Preis je angefangene Minute
8.00–18.00 Uhr	0,90 DM	0,60 DM
18.00–8.00 Uhr	0,90 DM	0,37 DM

Die Preise gelten an Werktagen montags bis freitags, samstags, sonntags und an bundeseinheitlichen gesetzlichen Feiertagen sowie am 24. und 31. Dezember ganztägig.

Praxis

T-Card-Nutzung leichtgemacht

Die T-Card Holiday ist die einfache Calling Card der Deutschen Telekom. Mit ihr können Sie theoretisch jedes Telefon nutzen, egal ob öffentlicher oder privater Anschluß, ob Münz- oder Kartentelefon. Ohne die Karte einzuschieben – Sie telefonieren mit Ihrer Kartennummer. So stellen Sie Ihre T-Card-Holiday-Verbindung her:

1. In Deutschland wählen Sie 01 30/02 22, im Ausland eine entsprechende kostenfreie Zugangsnummer, die Sie bei der Telekom erfragen können. Die Tonwahl läßt sich über eine spezielle Umschalttaste einstellen, oft ist es auch die Tastenkombination → * → (Pfeiltaste, Sterntaste, Pfeiltaste, in dieser Reihenfolge).
2. Folgen Sie den Ansagen.
   Sollte Tonwahl oder ein Handsender nicht vorhanden sein, verspricht Ihnen Telekom Hilfe durch den T-Card-Holiday-Operator.
   Mit der T-Card Holiday telefonieren Sie – auch aus dem Ausland – so wie in Deutschland. Sie wählen in Deutschland Vorwahl und Rufnummer, bei Gesprächen in andere Länder zuerst die entsprechende Landesvorwahl. Gesprächsende: auflegen.

Ferner werden einige T-Card-Holiday-Extras angeboten (beachten Sie die Ansagen) wie weiteres Gespräch, Wahlwiederholung, Zeitpunkt, Kosten des letzten Gesprächs, Kartenguthaben, Nachricht zeitversetzt senden (Sprachbox), Zugang zum Operator.

Neben der T-Card von Telekom zählt die isicall-Karte zu den führenden international gültigen, wiederaufladbaren Telefonkarten in Deutschland. Mit der PIN-Nummer auf der Rückseite ist ein „Gebührenkonto" verbunden, das bei der Telefongesellschaft geführt wird. In Deutschland ist es isicall (München), das mit dem internationalen Anbieter Interglobe zusammenarbeitet.

Über die gebührenfreie Zugangsnummer, die von jedem Telefon aus gewählt werden kann, können Sie weltweit teilweise bis zu 40 Prozent günstigere Tarife für Ihre Gespräche nutzen. Wieviel günstiger genau, ändert sich von Zeit zu Zeit. Hierüber geben Tariftabellen der Anbieter detailliert Auskunft.

Wie der Anruf funktioniert, ist dankenswerterweise auf der Kartenrückseite kurz und knapp beschrieben.

Auch hier ist das Gebührenkonto per Überweisung oder Abbuchung über die Kreditkarte nachladbar.

Die isicall-Karte arbeitet gänzlich ohne Chip, hat allerdings deswegen auch keine entsprechende Zusatzfunktion wie die T-Card. Auch hier müssen Sie die gebührenfreie Zugangsnummer wählen.

Bargeldlos telefonieren verspricht auch Netzbetreiber und Telekom-Konkurrent Otelo, das Telekommunikationsunternehmen von RWE und Veba, mit seiner „Otelo Card".

Die Prozedur ähnelt im Grunde jener, die Sie schon von T-Card oder isicall her kennen: Sie wählen eine gebührenfreie Zugangsnummer, die in Deutschland ebenfalls mit 01 30 beginnt, gefolgt von Ihrer Kartennummer und Ihrer gewünschten Rufnummer. Ein Sprachcomputer leitet Sie durch ein Menü und informiert Sie unter anderem über das Restguthaben Ihrer Karte. Bei Bedarf steht auch hier rund um die Uhr ein kostenloser deutschsprachiger Operator-Service zur Verfügung. Der Verbindungsaufbau ist kostenlos. Auch Otelo rechnet die Telefonate sekundengenau ab, so daß Sie nur für die tatsächliche Gesprächsdauer bezahlen.

Kosten

Der Otelo-Card-Dienst

Otelo bietet drei Varianten der Karte an:

1. Bei der schon heute erhältlichen, im voraus bezahlten Prepaid Card für 20 oder 50 Mark können Sie so lange telefonieren, bis Ihr Guthaben verbraucht ist.
2. Bei der kontogebundenen Karte rechnet Otelo monatlich mit Einzelgesprächsnachweis ab und bucht die Gebühren von Ihrem Girokonto ab.
3. Die Corporate Card können Sie an beliebig viele Mitarbeiter Ihres Unternehmens ausgeben. Ihr Unternehmen erhält für die Gespräche aller Mitarbeiter eine monatliche Gesamtrechnung. Die Corporate Card bietet Otelo Anfang 1998 an.

Eine Besonderheit bietet Ihnen Otelo mit seinem Calling-Card-Service insofern, als Sie ihn vielfältig ausbauen und mit anderen Dienstleistungen kombinieren können. So arbeiten bereits seit Juni 1997 die Sparkasse Essen und Otelo in einem Pilotprojekt zusammen: Telefonieren mit der ec-Karte. Essener Sparkassenkunden können dafür ihre ec-Karte mit Chip nutzen, die Otelo zusätzlich mit einer Telefonfunktion ausrüstet. Künftig wollen auch andere Sparkassen diesen Service anbieten.

Gemeinsam mit dem Bundesverband Mittelständische Wirtschaft (BVMW) hat Otelo zudem einen auf die Verbandsmitglieder zugeschnittenen Service entwickelt. Wenn Sie Verbandsmitglied sind, wählen Sie sich über Ihre Mitgliedsnummer ins Telefonnetz ein. So wird der Ausweis zur Telefonkarte.

3.3 LCR – Surfen zwischen den Spotmärkten

Schweifen Sie einmal kurz mit uns ab vom Thema Telekommunikation, und tauchen wir für einen Augenblick ein, sagen wir, in die Welt des Erdöls. Oder des Kakaos. Oder des Rohgummis. Wie auch immer: Die Preise für solche Rohstoffe werden an zentralen Märkten in der Welt, den sogenannten Spotmärkten, bestimmt. Steigen am Spotmarkt für Rohöl in Rotterdam die Preise, wird bei Ihnen an der Tankstelle der Liter Benzin auch teurer. Schlecht ist für Sie nur, daß Sie Ihren Fuhrpark nicht kurzerhand an eine Zapfsäule in die Arabischen Emirate verlegen können, wenn am Spotmarkt von Dubai der Rohölpreis sehr viel niedriger ist als in Rotterdam.

Hintergrund

Was ist Least Cost Routing?

Least Cost Router (LCR) kommt aus dem Englischen und bedeutet zu deutsch soviel wie Routenweiser für geringste Kosten oder „Intelligente Weichenstellung". Bei der LCR-Box handelt es sich im Grunde um nichts anderes als einen kleinen Zusatzkasten, der an Ihre betriebseigene Telefonanlage angeschlossen wird, und zwar zwischen Anlage und Telefonnetzdose. Dieser Kasten wickelt alle abgehenden Telefonate – übrigens auch Telefaxe – automatisch über den kostengünstigsten Weg ab. Das konnte bislang z. B. im Inland eine Deutsche Telekom-Verbindung sein und in die USA etwa eine Callback-Verbindung.

Genau das aber – wenn auch ziemlich vereinfacht ausgedrückt – werden Sie tun können, wenn Sie künftig günstigere Preise für Ihren Rohstoff Telekommunikation anderswo in der Welt angeboten bekommen als daheim. Besser noch: Sie brauchen noch nicht einmal mit Ihrer Telefonanlage an die Spotmärkte am anderen Ende der Welt zu reisen. Sie brauchen auch keine langen Preislisten in Ihrer Tageszeitung zu studieren, um sich nach einem zeitaufwendigen Entscheidungsprozeß schließlich für den Wechsel von Ihrem bisherigen Telefonnetzbetreiber zu einem preisgünstigeren durchzuringen. Das alles geht in der Telekommunikation vollautomatisch und ohne daß Sie es bei Ihren Telefongesprächen überhaupt merken. Nur an der Telefonrechnung werden Sie es hinterher merken, und dies im durchaus positiven Sinne.

Hintergrund

LCR per Internet

Die Verfechter freier Marktwirtschaft in der Telekommunikation haben gut reden, wenn sie Ihnen ans Herz legen, künftig die private Telefongesellschaft mit den gerade günstigsten Tarifen per Netzvorwahl zu wählen. Woher wissen Sie, welche Gesellschaft das gerade ist. Tankstellen zeigen die aktuellen Preise groß und deutlich am Straßenrand an. Und die Telefongesellschaften?

Auch sie schlagen sie groß und deutlich an, aber nicht am Rand, sondern direkt auf der Datenautobahn, im Internet. Damit Sie immer wissen, wer gerade die günstigsten Tarife anbietet, sollten Sie sich also vorher ins Internet einwählen und einen Preisvergleich anstellen.

Ziemlich umständlich, werden Sie sagen. Vereinfachung könnte hier ein neues Gerät schaffen, ein *Gateway Server (GWS)*, der mit Ihrer Nebenstellenanlage, den *Access Boxen*, dem Carrier und dem Internet umzugehen weiß. Ein solches Gerät hat beispielsweise die Firma ComTel in Friedrichsdorf angekündigt. Dieser GWS soll über Nacht die günstigsten Tarife der für Sie relevanten Carrier über das Internet abrufen und in Ihre Access-Box einspielen können. Aktionswochen der Carrier, wie z. B. „Für 99 Pfennig 5 Minuten nach New York" wären dann keine Seltenheit mehr. Sie können sie aber nur dann nutzen, wenn Sie über das technische Equipment verfügen, eben einen GWS.

Denn das Surfen zwischen den internationalen Spotmärkten der Telekommunikation könnte sich für Sie durchaus lohnen, wenn die Mitarbeiter Ihrer Firma beispielsweise ständig mit dem Ausland telefonieren müssen. Das kann ganz schön ins Geld gehen. Sie können das fortan ändern. Eine kleine Zauberschachtel hilft Ihnen dabei. Sie nennt sich *LCR-Box*.

Tip

Investition für die Zukunft

Die Anschaffung einer LCR-Box lohnt sich auch über 1998 hinaus. Anbieter wie TelePassport in Frankfurt wollen auch im Inland der Deutschen Telekom kräftig Konkurrenz machen. Fachleute rechnen mit Preisunterschieden von 10 bis 15 Prozent gegenüber den früheren Telekom-Gebühren. Der Anbieter MobilCom in Schleswig hat sogar im Schnitt – über einen Rechnungszeitraum gesehen – bis zu 30 Prozent in Aussicht gestellt.

Im September 1997 verordnete der Regulierer, das Bundesministerium für Post und Telekommunikation (BMPT), der Deutschen Telekom zu ihrem Netz einen Zugangspreis für private Mitbewerber von nicht mehr als 2,4 Pfennig pro Minute. Die Telekom hatte ursprünglich über fünf Pfennig haben wollen. Auch darf sie an die Gewährung des Netzzugangs in der sogenannten „Letzten Meile" zwischen Kundenanschluß und Netz keine Zusatzleistungen koppeln, die der Mitbewerber dann nur im Bündel hätte abnehmen müssen.

Bei Redaktionsschluß zu diesem Buch stand der Telekom allerdings noch die Möglichkeit offen, gegen diese Verordnung des BMPT Widerspruch einzulegen. Dementsprechend hätten hier zum weiteren Verlauf im Vertrags- und Geldpoker nur spekulative Aussagen gemacht werden können. So war auch noch nicht klar, ob die Telekom die Gerichte überhaupt anrufen würde.

LCR ist das Kürzel, unter dem Sie beim Schnäppchenjagen um die günstigsten Telefongebühren wohl die besten Ergebnisse erzielen können. Sie können mit LCR als Besitzer einer Telefonanlage den Weg des geringsten Kostenwiderstands gehen, wenn Ihnen das Telefonieren über Ihr Stammnetz, nehmen wir an, das der Deutschen Telekom, zu teuer erscheint. Oder auch nicht. Was letztlich am günstigsten ist, entscheidet dabei für Sie die Technik.

Ein anderes Beispiel wäre die Reduzierung Ihrer Mobilfunkkosten. Dabei wird an Ihre Telekommunikationsanlage eine LCR-Box geschaltet, die sich dem Netz gegenüber wie ein Mobiltelefon verhält, ein solches „emuliert", wie es in der Fachsprache heißt. Wie Sie wissen, liegen die Mobiltelefontarife für Gespräche innerhalb der Netze weit unter denen für Gesprächsverbindungen zu anderen Netzen wie z. B. dem Festnetz der Telekom.

Kontrolle der Mobilfunkkosten

Für Stefan Hasse ist die Telefonwelt in Ordnung. Das war nicht immer so. Früher hatte der Koordinator für Telekommunikation in der Abteilung Informationstechnik beim Küchen- und Badezimmermöbelfabrikanten Wellmann immer alles auszubaden, was an Gebühren von seinen über 2700 Mitarbeitern so alles vertelefoniert wurde.

Die Suche nach den Gründen für ausufernde Telefonrechnungen gestaltete sich zunehmend schwieriger; der Vorhalt, es würde zuviel geschwätzt, zog bald nicht mehr. Immerhin generieren Hasses Kollegen jährliche Umsätze von fast 800 Mio. DM. Irgend etwas Produktives wird dabei gewiß auch über die Leitung gehen – von nichts kommt nichts.

Bei seiner Spurensuche wurde Hasse schließlich fündig. Ansatzpunkt war der steigende Einsatz von Mobiltelefonen im Unternehmen. Vertrieb und Service müssen immer schneller und flexibler auf die Wünsche der Kunden reagieren. Um den Qualitätsanspruch der Firmengruppe zu erfüllen, wurden D-Mobiltelefone von Anfang an eingesetzt.

Das Gespräch mit einem Kundenberater der Firma Siemens, Lieferant der Telekommunikationsanlagen vom Typ *Hicom* im Unternehmen Hasses, brachte endlich Klarheit: Beim Telefon boten sich ungeahnte Einsparmöglichkeiten. Der Siemens-Mann riet zur Installation eines neuen Gerätes, das der Hersteller unter der Bezeichnung *Mobiline 2000* anbietet. Hasse: „Durch den direkten D-Netz-Zugang mit diesem Gerät konnten wir den D1-intern-Tarif nutzen." Die Perspektive: Die Mobilfunkkosten für Telefonate zwischen Zentrale und Außendienst könnten nahezu halbiert werden.

Der Rest war nur noch Formsache: Binnen weniger Tage stand der kleine schwarze Kasten mit der Aufschrift „Mobiline 2000" im Haus, ruck, zuck wurde er an die Hauptkennziffer (HKZ) von Wellmanns Siemens-Anlage Hicom 300 angeschlossen. Hasse: „Nachdem wir feststellten, daß das wirklich funktioniert und dies sich auch auf die Rechnungsposition ‚Mobilfunkverbindungen D1' entsprechend auswirkt, haben wir uns entschlossen, fünf weitere Mobilines zu beschaffen." Und nun ging es mit der Sparerei beim Telefonieren erst richtig los. Hasse: „Unsere Gebühren haben sich seitdem um 40 Prozent reduziert!"

Das Schöne für Hasse dabei war, daß er seine Mitarbeiter jetzt nicht einzeln auf Sparkurs trimmen mußte. Hasse: „Es war gar nicht nötig, alle zu informieren und einzuweisen."

Der Trick: Im einfachsten Fall werden ins Mobilnetz gerichtete Gespräche mit einer separaten Amtskennziffer gestartet, z. B. „0" für Festnetz, „7" für D1, „8" für D2. Moderne Telekommunikationsanlagen wie das ISDN-Kommunikationssystem *Integral 33xE* von Bosch Telecom – oder eben die *Hicom 300* von Siemens – bieten Ihnen das Leistungsmerkmal LCR schon von Haus aus. Mit diesem intelligenten Routing aber sind die Voraussetzungen geschaffen, um die Vorteile eines gemeinsamen Firmennetzes für die Sprach- und Datenübertragung mit der variablen Wegesuche komfortabler Telekommunikationssysteme zu verbinden.

Hintergrund

Intelligentes Routing

Ein „Multiplexer" ist eine Funktionseinheit zur mehrfachen Ausnutzung von Übertragungskanälen. Multiplexer bestimmter Bauart können auf intelligente Weise selbst den günstigsten Weg für den Verbindungsaufbau zum gewünschten Teilnehmer übernehmen. Sie stellen dazu alle erforderlichen Informationen zum gesamten Multiplexer-Netz bereit.

Üblicherweise erhält der Anrufer Besetztton, wenn der Multiplexer keinen freien Verbindungsweg findet. In Netzen mit intelligentem Routing von Bosch Telecom kann für diesen Fall – durch die Leitweglenkung der Integral 33xE – ein Ersatzweg über das Festnetz geschaltet werden. So wird die Erreichbarkeit Ihres gewünschten Gesprächspartners weiter verbessert. Das intelligente Routing schränkt die Gestaltungsmöglichkeiten für ein individuell zugeschnittenes Firmennetz nicht ein, da alle Rufnummernpläne – egal ob öffentliche oder Ihre privaten – unterstützt werden.

Praxis

Sparwunder Mobiline 2000

Sparwunder wie das Mobiline 2000 helfen nun bei der Ausnutzung der LCR-Möglichkeiten speziell in Verbindung mit Mobilfunknetzen. Es verfügt über eine Schnittstelle für Telekommunikationsanlagen (Zweidraht-A/B analog) und klinkt sich dabei wie ein Handy zwischen Ihre feste Telekommunikationsanlage und das mobile Funknetz Ihres Gesprächspartners. Voraussetzung ist eine Telefonanlage mit mindestens einem freien Festnetzanschluß, auf den ganz gezielt zugegriffen werden kann.

Ist die Telekommunikationsanlage für Nachwahl ausgerüstet, kann die Nebenstelle auch direkt von draußen gewählt werden. Ist keine freie Amtsleitung vorhanden, läßt sich Mobiline 2000 mit dem Nebenstellenadapter an eine Nebenstelle anschließen. Bei abgehenden Gesprächen wird zunächst die Nummer der Nebenstelle gewählt. Über Mobiline 2000 wird dann die Verbindung zum Mobilfunknetz aufgebaut und nach dem Wahlzeichen die Funkrufnummer des betreffenden Mitarbeiters gewählt. Für ankommende Gespräche wählen die Außendienstmitarbeiter zunächst die Mobilfunkrufnummer von Mobiline 2000. Die gewünschte Nebenstelle wird dann per Nachwahl direkt gewählt. Auch Faxversand der Gruppe 3, der weltweite Gerätestandard für Telefax, und Datenübertragung mit 64 kbit/s seien möglich, so wird vom Hersteller versichert. Die Qualität entspreche dabei der im Festnetz. Hersteller des Gerätes ist BD Consult Electronic Engineering A/S in Hobro in Dänemark. In Deutschland wird sie durch deren deutsche Tochter GSM Gesellschaft für Systeme der Mobilkommunikation mbH in Hohenthann bei München vertrieben.

Dem oben skizzierten Problem, daß die Gespräche mit Außendienstmitarbeitern, Fahrern und Kurieren für Firmen, Speditionen und Kurierdienste ins Geld gehen, hatten sich die Entwickler der Herstellerfirma BD in Hobro vorgenommen. Genau das war der Entwicklungsansatz für Mobiline 2000. Wird dieses Gerät an die Telekommunikationsanlage angeschlossen, fällt der teure Umweg über das Festnetz weg. Die Gespräche zum Außendienst bzw. in umgekehrter Richtung laufen nur über das Mobilfunknetz.

Worunter so manche Telefonrechnung nämlich bislang litt, waren die zusätzlichen Kosten, die die Deutsche Telekom dafür verlangt, daß sie Verbindungen von ihrem Festnetz in ein anderes, hier ein Mobilfunknetz, herstellt. Für den Verbindungsaufbau – gleichgültig in welcher Richtung – werden zwei Netze beansprucht: das Festnetz der Telekom und das betreffende Mobilfunknetz D1, D2 oder E-plus.

Bei den Standardtarifen der Netzbetreiber bzw. Service-Provider sind das im Schnitt 1,38 DM pro Minute, wovon rund die Hälfte die Telekom kassiert. Für direkte Verbindungen innerhalb der Mobilfunknetze dagegen liegt der Minutenpreis im Schnitt bei 0,69 DM. Also genau jene Hälfte weniger, die Sie sonst an die Telekom zahlen (im E-plus-Netz sogar 60 Prozent weniger).

Tip

Rückruf kann lohnen

Vergleichen Sie den Tarif Ihres Mobilfunkanbieters und den Ihres Festnetzanbieters. Es kann durchaus sein, daß sich ein Rückruf lohnt. Bei der Deutschen Telekom beispielsweise kostet tagsüber der Anruf aus deren Festnetz in ein Mobilfunknetz pro Minute 1,33 Mark (ins E-plus-Netz sogar 1,36 Mark), in umgekehrter Richtung aber möglicherweise weniger. In solchen Fällen sparen Sie Geld, wenn Sie sich vom Mobilfunkpartner zurückrufen lassen – und nicht umgekehrt, wie viele Leute fälschlich meinen.

Diesen geldwerten Vorteil nutzten nun auch Hasses Mobilines 2000 aus unserer Fallstudie. Und nicht nur seine. Andere Firmen wie etwa das Sperrholzwerk Hornitex in Horn-Bad Meinberg, mit über 100 Mobiltelefonen im Einsatz auf C-, D1- und D2-Netzen, nutzen mittlerweile LCR-Technik, um die steigenden Mobilkosten auf diese Weise wenigstens teilweise in den Griff zu bekommen.

Kosten

Direktanbindung

Auch die Service-Provider der Mobilfunknetze sehen in der Direktanbindung eine neue Dienstleistungschance. Mit Ausnahme weniger wie MobilCom in Schleswig und Motorola Tel·Co in Wiesbaden bieten fast alle Telefongesellschaften ohne eigenes Netz die Least-Cost-Routing-Fazilitäten der Mobiline 2000 an.

Allerdings ist die Direktanbindung nicht für jeden interessant. Anbieter Cellway offeriert die „GSM-Direktanbindung" samt Telefonkarte, GSM-Telefon, Stromversorgung und Telekommunikationsschnittstelle sowie die individuell verschiedene Anpassung an die Telekommunikationsanlage durch die Firma Voigt in Roßwag für immerhin 3500 DM. Hinzu kommen monatliche GSM-Grundgebühr sowie je nach Anbieter Einrichtungskosten an der Telekommunikationsanlage.

Im allgemeinen nennen die Anbieter als Zielgruppe Firmen, in denen das Aufkommen an Mobiltelefonaten einen wesentlichen Anteil am gesamten Gesprächsaufkommen darstellt, z. B. Speditionen oder Firmen, die mit vielen Außendienstmitarbeitern Verbindung halten müssen.

Die Zeit, nach der sich die Anschaffung beispielsweise der Cellway-„GSM-Direktanbindung" über die gesparten Gebühren amortisiert hat, liegt nach Angaben des Service-Providers in der Regel bei wenigen Monaten. Vergleicht man die Basistarife der D-Netze in der Hauptzeit mit dem günstigsten netzinternen Tarif, so liegt die Ersparnis für jedes Gespräch in beiden Richtungen hier bei ca. 49 Prozent.

Bei einem Gesprächsaufkommen zwischen GSM und Festnetz (beide Richtungen) von angenommen 2000 DM im Monat hat sich die Anschaffung einer Cellway „GSM-Direktanbindung" nach etwa vier Monaten bezahlt gemacht. Von nun an telefonieren Sie bei Cellway weiterhin um die Hälfte und tragen, so versichert Cellway, außer der monatlichen Grundgebühr für die Karte keine weiteren Kosten.

Derzeit ist über die Cellway-„GSM-Direktanbindung" allerdings nur Sprachübertragung möglich, keine Fax- und Datenübertragung.

Aus rechtlichen Gründen dürfen lediglich im E-Netz ankommende und abgehende Gespräche bei der „GSM-Direktanbindung" gemischt abgewickelt werden. In den beiden D-Netzen ist nur eine Richtung (ankommend oder abgehend) zulässig, und die Gegenstelle muß stets ein Mobiltelefon sein. Verbindungen zwischen zwei Anlagen (GSM-Direktanbindung) sind unzulässig.

Eine „GSM-Direktanbindung" kann zudem nur ein Gespräch in ein GSM-Netz vermitteln. Bei hohem Gesprächsaufkommen oder gemischtem Bedarf (z. B. 40 Prozent D1, 40 Prozent D2, 20 Prozent E-plus) sind mehrere Geräte erforderlich. Eine gezielte Durchwahl ist bei ankommenden Gesprächen bei Cellway nicht möglich.

Praxis

Anschlußmöglichkeiten für LCR-Boxen

Die Anschlußbox „Mobiline 2000" wird von mehreren Firmen angeboten, so etwa für das P1 von Siemens. Weitere Lösungen sind für Siemens S4 und Ericsson GH 337 vorgesehen. Hier seien die Planungen so, daß die Anbieter GSM, Hohenthann, und Gugel, Stuttgart, das Telefon mit in die Anschlußbox einbauen wollen und die persönliche Identifikationsnummer (PIN) des Mobilfunkanschlusses künftig von der Box automatisch übergeben werden soll.

Diese Komplettbox ist auch unter dem Namen „Com.s.a.t.D" bekannt. Die Preise bewegen sich von 600 bis 1100 DM Einkaufspreis ohne Telefon über 2100 bis 2200 DM mit Siemens P1.

Die verschiedenen Systemvarianten buchen sich automatisch in eine nahe gelegene Sendestation des entsprechenden D-Netzes ein. Sie lassen sich wahlweise programmieren:

1. „gehend" von der Telekommunikationsanlage in das GSM-Netz
2. „kommend" aus dem GSM-Netz in die Telekommunikationsanlage
3. „kommend + gehend", also beide Richtungen.

Kosten

Gebührenvergleich

Gesprächsdauer je Mitarbeiter pro Tag von und zu Handy zusammen 15 Minuten an 20 Tagen ergibt:

- 300 Minuten/Monat
- Normaltarif: Festnetz zu GSM 1,39 DM/Min = 417 DM
- GSM zu GSM 0,69 DM/Min = 207 DM
- Ersparnis monatlich = 210 DM.

Diese Kostenreduzierung müssen Sie mit der Anzahl der genutzten Mobilfunkgeräte multiplizieren. In diesem Beispiel können, je nach Gesprächsdauer, mindestens 10 Mitarbeiter ein Com.s.a.t.-System nutzen (Ersparnis ca. DM 2100 monatlich).

Praxis

LCR-Geräte im Vergleich

- „Phonecall SX" von Alexander Batteries, Meerbusch, Preis ca. 3000 DM, ist ein ähnliches Produkt, das ein Nokia 2110 benutzt und eine Nebenstellenanlage mit bis zu 7 Anschlüssen simuliert. Bei diesen Lösungen ist ein GSM-Telefon nebst Karte notwendig, somit auch eine zusätzliche Grundgebühr in der Kalkulation zu veranschlagen.
- Der GSM-Telefon-Gateway „Telsat" von Dr. Neuhaus, angeboten in den Varianten 4446, 4447 und 4448, ermöglicht das Telefonieren

zwischen normalen Analogtelefonen und Handys zum GSM-Direkttarif. Es kann entweder an einer Nebenstellenanlage mit analoger Schnittstelle oder analogem Nebenstellenanschluß installiert werden und bietet je nach Typ verschiedene Leistungsmerkmale vom programmierbaren Gebührenimpulsgenerator über Paßwortsperre für abgehende Rufe bis zur Sperrung von bis zu 20 programmierbaren Rufnummerpräfixen. Auch eine Nachrüstung mit Speichererweiterung wird angeboten. Telsat befindet sich u.a. im Angebot von Service-Provider Aral Mobilfunk.

- Im LCR-Bereich ist die Firma Oskar Vierling GmbH & Co. KG aus Ebermannstadt mit dem Terminal-Adapter „Tarif" für C- und D-Netze vertreten. Auch sie wird an eine Nebenstellenanlage angeschlossen, teure Nachrüstung von Amtsanschlüssen sei nicht erforderlich. Vierlings Tarif ist u.a. im Einsatz bei GSM-LCR-Anbieter KomSa aus Hartmannsdorf, der aber auch auf die Telsat–4446-Box von Dr. Neuhaus zurückgreift.
- Die GSM-ISDN-Schnittstelle AS 502 von Kuhnt in Oldenburg verbindet einen S_0-Teilnehmeranschluß einer ISDN-Nebenstellenanlage direkt mit dem GSM-Netz. Damit kann für Gespräche von ISDN-Telekommunikationsanlagen mit Mobiltelefonanschlüssen der Interntarif des jeweiligen Netzbetreibers genutzt werden. Wird in die AS 502 eine D2-Karte eingesetzt, kann zu allen D2-Mobiltelefonen zum Interntarif telefoniert werden. Kommt eine D1-Karte zum Einsatz, kann zu allen D1- und zu allen C-Netz-Telefonen zum Interntarif telefoniert werden. Der Hersteller rechnet bei fünf Mobiltelefonen und täglich zehn Minuten Gesprächszeit je Gerät mit der Firmenzentrale bei den Gesprächsgebühren über die AS–502-Box Einsparmöglichkeiten von mehr als 500 DM im Monat.

  Die AS 502 wird als S_0-Teilnehmer an die ISDN-Nebenstellenanlage angeschlossen. Sie arbeitet mit DSS–1-Protokoll und kann damit an allen modernen ISDN-Nebenstellenanlagen betrieben werden. Die Anschaltung als Teilnehmer mache in der Regel jeden zusätzlichen Hardwareaufwand seitens der Telefonanlage überflüssig. Die AS 502 könne wie jeder Teilnehmer am S_0-Bus mit verschiedenen Rufnummernadressen programmiert werden. Im ISDN wird dabei die „Nebenstellennummer" nicht dem „Nebenstellenplatz", sondern dem ISDN-Endgerät zugeordnet.

3.3.1 Netzsurfen in Skandinavien

Daß die Idee einer Gebührenweiche wie des Mobiline 2000 ausgerechnet aus Skandinavien kommt, hat freilich seine deregulatorische, wenn auch nicht ausschließlich mobilfunktechnische Bewandtnis. In Nordeuropa fiel der Startschuß für die Liberalisierung in der Telekommunikation bereits vor einiger Zeit. Am 1. November 1996 gingen in Norwegen und Dänemark die neuen Netzbetreiber NetCom und Telia ans Netz. In großen Reklamekampagnen versprachen sie vom Start weg Einsparungen bei Fern- und Auslandsgesprächen von 10 bis 30 Prozent. Dem bisherigen dänischen Monopolunternehmen Tele Danmark blieb nichts anderes übrig, als für einen Teil der Auslandsgespräche die Preise ebenfalls bis zu 20 Prozent zu senken.

Der Gedanke lag nahe, das Liberalisierungsgefälle zu nutzen. Bereits seit Juni 1994 hatte die Tele Danmark A/S in Deutschland eine Tochtergesellschaft, die Tele Danmark Internetz GmbH mit Hauptsitz in Hamburg. In weiser Voraussicht machte man sich daran, das Geschäftsfeld mit weiteren Knotenpunkten in anderen deutschen Städten auszubauen, da man sah, welch ideale Standortqualitäten Deutschland bot.

Aufgrund der Preisdifferenz der Telefon- und Telefaxgebühren in Dänemark im Vergleich zum öffentlichen Netz in Deutschland konnte man den Kunden der Internetz GmbH erhebliche Einsparungen in Aussicht stellen. Tele Danmark Internetz GmbH eröffnet seither vor allem auch deutschen Unternehmen mit hohem Auslandsfernmeldeverkehr die Möglichkeit, durch internationale Telekommunikation über den liberalisierten dänischen Markt erhebliche Kosten zu sparen. Ergebnis ist eine ganze Angebotspalette, die sich sehen lassen kann, u.a. mit:

- Einsparungen im Vergleich zum öffentlichen Netz, auch bei Ferngesprächen innerhalb Deutschlands.
- Nur Gesprächsgebühren, keine Grundgebühren.
- Berechnung nach tatsächlich geführten Gesprächssekunden.
- Direktwahl statt zeitaufwendiges Callback-Verfahren
- Keine Komprimierung, daher bessere Übertragungsqualität.

Die Technik, die auch hinter diesem Angebot steht, ist LCR – nur eben, daß es nicht auf die Alternative Telekom-Festnetz/-Mobilfunknetze beschränkt ist, sondern weltweit das Kostengefälle zwischen den Netzbetreibern ausnutzt.

In den letzten Jahren sind die Mindestumsatzkosten für Telefonie drastisch gesunken. Dennoch gibt es bei fast jedem Carrier einen Mindestumsatz, der sich damit rechtfertigt, daß die administrativen Kosten beim Carrier und auch die zur Verfügung gestellte Infrastruktur (Technik) bezahlt werden müssen. Die DTAG macht dies durch eine entsprechende Grundgebühr wett.

Praxis

Der LC-Router Parlay von AGT

AGT in Hamburg vertreibt den LC-Router „Parlay 1301" des Partners Electric A/S in Vojens, bezeichnenderweise Dänemark, mit einer Reihe von Fernwartungs- und Ferndiagnosemöglichkeiten. Bei dem Gerät lassen sich neue Software und Routing-Tabellen per Fernwartung einspielen, so daß es immer auf dem neuesten Stand ist. Fehlerberichte analysieren sowohl ISDN-Fehler als auch nicht erfolgreiche Verbindungen zu den Carriern. Die Berichte können manuell vom Service-Center aus abgerufen oder in vorprogrammierten Intervallen zum Service-Center übertragen werden. Anrufstatistiken zählen die wichtigsten Informationen, wie Anzahl aller beantworteter sowie unbeantworteter Anrufe, Auslastung der B-Kanäle, Anrufe über den Carrier usw.

„Parlay 1301" ist dabei als Alternative zu Least-Cost-Routing-Applikationen von Telekommunikationsanlagen-Herstellern gedacht. Es programmiert sich selbst beim erstmaligen Verbinden mit dem ISDN-Netz, so daß vor Ort kein Service nötig ist.

3.3.2 Router im Überblick

- *Ascom:* Der Schweizer Telekommunikationskonzern Ascom hat gemeinsam mit Vive Synergies Inc. eine umfassende LCR-Lösung entwickelt. Das Angebot umfaßt analoge, digitale, Single- und Multiline-Produkte wie auch PBX-Lösungen. Alle Produkte verfügen über entsprechende Funktionen zur Fernwartung. LCR-Tabellen werden zentral beim Netz- oder Servicebetreiber erzeugt. Dort werden die sich ändernden Tarife auf der LCR-Serviceplattform laufend aktualisiert und über Nacht dem Endkunden verfügbar gemacht.
  Zielgruppe hierfür sind ebenfalls Netz- und Servicebetreiber, die so ihren Kunden eine LCR-Dienstleistung anbieten können. Ein erster Vertrag mit einem LCR-Servicebetreiber in der Schweiz sei bereits abgeschlossen.

- *CNT:* Die CNT Telecom AG, Tochter der US-Firma CNT INTERNATIONAL L.L.C., stellt ihren Kunden die CNT-Smart-Box LCR X.10 zur Verfügung und verspricht Telefongebühren etwa für innerdeutsche Verbindungen ins Festnetz zu 42 Pf statt 60 Pf die Minute, innerdeutsche Verbindungen ins Mobilnetz zu 79 Pf statt 1,34 DM.
  Das Unternehmen sieht sich als regelrechter Reseller von internationalen Telefonverbindungen und ist Rechnungssteller für internationale Kunden der CNT-Gruppe. Eine enge Kooperation besteht von Anfang an zu internationalen Carriern für die Zurverfügungstellung des technischen Hintergrunds der CNT-Dienstleistungen. In Deutschland kooperiert das Unternehmen mit Partnern aus den Bereichen Telekommunikation, Telefonbau, Mobilfunk und Computertechnik.
  Die CNT-Smart-Box LCR X.10 ist ausgelegt als Least Cost Router und verwaltet mehrere Carrier (Switches), auf Wunsch mit Datenübertragung vor und nach dem Callback (ante und post callback), DirectCall z. B. über 0130-Nummer, Dial-in-Funktion über Knoteneinwahlpunkte etc.
- *FMW:* Zumindest was die Elektronik angeht, soll die von Futterer & Maier-Wolf (FMW) in Inzigkofen angebotene Box gleichen Namens (LCR X.10) baugleich mit jener von CNT sein. Jedoch, so CNT-Chef Thomas Windelschmidt, sei die Software von CNT komplett umgestrickt und darüber hinaus verbessert worden.
  FMW seinerseits hat das Nachfolgegerät für seine LCR X.10, die LCR A4/... herausgebracht, die wiederum vor allem eine Softwareverbesserung gegenüber dem Vorgängermodell enthält.
- *Mitel:* Unter der Bezeichnung Uniconnect-Box bietet UnitedConnect in Unkel im Rahmen seines LCR-Dienstes *DirectDial* die LCR-Box Fax Business Control (FBC) des kanadischen Herstellers Mitel für analoge Geräte mit bis zu acht Routmöglichkeiten an. Die Kosten für die Installation sind mit 400 DM Kaufpreis des Gerätes verhältnismäßig niedrig.
  Mitel wird in Deutschland exklusiv vertrieben von Distribution + (S_{2M}-Dialer), DS_0 (ISDN S_0-Dialer), GMD (Global Multi-Port Dialer für 4, 6, 8 analoge Amtsleitungen) und besagter FBC. Call Routing Dialer für eine analoge Amtsleitung finden sich als OEM-Angebot bei einer Reihe von Anbietern wie TCN-Telegroup (Hamburg), WorldCom (Frankfurt), Otelo (Düsseldorf), AT&T (Frankfurt), Sprint-Tochter RSLCom (Frankfurt), Supertalk (Hamburg), TelDaFax (Wetter bei Marburg) und Televersa (München) wieder.
- *direktRuf:* LCR-Anbieter intertelcom in München, Tochter des US-Telefonunternehmens intertelcom Corp., verspricht unter dem Markennamen „direktRuf" bis zu 70 Prozent Einsparungen bei Fax und Telefon. Einge-

setzt wird hier die LCR-Box connectorF2 für analoge und digitale Anschlüsse als Einfach- und als Mega-Router-Version.

- *TelePassport:* TelePassport in Frankfurt bietet Least-Cost Routing-Boxen verschiedener Hersteller, und zwar in den Varianten ISDN-LCR-Router für mehrere S_0- und S_{2M}-Anschlüsse, ISDN-LCR-Box für einzelne S_0-Anschlüsse, LCR-Box für analoge Telefonanschlüsse, FaxBox für analoge Faxanschlüsse und LCR-Phone für analoges Telefon mit LCR-Funktion, allerdings im Unterschied zu den anderen Produkten nicht fernwartbar. Die Produkte werden, so versichert TelePassport, jeweils streng nach eigenem Pflichtenheft exklusiv hergestellt.

  Die ISDN SparBox von TelePassport wurde neu konzipiert. Durch diese intelligent programmierte LCR-Box sollen Sie im Rahmen des Global Network Services (GNS) von TelePassport interessante Ersparnisse bei Verbindungen ins In- und Ausland erzielen können.

  Die ISDN SparBox in Kombination mit dem GNS-Service von TelePassport dürfte für Sie interessant sein, wenn Sie privat viel telefonieren, Freiberufler sind, ein kleineres Büro haben oder eine kleinere Firma mit einem bis drei ISDN-Basisanschlüssen.

  Der Spareffekt tritt allerdings erst bei Fernverbindungen und Verbindungen in die Region 200 innerhalb Deutschlands sowie Verbindungen nach Europa und Übersee ein. Bei diesen Gesprächen oder Telefax-Sendungen innerhalb der Bundesrepublik sollen Sie als Kunde von TelePassport werktäglich von 9 bis 18 Uhr zwischen 8 Prozent und über 20 Prozent, vom Festnetz in die deutschen Mobilfunknetze rund 32 Prozent und bei Verbindungen ins Ausland gar um die 50 Prozent einsparen können.

  Das Gerät können Sie selbst installieren oder von TelePassport installieren lassen. Es wird von TelePassport regelmäßig überprüft und bei Bedarf, z. B. bei Tarifsenkungen oder Serviceerweiterungen, ferngewartet. Hierfür müssen Sie allerdings eine monatliche Pauschale von 48 DM zuzüglich Mehrwertsteuer bezahlen. Auch ist der Kaufpreis von 1498 DM für einen Basisanschluß bzw. 1998 DM für einen Doppelanschluß (jeweils zuzüglich Mehrwertsteuer) nicht gerade wenig. Es ist allerdings anzunehmen, daß TelePassport mit wachsendem Konkurrenzdruck und möglicher Serienfertigung an diesem Preis noch feilen wird, damit er sich auch trotz der monatlichen Wartungspauschale durch die erzielten Einsparungen schneller amortisieren läßt.

  Gut finden wir, daß Sie sich auf Wunsch von TelePassport Ihr Einsparungspotential kostenlos ausrechnen lassen können. Anhand der gewählten Vorwahl, Datum und Uhrzeit erkennt das Gerät, ob die abge-

hende Verbindung kostengünstiger über TelePassport Global Network Services (GNS) oder über das nationale Festnetz geleitet wird. Ist die Verbindung über TelePassport preiswerter, wählt sich die ISDN SparBox blitzschnell in den Vermittlungsrechner des privaten Anbieters ein, der sich im benachbarten europäischen Ausland befindet. Von dort geht der Ruf anschließend weiter zur Zielwahl.
Innerdeutsche Verbindungen im Rahmen des Global Network Services (GNS) von TelePassport kosten 0,43 DM pro Minute jeweils zuzüglich Mehrwertsteuer. Ein zusätzlicher Kostenvorteil bei Verbindungen innerhalb Deutschlands und Europas: Abgerechnet wird ab der ersten Sekunde im Sekundentakt. Wie wichtig und sparsam diese Taktung ist, zeigt Ihnen das folgende Beispiel: Die Übertragungszeit für ein Fax von München nach Hamburg beträgt z. B. 25 Sekunden. Damit fallen bei TelePassport 0,18 DM jeweils zuzüglich Mehrwertsteuer an Gebühren an. Die gleiche Übertragungszeit würde im Festnetz der Deutschen Telekom drei Gebühreneinheiten, also 0,31 DM, zuzüglich Mehrwertsteuer kosten. Die Ersparnis beträgt also in diesem Fall ca. 42 Prozent.
Beispiel Übersee: die Minute von Deutschland nach Australien kostet ca. 1,02 DM; das entspricht einem Kostenvorteil von rund 51 Prozent gegenüber einer Verbindung über das Festnetz. Japan: 1,12 DM pro Minute (Kostenvorteil ca. 46 Prozent). USA: 0,66 DM pro Minute (Kostenvorteil ca. 47 Prozent). Vorsicht: Bei Überseeverbindungen wird nach den ersten 30 Sekunden im 6-Sekunden-Takt abgerechnet.

- *ColtLine:* Welche Box von welchem Hersteller im Rahmen des neuen, erst seit Dezember vergangenen Jahres bestehenden LCR-Angebotes ColtLine von Netzdienstleister Colt (Frankfurt) dem Kunden angeboten wird, liegt noch nicht fest und kann variieren. Das richtet sich Colt-Angaben zufolge nach dem Preis-Leistungs-Verhältnis.

Wie die Branche die Zukunft von LCR bewertet, resümierte Rolf Schiefer, Chef von LCR-Anbieter TCC TeleComContor GmbH in Bergisch Gladbach, auf der *VoiceKom 96* in Köln: „Least Cost Routing wird nach der vollständigen Liberalisierung einen noch weitaus höheren Stellenwert einnehmen, da jeder Carrier sein eigenes Gebührenmodell anbieten wird. Bei Unternehmen mit einem sehr großen Gesprächsvolumen außerhalb *(der Telekom-Tarife; der Verfasser)* Region City und Region 50 können sehr viele Kosten eingespart werden. Der Kunde muß für das veränderte Verbindungsverhalten sensibilisiert werden. Die Routing-Technik wird immer weiter fortschreiten, so daß die Unterschiede minimiert werden können. Ein Vorteil ist, daß viele Unternehmen Telekommunikationsanlagen mit ISDN-Amtsanschlüssen besitzen und von den neuen

Carriern profitieren können. Viele TK-Hersteller werden entsprechende LCR-Software in ihre Systeme integrieren müssen, um keine Marktanteile zu verlieren. Was wiederum den Wettbewerb belebt und letztlich dem Kunden zugute kommt."

3.3.3 LCR aus Expertensicht

Interview mit Francisco Ramos Saldo, Key Account Manager der ComTel Electronics System GmbH:

Wann lohnt sich LCR?
Salado: Grundsätzlich bietet sich die Anbindung mittels Least Cost Routing an, wenn Sie zu einer der folgenden drei Kundengruppen gehören:
1. Privatkunden (Analog-Kunden und Basisanschluß-Kunden mit mindestens einer S_0)
2. Klein- bzw. mittelständische Kunden (mehrere Basisanschlüsse bis hin zu einem S_{2M}-PMX-Anschluß)
3. Großkunden (eine oder mehrere S_{2M}-PMX-Anschlüsse).

Gehören Sie zu den ersten zwei Kundengruppen, werden Sie Ihre Telekommunikationsanlage hauptsächlich mit Dialern (Analog und S_{2M}) koppeln, da sich die Kosten für die Festanbindung oft nicht rechnen.

Bei der dritten Kundengruppe werden fast ausschließlich S_{2M}-Router verwendet.

Lohnt sich die Anschaltung an einen alternativen Carrier?
Salado: Der Carrier selbst entscheidet, ob der Kunde für ihn attraktiv ist oder nicht. Als Kunde sollten Sie anhand Ihrer letzten Telefonrechnungen sich von mehreren Carriern ausrechnen lassen, was Ihre Ersparnis wäre, würden Sie über den entsprechenden Carrier telefonieren. Sollte bei den einzelnen Carriern unterm Schnitt eine deutliche Ersparnis entstehen, sollten Sie die Nachteile und Vorteile abwägen und von Fall zu Fall entscheiden. Die Schnittstelle des Carrier Networks geht bis zur Telekommunikationsanlage des Kunden.

Welche Zukunft haben Dialer und Router?
Salado: Weder Dialer noch Router oder *Access Boxen*, wie man sie auch oft nennt, werden in den nächsten Jahren an Bedeutung verlieren. Die Aufgaben dieser Produkte werden sich sicherlich etwas ändern, aber wenn man den britischen Telekommunikationsmarkt beobachtet, werden z. B. die Dialer ana-

log oder auch digital dazu benötigt, effektiver auf neue Rabatte und Carrier reagieren zu können. Die Telekommunikationsanlagenhersteller werden zwar die benötigten Features einbauen, jedoch nicht immer in der Lage sein, ältere Telekommunikationsanlagen auf den neusten Stand zu bringen. Der Mensch als Least Cost Router ist in Deutschland undenkbar, somit müssen wir es den Kunden so leicht und bequem wie möglich machen.

Checkliste

Worauf achten beim LCR-Auftrag?

In folgender Checkliste sind einige Punkte aufgeführt, auf die Sie achten sollten, wenn Sie die Dienste eines LCR-Anbieters in Anspruch nehmen möchten:

- Sprachqualität des Carrier-Netzes.
- Technische Features wie mögliche Datenrate bei Fax oder Videokonferenzen usw.
- Tatsächliche Kostenersparnis über die gesamte Telefonrechnung gesehen. Nur wer in der Lage ist, Ihnen ein komplettes Paket anzubieten, sollte als Carrier in Betracht gezogen werden.
- Access-Produkte umsonst oder nicht. Wie sieht es mit Hotline und Support aus?
- Wie hoch sind die monatlichen Fixkosten?
- Kündigungsfrist.
- Abwicklung und Funktionalität der Dienstleistung.
- Rechnung und Gesprächsauflistung.

4
Das neue Recht

Wenn Ihnen jemand sagt, daß Sie mit der Liberalisierung der Telekommunikationsmärkte, wörtlich übersetzt: der Befreiung der Telekommunikationsmärkte, plötzlich tun und lassen können, was Sie wollen, um sich Ihre Gewinnrosinen herauszupicken, so stimmt das nicht ganz.

Sie würden es sich wahrscheinlich auch gar nicht wünschen. Sie als Verbraucher nicht. Und Sie als Anbieter ebenfalls nicht. So können wir doch ganz zufrieden sein, daß es auch weiterhin regulatorische Eingriffe geben wird. Denn erst sie führen im Zusammenspiel mit der fortschreitenden technischen Entwicklung dazu, daß sich im vielfachen Sinn des Wortes ein Markt mit unbegrenzten Möglichkeiten auftut: unbegrenzt im technischen Sinne, unbegrenzt, was die unternehmerische Phantasie angeht, unbegrenzt in der räumlichen Ausdehnung.

Sie werden sich also damit abfinden, daß der Regulierer und Gesetzgeber auch auf den liberalisierten Märkten ein gewichtiges Wort mitzureden hat. Daß dies durchaus in Ihrem Sinne geschieht, läßt sich bereits aus den von der Bundesregierung beabsichtigten Maßnahmen zum Kundenschutz ersehen, die im Grunde zugleich Maßnahmen zum Wettbewerbsschutz sind.

Sie können sie nachlesen in der neuen Telekommunikations-Kundenschutzverordnung (TKV, sie wurde im September 1997 von Bundesrat und Regierung verabschiedet), die im folgenden in den wesentlichen Zügen erläutert wird, um Ihnen einige wichtige Eckpunkte des rechtlichen Rahmens aufzuzeigen, in dem Sie künftig im Bereich der Telekommunikation für Ihren Geldbeutel tätig werden können – sei es, indem Sie sparen, sei es, indem Sie neue Geschäftsfelder für sich entdecken.

4.1 Im Interesse der Kunden

Die neue Verordnung soll die „Besonderheiten der Vertragsbeziehungen zwischen Anbietern von Telekommunikationsdienstleistungen für die Öffentlichkeit und ihren Kunden regeln“. So will es der Gesetzgeber. Im Grunde geht es in ihr um die Beziehungen von drei Seiten zueinander:

1. den öffentlichen Anbietern, also den Netzbetreibern in marktbeherrschender Stellung einerseits, und
2. Ihnen als deren Kunde in Ihrer Eigenschaft selbst als Anbieter, allerdings ohne Marktmacht – also: Diensteanbietern, Wiederverkäufern und Wettbewerbern als Kunden marktbeherrschender Unternehmen – sowie
3. Ihnen als beider Kunde und den Verbrauchern andererseits.

Die neue Verordnung soll also auch der Sicherung des in Artikel 87f. des Grundgesetzes festgelegten Infrastrukturauftrages im Bereich der Telekommunikation dienen und im Interesse der Kunden die Regulierungsziele des Telekommunikationsgesetzes konkretisieren.

Das tat die bisher und übergangsweise allein für die Deutsche Telekom AG geltende TKV 1995 auch schon. Anders als die Vorgängerverordnung richtet sich die neue jedoch an einen allgemeinen Adressatenkreis von Telekommunikationsdienstleistungs-Anbietern. Einige Regelungen der alten TKV, von denen der Gesetzgeber fand, daß sie sich bewährt haben, wurden übernommen, andere mußten dagegen dem liberalisierten Telekommunikationsumfeld angepaßt werden.

Obwohl es manchmal nicht so einfach zu unterscheiden ist, haben wir die Verordnung darauf durchgesehen, wo sie Ihren unmittelbaren Verbraucherschutz und wo sie Ihren Schutz als Anbieter und Kunde der marktbeherrschenden Unternehmen betrifft. Diese Unterscheidung zu treffen ist schon deswegen bisweilen problematisch, da beide, Anbieter und Verbraucher, den marktbeherrschenden Telekommunikationsunternehmen gegenüber als Kunden auftreten.

4.2 Allgemeiner Kundenschutz

Laut § 1 der neuen TKV dürfen Vereinbarungen nicht verlangt werden, wenn sie von der TKV zu Ihren Ungunsten abweichen.

Tip

Nachteilige Vereinbarungen

Wenn Ihnen als Endverbraucher oder als Diensteanbieter von einem marktbeherrschenden Unternehmen Vereinbarungen zugemutet werden sollen, die zu Ihren Ungunsten von der neuen TKV abweichen, sind sie unwirksam! (§ 1 TKV)

Sie dürfen als Mitbewerber der Großen von diesen nicht diskriminiert oder benachteiligt werden. (§ 2) Es gilt also auch hier der Gleichbehandlungsgrundsatz. Ein beherrschendes Unternehmen wie die Deutsche Telekom muß also künftig Verbindungen für Mitbewerber genauso schnell schalten, wie sie es für eigene Tochterunternehmen tut.

Zudem haben Sie als Kunde eines marktbeherrschenden Anbieters einen Anspruch darauf, daß Sie keine Leistungen in einem Paket kaufen müssen, von dem Sie möglicherweise der Großteil nicht einmal interessiert.

Die Deutsche Telekom befindet sich derzeit deswegen in einem Rechtsstreit gegen den Regulierer. Der will ihr vorschreiben, daß sie ihren Mitbewerbern die „letzte Meile" vom Hausanschluß zum Netz entbündelt, also frei von irgendwelchen Zusatzverpflichtungen anzubieten hat.

Die neue Verordnung sieht nun vor, daß die Telekom in diesem Fall ihre Leistung „entsprechend der allgemeinen Nachfrage am Markt in dem Umfang, in dem sie sachlich gegeneinander abgegrenzt werden können, als eigenständige Leistungen" anzubieten hat. Die so abgegrenzten Dienstleistungen müßte sie in der Leistungsbeschreibung gesondert aufführen und gesondert tarifieren. (§ 3)

Tip

Getrennter Leistungsnachweis

Wichtig für Ihre Rechnung: Wenn Ihnen ein zusammengefaßtes Angebot für verschiedene Dienstleistungen gemacht oder zusammengefaßt in Rechnung gestellt wird, so müssen die einzelnen Leistungen jeweils getrennt ausgewiesen sein! (§ 3)

4.3 Angebot für Diensteanbieter

Wenn Sie oder Ihr Unternehmen selbst Telekommunikationsdienstleistungen für die Öffentlichkeit im eigenen Namen und auf eigene Rechnung vertreiben und ihren Kunden anbieten wollen, muß von Einzelfällen abgesehen der marktbeherrschende Betreiber – also die Telekom oder einer ihrer Mitbewerber – sein Leistungsangebot so gestalten, daß Sie das auch können. Eine Regelung, die man aus den bislang schon geltenden Vorschriften für Mobilfunklizenznehmer übernommen hat. Damit will man ein größtmögliches Angebot für Endverbraucher sicherstellen. (§ 4)

Hinweis: Wenn Sie ein Unternehmen haben, das Leistungen auf einem TK-Netz weiterverkauft, dann muß Ihnen der Betreiber Ihres öffentlichen TK-Netzes den Weiterverkauf seiner Leistungen ermöglichen, sofern dies sachlich gerechtfertigt ist. Diese Regelung soll zur Stärkung von mehr Wettbewerb beitragen.

Tip

Verträge mit Überlängen verboten

Wichtig für Sie als Service-Provider und Netzkunden: Lassen Sie sich nicht alles von Ihrem Netzbetreiber gefallen:

1. Lassen Sie sich als Diensteanbieter von Ihrem Netzbetreiber nicht auf ausschließliche oder unverhältnismäßig lange Verträge festlegen! Solche darf er nämlich gar nicht abschließen.
2. Lassen Sie sich nicht von ihm diktieren, wie Sie Ihre eigenen Preise und Konditionen gestalten oder sonst betätigen wollen. Auch das darf der Betreiber laut TKV nicht.
3. Lassen Sie sich vom Netzbetreiber keine schlechteren Bedingungen aufdrängen, als er sie dem eigenen Vertrieb oder verbundenen Unternehmen einräumt. Das darf er nur, wenn dies sachlich gerechtfertigt ist.

TK-Uhren gehen nicht mehr anders

Bei der Abrechnung müssen die Anbieter strenge Vorschriften beachten. So werden ihnen konkrete Vorschriften gemacht, wie Sie sie vielleicht von der Metzgerwaage her kennen: Sie muß amtlich geeicht sein.

Die Dauer zeitabhängig tarifierter Verbindungen von Telekommunikationsdienstleistungen muß regelmäßig überprüft werden. Meßinstrument muß dabei allerdings ein amtlicher Zeitgeber sein, wie etwa bei der Deutschen Bundesbahn, die schon länger ihre Uhren nach der amtlichen Atomzeituhr der Physikalisch-Technischen Bundesanstalt in Braunschweig stellt. Das wird ausdrücklich verlangt, damit nicht mehr vorkommt, was einem Darmstädter Telefonteilnehmer einst passierte: Der hatte vor Gericht gegen die Deutsche Telekom vergeblich geklagt, sie habe vom damals kürzeren Tagestarif vor 18 Uhr auf den nach 18 Uhr längeren Nachttarif erst 5 Minuten nach 18 Uhr umgeschaltet. Und dies obwohl zugegeben werden mußte, daß die Umschaltung nicht nach amtlich genormter Uhrzeit erfolgte. Die Richter fanden, das sei nicht nötig. In der neuen TKV dürfte man also einer solch abwegigen Rechtsprechung die Grundlage entzogen haben.

Auch müssen Systeme, Verfahren und technische Einrichtungen, mit denen die Umrechnung ermittelter Verbindungsdaten für Ihre Rechnung erfolgt, vom Anbieter regelmäßig kontrolliert werden. Dabei wird „auf Abrechnungsgenauigkeit und Übereinstimmung mit den vertraglich vereinbarten Entgelten einschließlich der Verzonungsdaten" geachtet.

Um hier nichts dem Zufall zu überlassen, müssen die Anbieter ein Qualitätssicherungssystem bei sich einführen oder einmal jährlich ihre Meß- und Abrechnungsgeräte durch vereidigte, öffentlich bestellte Sachverständige oder vergleichbare Stellen überprüfen lassen, was dann wiederum von der Regulierungsbehörde überprüft wird. (§ 5)

4.4 Wenn ein Partner nicht mehr will

Bestimmten Unternehmen wie der Deutschen Telekom wurde in § 19 des Telekommunikationsgesetzes zur Auflage gemacht, Universaldienstleistungen zu erbringen (z. B. Telefon auch in entlegenen Gebieten). Solche Unternehmen dürfen diese Leistungen Ihnen weder als Endkunden noch als Diensteanbieter so ohne weiteres sperren.

Die TKV schreibt vor, daß dies wenn, dann nur vorübergehend, zudem nur aufgrund grundlegender, in Übereinstimmung mit dem Recht der Europäischen Union stehender Anforderungen geschehen darf. Die Netzbetreiber müssen dabei auf Ihre Belange als Kunden Rücksicht nehmen. Auch darf die Leistung nur bei dem betroffenen Dienst eingeschränkt werden.
Außerdem müssen Sie als Kunde von einer bevorstehenden Leistungsbeschränkung natürlich wie bisher auch rechtzeitig und angemessen in Kenntnis gesetzt werden. (§ 6)

Hintergrund

Anforderungen an Beschränkung von Universaldienstleistungen

- Sicherheit des Netzbetreibers.
- Aufrechterhaltung der Netzintegrität, insbesondere Vermeidung schwerwiegender Störungen des Netzes, der Software oder gespeicherter Daten.
- Interoperabilität der Dienste.
- Datenschutz.

4.5 Verfügbarkeit als Universaldienstleistung

Einen regelrechten Anspruch haben Sie als Kunde gegen einen Anbieter von Sprachtelefondienst und damit zusammenhängenden Leistungen als Universaldienst (nach § 19 des Telekommunikationsgesetzes), wenn er diese im Rahmen der Gesetze und der Allgemeinen Geschäftsbedingungen erbringt. Dann muß er Ihnen als Kunden den Netzzugang ermöglichen, um im Rahmen der Gesetze nationale und internationale Anrufe tätigen und empfangen zu können. Zudem muß er nicht nur für Sprach-, sondern auch für Telefax- und Datenkommunikation geeignet sein.

Tip

Kündigung bei Nichteinhaltung
Wichtig für Sie als Netzbetreiberkunde: Sie sollen als Kunde wenigstens darüber informiert werden, wenn Sie garantierte Standards und Merkmale aus Kostenersparnis von Ihrem Sprachtelefondienst-Anbieter nicht erhalten – auch wenn Sie sie nicht unbedingt benötigen sollten. Deshalb können Sie laut TKV den Vertrag mit ihm ohne Einhaltung einer Frist kündigen, wenn er Ihnen Leistungen bereitstellt, die nicht dem Mindestkatalog der Telekommunikations-Universaldienstleistungsverordnung entsprechen, und er den Kunden bei Vertragsabschluß auf diesen Umstand nicht schriftlich hingewiesen hat. Es kann ja sein, daß Ihr Anbieter keinen Universaldienst zu erbringen braucht. (§ 9)

4.6 Rechte von Grundstückseigentümern

Früher konnte die Deutsche Bundespost öffentliche Wege zur Verlegung ihrer Kabelstränge benutzen, ohne dafür zahlen zu müssen. Bei der Postreform hofften Städte und Gemeinden, daß sich dies ändern würde. Doch diese Hoffnung trog: Auch jetzt müssen sie der Telekom einen kostenlosen Zugang zum Ausbau neuer Netze gewähren.

Das heißt aber nicht, daß auch Sie es müssen, beispielsweise als privater Haus- und Grundstückseigentümer. Der Bundespostminister führt in der Begründung zur TKV aus, daß „ohne Einwilligung von Eigentümer, Nießbraucher oder Erbbauberechtigtem ein Netzbetreiber nicht befugt ist, auf fremden Grundstücken TK-Einrichtungen zu errichten, zu überprüfen oder zu warten".

Deshalb können Sie, wenn Sie Zugänge zu öffentlichen TK-Netzen anbieten, von Ihrem Kunden, z. B. einem Mieter, bei Vertragsabschluß verlangen, daß er Ihrem Netzbetreiber für das betroffene Grundstück eine Einverständniserklärung des „dinglich Berechtigten", also beispielsweise des Vermieters, vorlegt. Und Ihr Netzbetreiber stellt diesem dann wieder eine Gegenerklärung aus. Diese gegenseitigen Erklärungen sind im Grunde nichts anderes als das Einverständnis, einerseits dem Netzbetreiber die Nutzung des Grundstücks für seine Vorrichtungen zu gestatten, andererseits dem Grundstücksinhaber zu versichern, daß der Netzbetreiber das Grundstück für seine Vorrichtungen ordnungsgemäß nutzt und eventuell entstandene Schäden wieder beseitigt.

Derzeit verfügt mit wenigen Ausnahmen allein die Deutsche Telekom AG über Grundstückseigentümererklärungen, in denen ihr also von privaten Grundstücksbesitzern die Nutzung des Grundstücks gestattet wird. Das hat sich historisch so entwickelt. Da die Grundstückseigentümererklärungen als Einzelverträge gegeben wurden, kann man dies auch nicht so ohne weiteres ändern. Schließlich kann der Gesetzgeber nicht einfach bestehenden vertraglichen Absprachen nachträglich per Verordnung einen anderen Inhalt geben.

Also mußte man auf Abhilfe sinnen, wollte man auch anderen Unternehmen als nur der Deutschen Telekom AG die Inanspruchnahme von Grundstücken ermöglichen. Die Lösung: Dem Berechtigten einer Grundstückseigentümererklärung – überwiegend der Deutschen Telekom AG – wurde zur Auflage gemacht, anderen Anbietern die Mitbenutzung der auf einem Grundstück befindlichen Leitungen zu gestatten, und zwar von der Grundstücksgrenze bis zu den einzelnen Netzzugängen.

Diese Auflage gilt freilich nicht, wenn der Grundstückseigentümer auch weitere Grundstückseigentümererklärungen abgibt. (§ 10)

4.7 Auch Netzbetreiber haben Rechte

Nicht unbedeutend könnte für Sie sein, daß Sie etwa als Endkunde der Deutschen Telekom zu Sicherheitsleistungen verpflichtet werden können. Und das selbst dann, wenn der Netzanbieter wie beispielsweise die Telekom Universaldienstleistungen bieten muß.

Diese Sicherheitsleistung muß eine angemessene Höhe haben und kann beispielsweise gefordert werden, wenn befürchtet werden muß, daß Sie als Kunde Ihren vertraglichen Verpflichtungen nicht oder nicht rechtzeitig nachkommen können. (§ 11)

Praxis

Allgemeiner Netzzugang

Als Endverbraucherkunde sollten Sie auf folgende Dinge achten:

- Ihr Netzbetreiber muß den allgemeinen Zugang zum festen Netz mit einer „räumlich frei zugänglichen Schnittstelle" ausstatten. Wo genau, muß er mit Ihnen vorher vereinbaren.
- Auch müssen Sie als Kunde die Möglichkeit haben, beim Sprachtelefondienst die Nutzung Ihres Netzzugangs für bestimmte Rufnummern netzseitig sperren zu lassen.
- Sie können als Kunde von einem marktbeherrschenden Anbieter von Sprachtelefondienst – soweit technisch machbar und datenschutzrechtlich erlaubt – verlangen, daß Ihnen über den allgemeinen Netzzugang die Rufnummer eines Sie anrufenden Gesprächspartners und seine direkte Durchwahl angezeigt werden. Laut Telekom ist dies nur bei ISDN-Anschlüssen machbar. Im Ausland, z. B. in der ehemaligen Sowjetunion, wo es nur Analoganschlüsse gab, war es schon immer möglich.
- Ihr Festnetzbetreiber muß Ihnen Vermittlungs- und Unterstützungsdienste sowie Auskunftsdienste über Teilnehmerrufnummern anbieten.
- Wenn Sie den Anbieter Ihres allgemeinen Netzzugangs wechseln, so können Sie die Kündigung bei Ihrem neuen Anbieter abgeben, damit der sie an Ihren früheren Anbieter weiterleitet. (§ 12)

4.8 Einzelverbindungsnachweis

Sie können als Kunde eine nach Einzelverbindungen aufgeschlüsselte Rechnung für Telefonate verlangen. Und dies auch schon vor dem maßgeblichen Abrechnungszeitraum. Ihr Netzanbieter muß Ihnen – immer technische und datenschutzrechtliche Möglichkeiten vorausgesetzt – diesen Einzelverbindungsnachweis erteilen. *Ausnahme:* Dies gilt nicht, wenn nach der besonderen Art der Leistung eine Rechnung üblicherweise nicht erteilt wird.

Dabei müssen die Entgelte so detailliert ausgewiesen werden, daß Ihnen eine Überprüfung und Kontrolle der entstandenen Entgeltforderungen möglich ist. In der Standardform muß man Ihnen den Einzelverbindungsnachweis sogar unentgeltlich geben. (§ 13)

4.9 Rechnungserstellung

Soweit Sie als Kunde mit anderen TK-Anbietern nichts anderes vereinbaren, haben Sie Anspruch auf eine ordentliche Rechnung von Ihrem Netzanbieter. Sie muß auch die Entgelte für Verbindungen ausweisen, die durch Auswahl anderer Netzanbieter über Ihren Netzzugang entstehen.

Abgesehen von einem eventuell von Ihnen gewünschten Einzelverbindungsnachweis, muß die Rechnung aufweisen:

1. die einzelnen Anbieter und
2. zumindest die Gesamthöhe der auf sie entfallenden Entgelte.

Selbstverständlich brauchen Sie die Rechnung dann nur einmal an den Rechnungsersteller zu zahlen. Er wirkt dann sozusagen als eine Art Inkasso für die anderen von Ihnen genutzten Anbieter, d.h. die anderen auf Ihrer Rechnung aufgeführten Anbieter.

Zahlen Sie allerdings Ihre Rechnung beim Rechnungssteller nicht, so können Sie sich darauf gefaßt machen, daß die anderen Anbieter selbst bei Ihnen vorstellig werden. Denn denen muß Ihr erster Rechnungssteller, also Ihr üblicher Netzanbieter, die erforderlichen Bestands- und Verbindungsdaten mitteilen, damit diese wiederum ihre Forderungen bei Ihnen als Kunden durchsetzen können.

Ein ähnliches Verfahren läuft bereits seit Jahren im Bereich des Bildschirmtextes oder T-Online ab. Die Deutsche Telekom tritt hier als Diensteanbieter zunächst Ihnen gegenüber als Rechnungssteller auf, der das Inkasso der Seitengebühren für die Btx-Anbieter in einem Zuge mit der Telefonrechnung betreibt. Zahlen Sie Ihre Telefonrechnung nicht, findet dieses Inkasso auch nicht statt. In diesem Fall gibt die Deutsche Telekom die Forderungen der Btx-Programmanbieter an diese zurück, damit sie sie Ihnen gegenüber weiterverfolgen können. (§ 14)

Als König Kunde noch die Beweislast hatte

Was aber, wenn Sie als Kunde eines Netzanbieters nun nicht mit der gestellten Rechnung einverstanden sind, z. B. weil Sie Einwände gegen die Höhe der Ihnen in Rechnung gestellten Verbindungsentgelte haben? Wie bekannt, kam es gerade in den letzten Wochen und Monaten vor Börseneinführung der Telekom-Aktie gehäuft zu Klagen von Telekom-Kunden, die sich über angeblich oder nachweislich falsche Telefonrechnungen beschwerten.

Ein vor einiger Zeit durchgeführtes Verfahren beim zuständigen Fernmeldeamt gestaltete sich sehr umständlich, zeit-, nerven- und kostenaufwendig. ISDN-Anschlußmöglichkeiten waren damals noch rar, die Fehlrechnungen waren an einem analogen Telefonanschluß aufgetreten. Zunächst mußte man sich vergewissern, daß niemand im Haushalt sich unbefugt an irgendeinem Telefonapparat, vorzugsweise einem schnurlosen Apparat, zu schaffen machte und unbeaufsichtigt telefonieren konnte. Sodann mußte für eine Mark im Monat ein Gebührenimpuls geschaltet werden, um so im nächsten Monat genau über ankommende und abgehende Gespräche Buch zu führen. Auch hier trat wieder ein Mißverhältnis zur Rechnung der Telekom auf.

Nun wurde ein Techniker geschickt, der die Telefonanlage auf Herz und Nieren untersuchte – ohne Befund. Ein letzter Versuch wurde unternommen und ein zweiter Anschluß beantragt. Der erste Anschluß wurde abgehend gesperrt, d. h., an diesem konnte man nur noch Anrufe empfangen, selbst aber von ihm aus niemanden anrufen. Das ernüchternde Ergebnis war, daß in diesem Monat keine Gebühren erzeugt wurden – mit einer Ausnahme.

In der Tat erhielten Tausende von Telefonkunden einen ähnlichen Bescheid, wonach entsprechende Untersuchungen keinen Fehler im Verantwortungsbereich der Deutschen Bundespost Telekom erbracht hätten. Die damalige Behörde konnte sich aufgrund laufender Rechtsprechung mit nur ganz wenigen Ausnahmen fast immer damit herausreden, den Beweis des ersten Anscheins erbracht zu haben. Sie argumentierte einfach damit, daß ein technischer Fehler sich nicht von selbst beheben kann. Wenn also bei den Überprüfungen keiner gefunden wurde, konnte es auch vorher keinen gegeben haben. Fazit: Ein Fehler bei der Deutschen Telekom lag nicht vor. Die Beweislast für das Gegenteil lag nun quasi automatisch beim Kunden.

Nur: Beweisen Sie einmal einer Behörde, daß bei ihr doch ein Fehler vorgelegen hat! Ein technischer zumal – ein Ding der Unmöglichkeit. Wenn aber kein technischer – welcher dann?

Der Zufall wollte es, daß dann doch noch ein Fehler bei der Bundespost Telekom entdeckt wurde. Und zwar enthielt die Telefonrechnung in dem Monat, in dem der Hauptanschluß abgehend gesperrt wurde, logischerweise keine Einheiten – wie gesagt bis auf eine einzige. Wie war diese eine Einheit zustande gekommen, wenn der Telefonanschluß die ganze Zeit über gesperrt war? Die Antwort verblüffte: „Diese Einheit", so wurde nach langer Wartezeit von der Telekom beschieden, „ist eine Prüfeinheit." Auch beim Verband der Postbenutzer in Offenbach wußte man zunächst nicht, was eine Prüfeinheit ist.

In einem Brief beschrieb ein hoher Telekom-Beamter die damalige Praxis: „Die jedem Telefonanschluß zugeordneten Einheitenzähler in den Vermittlungsstellen werden routinemäßig überprüft. Die Techniker der Telekom erzeugen zu diesem Zweck eine festgelegte Zahl von Impulsen, z.B. 100 oder 1000 (…)." Diese „Prüfeinheiten" würden, so der Beamte, „selbstverständlich zurückgerechnet" und sollen die Telekom-Kunden „nicht belasten".

Kunden würden durch das Prüfverfahren nicht belastet, versicherte auch ein Sprecher der Generaldirektion der Telekom in Bonn. Dazu jedoch, *wie* die „Zurückrechnung" erfolgt, kontrolliert und sichergestellt wurde, daß Kunden nicht fälschlich belastet werden, gab es keine Erklärung. Schlimmer noch: Es gab nicht einmal irgendeine „Rechtsvorschrift, die etwas regeln müßte", so der oben zitierte Telekom-Beamte. Die Bundespost Telekom genoß eben damals noch das blinde Vertrauen der Gerichte. Nicht gerade ein Trost, denn diese Praxis bei Gericht anhängig zu machen war damit aussichtslos.

Daß Ihnen derlei fortan nicht mehr so leicht widerfahren kann, dafür sorgt die neue TKV. Darin kehrt der Regulierer die Beweislast um. Nicht mehr Sie als Kunde, sondern Ihr Netzbetreiber muß Ihnen das Gesprächsaufkommen nach den einzelnen Verbindungsdaten aufschlüsseln. Das muß er, auch wenn Sie ihm nicht eigens einen Auftrag für einen Einzelentgeltnachweis gegeben haben. Zudem muß er eine technische Prüfung durchführen. Sie können sich deren Dokumentation vorlegen lassen. Dabei müssen allerdings Interessen von Mitbenutzern berücksichtigt werden, wie es bislang auch schon vorgeschrieben war.

Eine Ausnahme liegt vor, wenn aus technischen oder rechtlichen Gründen oder auf Ihren Wunsch hin keine Verbindungsdaten gespeichert wurden. Dann muß Ihnen der Anbieter die in Rechnung gestellten Einzelverbindungen nicht nachweisen. In einem solchen Fall müßten Sie ihm gegebenenfalls beweisen, daß er sie zu Unrecht berechnet hat. Aber dazu muß er Sie vorher in der Rechnung auf die nach den gesetzlichen Bestimmungen geltenden Fristen für die Löschung gespeicherter Verbindungsdaten aufmerksam gemacht haben.

Die neue TKV räumt auch mit dem bisherigen Paradox auf, daß Sie als Kunde praktisch auch für alle Fehler im Netz hafteten, von Ihnen als Endteilnehmer aus gesehen also hinter der Telefonanschlußdose. Das bedeutete in letzter Konsequenz, daß Sie den oben erwähnten, von der Bundespost Telekom dauernd vor den Gerichten erfolgreich angewandten Beweis des ersten Anscheins führen mußten. Getreu dem Motto: Wo kein Fehler ist, kann auch kein Fehler gewesen sein.

Künftig soll es nach der TKV so sein, daß nicht mehr Sie als Kunde, sondern Ihr Netzanbieter, also die Deutsche Telekom und ihre Mitbewerber, nachweisen müssen, daß sie die Leistung bis zur Schnittstelle, an der Ihnen der allgemeine Netzzugang bereitgestellt wird – das ist Ihre Telefonbuchse –, technisch einwandfrei erbracht und richtig berechnet haben.

Ergibt die technische Prüfung Mängel, die die beanstandete Entgeltermittlung beeinflußt haben könnte, so wird vermutet, daß die Verbindungsentgelte des Anbieters unrichtig ermittelt sind. Und diese Vermutung muß nun von Ihrem Netzbetreiber widerlegt werden.

Kommt dabei allerdings heraus, daß Ihr Netzzugang in von Ihnen nicht zu vertretendem Umfang genutzt wurde oder jemand anders am Netz manipuliert hat, etwa um die Höhe der Verbindungsentgelte in die Höhe zu treiben, dann brauchen Sie auch nicht dafür geradezustehen. Tritt solch ein Fall auf, ist der Anbieter nicht berechtigt, von Ihnen die betreffenden Verbindungsentgelte zu fordern. (§ 15)

Tip

Der Netzbetreiber muß beweisen

Wichtig! Der Netzbetreiber trägt die Beweislast:

- wenn Sie als Kunde nicht mit der gestellten Rechnung einverstanden sind, z. B. weil Sie Einwände gegen die Höhe der Ihnen in Rechnung gestellten Verbindungsentgelte haben,
- auch wenn Sie ihm nicht eigens einen Auftrag für einen Einzelentgeltnachweis gegeben haben.
- Ihm obliegt der Nachweis, die Leistung bis zur Schnittstelle, an der Ihnen der allgemeine Netzzugang bereitgestellt wird – das ist Ihre Telefonnetzbuchse –, technisch einwandfrei erbracht und richtig berechnet zu haben.

Der Netzbetreiber trägt keine Beweislast:

- wenn aus technischen oder rechtlichen Gründen oder auf Ihren Wunsch hin keine Verbindungsdaten gespeichert wurden und
- er Sie vorher in der Rechnung auf die geltenden Fristen für die Löschung gespeicherter Verbindungsdaten aufmerksam gemacht hat.

Sie zahlen als Kunde nicht:

- wenn Sie den Umfang der Nutzung Ihres Netzzugangs nicht zu vertreten haben,
- wenn jemand anders am Netz manipuliert hat, etwa um die Höhe der Verbindungsentgelte in die Höhe zu treiben,
- wenn Ihr Netzanbieter die Leistung bis zur Schnittstelle, an der Ihnen der allgemeine Netzzugang bereitgestellt wird – das ist Ihre Telefonbuchse –, nicht technisch einwandfrei erbracht hat,
- wenn Ihr Netzanbieter seine Leistung nicht richtig berechnet hat.

Sollten in der Tat die in Ihrer Rechnung geforderten Beträge für Ihre angeblichen Verbindungen unrichtig sein, ohne daß ihre richtige Höhe feststellbar ist, so wird für die Abrechnung die durchschnittliche Entgeltforderung des Anbieters aus den unbeanstandeten sechs zurückliegenden Abrechnungszeiträumen zugrunde gelegt. Wenn Sie Ihren Anschluß noch nicht so lange hatten, dann werden eben die vorhandenen Abrechnungszeiträume zugrunde gelegt. (§ 16)

Als Berechnungsgrundlage gelten die unbeanstandeten sechs zurückliegenden Abrechnungszeiträume, bei der Telekom beispielsweise Abrechnungsmonate.

- *Achtung:* Dies gilt auch dann, wenn erhebliche Zweifel bleiben, ob Sie womöglich nicht doch Ihren Netzzugang in der geforderten Höhe in Anspruch genommen haben – es sei denn, Sie haben ein Alibi, daß Ihr Netzzugang im entsprechenden Abrechnungszeitraum gar nicht genutzt wurde.
- Bei der Durchschnittsberechnung müssen die tatsächlichen Verhältnisse berücksichtigt werden. Wenn in den entsprechenden Abrechnungszeiträumen der Vorjahre bei vergleichbaren Umständen niedrigere Entgeltforderungen angefallen sind, als sich bei der Durchschnittsberechnung ergeben würden, treten diese Entgeltforderungen an die Stelle der berechneten Entgeltforderungen. Danach zuviel gezahlte Entgelte werden erstattet. (§ 16)
- *Eine Sonderleistung:* Von 1999 an sollen Sie als Kunde einen Betrag fest vorgeben können, für den Sie monatlich telefonieren oder andere Telekommunikationsdienstleistungen in Anspruch nehmen wollen. Dabei muß Ihr Anbieter sicherstellen, daß diese Entgelthöhe nicht ohne Ihre Zustimmung überschritten wird.

Hintergrund

Wann kann der Anbieter sperren?

Ihr Anbieter kann Ihnen Netzzugang und Telefon sperren

- frühestens zwei Wochen nach schriftlicher Androhung (auch mit gleichzeitiger Mahnung) und
- mit Rechtsschutzbelehrung

wenn Sie:

- mit Zahlungsverpflichtungen von mindestens einhundertfünfzig Mark in Verzug sind und Ihre geleistete Sicherheit verbraucht ist – vorausgesetzt natürlich, daß Sie der Rechnung nicht wohlbegründet widersprochen haben!

oder – dann übrigens auch ohne Ankündigung oder Wartefrist –

- Sie Veranlassung zu einer fristlosen Kündigung des Vertragsverhältnisses gegeben haben,

- eine Gefährdung der Einrichtungen des Anbieters, insbesondere des Netzes, durch Rückwirkungen von Endeinrichtungen oder eine Gefährdung der öffentlichen Sicherheit droht oder
- das Entgeltaufkommen in „sehr hohem" Maße ansteigt und Tatsachen die Annahme rechtfertigen, daß Sie bei einer späteren Durchführung der Sperre Entgelte für in der Zwischenzeit erbrachte Leistungen nicht vollständig oder nicht rechtzeitig entrichten, geleistete Sicherheiten verbraucht sind und die Sperre nicht unverhältnismäßig ist.

Je nach technischen Möglichkeiten darf nur der betroffene Dienst beschränkt werden. Ihr Anbieter muß die Sperre unverzüglich aufheben, sobald die Gründe dafür entfallen sind. Vollsperren darf er erst nach mindestens einer Woche abgehender Sperre erteilen.

Deshalb unser Tip:
1. Widersprechen Sie Ihrer Telefon- oder Netzrechnung und erläutern Sie die Gründe genau, weswegen Sie meinen, daß die gestellte Rechnung nicht richtig sein kann.
2. Zahlen Sie einen Durchschnittsbetrag. Sie können ihn anhand Ihrer sechs letzten Telefon- oder Netzrechnungen errechnen.
3. Wenn auch Sie meinen, daß die Rechnung korrekt ist, Sie aber nicht zahlen können, versuchen Sie, mit Ihrem Netzbetreiber eine Stundungsvereinbarung zu treffen. Gewährt er Ihnen nämlich Stundung – worin die Deutsche Telekom AG sich übrigens meistens äußerst kulant zeigt – darf er nicht mehr sperren. (§ 17)

4.10 Nebenleistungen, die Ihr Geld wert sind

Die Zuteilung der Rufnummern wurde mit dem neuen Telekommunikationsgesetz auf ganz neue Beine gestellt. Das funktioniert in der Regel so, daß Ihrem Anbieter von der Regulierungsbehörde Rufnummernblöcke zugeteilt werden. Das nennt man in der Fachsprache „originäre Zuteilung".

Aus dem ihrem Anbieter zugeteilten Rufnummernblock erhalten Sie als sein Kunde daraufhin Ihre Teilnehmerrufnummern von ihm schriftlich zugeteilt. Dies heißt in der Fachsprache wiederum „abgeleitete Zuteilung".

Ihr Anspruch auf eine Rufnummer

Worauf Sie als Kunde bei der Rufnummernzuteilung achten sollten:

- Diskriminierungsfreie Zuteilung: soweit nach Gesetz und Verpflichtungen des Netzbetreibers möglich. Dies gilt auch, wenn Ihr Anbieter nicht zugleich Netzbetreiber ist. Mit der Zuteilung der Teilnehmerrufnummer erwerben Sie als Endkunde ein „vom Anbieter unabhängiges dauerhaftes Nutzungsrecht an der Teilnehmerrufnummer". Die Teilnehmerrufnummer ist rechtsgeschäftlich nicht übertragbar.
- Rufnummernänderungen: Sie müssen Änderungen Ihrer Teilnehmerrufnummern hinnehmen, wenn diese von der Regulierungsbehörde bei Ihrem Anbieter veranlaßt sind oder wenn Sie bei der Zuteilung falsche Angaben gemacht hatten.
- Sie brauchen nur die für die Zuteilung der Teilnehmerrufnummer direkt entstehenden Kosten zu bezahlen. Das heißt, Ihr Anbieter darf Ihnen Ihre Rufnummernzuteilung nur kostenneutral weiterberechnen, Aufschläge für Sondernummern sind demnach nicht erlaubt.
- Ihre jetzigen Teilnehmerrufnummern, die Sie also schon vor Inkrafttreten der neuen TKV von Ihrem Anbieter erhalten haben, gelten als zugeteilt. Damit soll vor allem klargestellt werden, daß auch alte Rufnummern der Netzbetreiberportabilität unterliegen.
- Achtung! Frist!: Einwendungen gegen die Rufnummernzuteilung oder gegen Änderungen Ihrer Teilnehmerrufnummern können Sie bei Ihrem Anbieter nur innerhalb von sechs Wochen ab Zugang der schriftlichen Zuteilung geltend machen. Bei schuldloser Verhinderung können Sie die Einwendungen innerhalb von zwei Wochen nachholen. Ihr Anbieter muß Sie aber in der schriftlichen Zuteilung auf diese Frist hingewiesen haben. (§ 18)

Zu den neuen Schutzmaßnahmen, die Sie als Kunden rechtlich besser gegenüber Ihrem Anbieter stellen sollen, noch einige Tips und Tricks:

- Lassen Sie Ihren Telefonanschluß von Ihrem Anbieter in ein allgemein zugängliches Teilnehmerverzeichnis eintragen, wenn Ihrerseits keine schwerwiegenden Gründe dagegensprechen; in diesem Fall können Sie dem Eintrag ins Telefonbuch oder in die Unterlagen der Auskunft auch ganz oder teilweise widersprechen! Nutzen Sie ansonsten diese Möglichkeit zu kostenloser Werbung für Ihr Unternehmen. Ihr Anbieter darf Ihnen dafür nämlich nichts berechnen, wenn das Verzeichnis öffentlich ist und als Universaldienst angeboten werden muß. Das muß noch nicht einmal unbedingt Ihrem Anbieter selbst gehören. Achten Sie aber auch darauf, daß der Eintrag korrekt ist. Kostenlose Prüfungen muß Ihr Anbieter für Sie vornehmen! Wenn Ihr Eintrag nicht in Ordnung ist, muß Ihr Anbieter ihn korrigieren oder streichen. Und auch dies kostenlos! Sie haben übrigens Anspruch auf ein Gratisexemplar eines universalen Teilnehmerverzeichnisses pro Jahr, wenn merkwürdigerweise auch nur für Ihren regionalen Bereich. Merkwürdig finde ich diese Einschränkung schon deswegen, weil wir es hier mit der Tele-, also der Fernkommunikation zu tun haben, in der geographische Einschränkungen wesensfremd wirken. Apropos: Sie haben auch als Mobilfunkkunde Anspruch auf ein solches universales Telefonverzeichnis. Wenn Ihr Netzanbieter selbst ein solches Verzeichnis nicht herausgeben muß, weil er keinen Universaldienstpflichten unterliegt, muß er es sich von einem anderen Unternehmen besorgen, das eben dazu verpflichtet ist.

- *Vorsicht vor Betrügern*: Sie sollten statt dessen auf – bezeichnenderweise immer mit Kosten für Sie verbundenen – Einträge in anderen als allgemeinen Verzeichnissen wie dem Telefonbuch verzichten. Sie bringen nichts, kosten Geld und sind durch die allgemeinen Verzeichnisse völlig überflüssig. Weisen Sie vor allem Ihre Mitarbeiter an, keine auch noch so geschickt als vermeintlich offiziell getarnte Rechnungen zu bezahlen! Zwingen Sie sie, Rechnungen, schon gar Telefonrechnungen nicht als Routineangelegenheit zu behandeln! Unseriöse Telefonbuchverlage spekulieren gerade hierauf und bereiten in Wirklichkeit falsche Rechnungen für Einträge in ominöse Telefonbuch- oder Branchenverzeichnisse als fertige Rechnungen auf.
- Sie können als Inhaber Ihres Netzzugangs oder als Wiederverkäufer von Sprachkommunikationsdienstleistungen, soweit datenschutzrechtlich unbedenklich, verlangen, daß Mitbenutzer bzw. Kunden mit eingetragen werden. Dies kann allerdings etwas kosten. (§ 19 und 20)
- Tarifänderungen marktbeherrschender Anbieter von Sprachtelefondienst und von Übertragungswegen treten außer bei kurzzeitigen ereignisbezogenen Sondertarifen frühestens einen Monat nach ihrer Veröffentlichung in Kraft. Gleiches gilt bei entgeltrelevanten Veränderungen allgemeiner Geschäftsbedingungen.
- Wenn der Anbieter Ihres Netzzugangs Endeinrichtungen von Ihnen abschaltet, so muß er Sie unverzüglich davon unterrichten. Zugleich muß

er auch die Gründe dafür angeben und Sie auf Ihr Widerspruchsrecht hinweisen. Hat er Ihre Anschlußeinrichtung trotz Ihrer Beanstandung vom Netz getrennt, muß er den Zugang wieder bereitstellen.

- Wenn Ihr Unternehmen ein festes öffentliches Telekommunikationsnetz betreibt oder Sprachtelefondienst anbietet, dabei aber über keine marktbeherrschende Stellung verfügt, muß es spätestens 18 Monate nach Aufnahme seiner Geschäftstätigkeit Qualitätskennwerte (Bereitstellungsfristen, Fehlermeldungen, Reparaturzeiten und dergleichen) erheben. Diese finden dann Eingang in statistische Erhebungen des europäischen Standardisierungsinstituts für Telekommunikation (ETSI). Als solches Unternehmen kann es bei Sperrung, Beendigung, wesentlicher Änderung oder Einschränkung der Verfügbarkeit von Diensten, die ihnen von marktbeherrschenden Anbietern von Sprachtelefondienstleistungen bereitgestellt werden, die Regulierungsbehörde anrufen. Die muß dann über die Berechtigung der Beschränkung nach Telekommunikationsgesetz und TKV entscheiden.
- Die Regulierungsbehörde veröffentlicht einmal jährlich eine Übersicht über die in diesem Zusammenhang durchgeführten Verfahren im Amtsblatt. Sie kann im Streitfall als Schlichter tätig werden.

Marktbeherrschende Anbieter von Sprachtelefondienst, die einen Vertragsabschluß über die Inanspruchnahme von Sprachtelefondienst oder damit in unmittelbarem Zusammenhang stehenden Universaldienstleistungen ablehnen, ohne daß Sie als Kunde auf die Leistungen verzichten, müssen dies unter Angabe von Gründen umgehend der Regulierungsbehörde mitteilen. Die Regulierungsbehörde muß dann im Rahmen des Verfahrens zur Sicherstellung von Universaldienstleistungen dafür Sorge tragen, daß Ihnen als Kunden die Leistungen bereitgestellt werden.

5 Mobilfunk

Ich habe mit Mobilfunk zuerst Bekanntschaft gemacht, als ich in den siebziger Jahren Volontär beim Informationsdienst für Medien „rundy" war. Mein damaliger Chef, der bekannte Journalist Reginald Rudorf, zeigte mir nicht nur, wie Journalismus funktioniert. Er zeigte mir auch, daß ein Autotelefon nicht nur zum Telefonieren da war, sondern vor allem, um was herzumachen (diese Erkenntnis gilt heute nicht mehr oder nicht mehr so wie damals).

Der Chef liebte es, sein Auto mit allem verfügbaren medialen Komfort auszustatten – vorzugsweise kaum serienreif gerade erst den Techniklabors der Industrie entwachsen.

Zu dieser High-Tech-Ausstattung gehörte auch ein Autotelefon, System „B". Dem Pkw-Innenraum verlieh dieses Autotelefon mit schwarzem Hörer, geringelter Schnur und Bedientastatur zwischen den Vordersitzen den atemlosen Charme eines Peterwagens „Isar 12". Dem Kofferraum, in dem die Hauptwähleinheit sich breitmachte und etwa so viel Platz einnahm wie ein Holzmotor oder ein Wasserstofftank, nahm es rund die Hälfte des Platzes weg. Und dem Äußeren des Pkws gab es das gewisse Etwas, weswegen man sich damals überhaupt so ein Autotelefon anschaffte: Auf dem Dach des Wagens war nämlich eine silbrig in der Sonne glänzende Antenne montiert, die beim Waschen in der Waschanlage abgeklappt werden konnte und ansonsten schräg in die Luft stand und jedem, der sie neugierig im Vorüberfahren sah, signalisierte: Hier fährt jemand ganz Wichtiges, bitte schleunigst den linken Fahrstreifen auf der Autobahn frei machen oder beim Vorfahren am Hotel Astoria schon mal bereitmachen zum Schlagaufreißen! Denn so ein Autotelefon, ja, wer besaß das damals schon?

Kosten

Wenn Sie Mobiltelefon in Ihrem gesamten Unternehmen nicht einsetzen, nur um etwas herzumachen, und Sie vor allem mit Ihren Mitarbeitern kommunizieren müssen, sollten Sie sich den Einsatz von Bündelfunk anstelle eines Mobiltelefons überlegen. Es kommt Sie auf Dauer weit günstiger (*siehe Kapitel „Bündelfunk", S. 129*).

Später, als Chefredakteur eines Informationsdienstes für Mobilfunk, gönnte ich mir selbst ein solches Autotelefon – es war Ende der achtziger Jahre, und das Mobiltelefonsystem buchstabierte sich bei mir immer noch mit einem „B", obwohl es auch schon eins mit „C" gab. Doch im großen und ganzen hatte sich in den zehn Jahren kaum etwas entscheidend Neues rund ums Autotelefon getan: Es war nach wie vor teuer und nicht jeder hatte eines. Zu Beginn zahlte ich eine monatliche Grundgebühr von 120 DM an die Bundespost Telekom. Die Gebühreneinheiten wurden damals zwischen Anrufer und Angerufenem gesplittet. Und, wie gesagt, nicht jeder durfte eines haben, wenn er nicht gegen Standessitten verstoßen wollte!

Tip

„Gut Ding braucht Weile"

Kaufen Sie nicht alles, was neu ist, nur weil es neu ist. Ein kompetenter Kollege sagte mir einmal, wenn beispielsweise die Automobilbranche es sich leisten würde, zur IAA mit derart halbfertigen Produkten an den Markt zu gehen wie die Telekommunikationsbranche zur CeBIT, dann könnten die Automobilfachblätter bald nichts anderes mehr abdrucken als die Aufrufe zu den Rückrufaktionen der Automobilhersteller. Auf den Mobilfunk übertragen:

- Lassen Sie sich nicht von jedem neuen Tarif ins sogenannte Boxhorn jagen. Jeder Tarif will nur Ihr Bestes – Ihr Geld. Derzeit haben die Mobilfunktarife eine Halbwertzeit, die kürzer ist als die eines Emmentaler Käses. Und der nächste Tarif könnte in wenigen Wochen schon wieder günstiger sein als der heute angekündigte.

Wir schreiben die neunziger Jahre. Das Autotelefon-System „B" wurde von der Deutschen Bundespost im Jahr 1994 nach zwei Jahren Verlängerung geräuschlos eingestellt. Für einen „C"-Anschluß mußte man nach und nach erst knapp unter 100 DM, ein paar Monate später um die 70 DM, schließlich noch weniger, monatliche Grundgebühr zahlen. Vor einiger Zeit schlenderte ich durch den Supermarkt. „30 DM" hieß es da auf einem Schild in der Mobilfunk-Abteilung, wenn man das Gerät zusammen mit einem Mobilfunkauftrag an einen Service Provider erstand. Der Verkäufer war sehr freundlich: „Passen Sie auf, hier habe ich einen sehr schönen Tarif, genau das Passende für Sie, wird auch von vielen anderen unserer Kunden immer wieder sehr gern genommen ...", flötete er im schönsten Hosenverkäuferton. In der Tat: Das „Orbitel" (die Firma gibt es meines Wissens heute schon gar nicht mehr) kostete nur 30 DM, der Tarif im Monat nur noch 42,15 DM, und das System hatte jetzt den Buchstaben „D" und gehört nicht mehr der Bundespost oder

der Telekom, sondern einem ganz neuen Netzbetreiber, dem Mischkonzern Mannesmann.

Wie die Zeiten sich ändern: Niemand schaut mehr, niemand reißt mir einen Türschlag auf, niemand hält mich für besonders wichtig. An der Ampel steht nun Hinz und Kunz und telefoniert aus dem Auto mit weiß Gott wem – nur ich nicht, seit ich gleich am Anfang meines Autotelefon-Comebacks für 30 DM eine dermaßen gepfefferte Monatsrechnung erhalten hatte, daß ich mich zeitweise unterwegs allenfalls anrufen ließ.

Auch das ist vorbei. Ich habe den alten Kartenauftrag gekündigt und überlege derzeit, ob ich überhaupt noch einen neuen beantragen sollte. Die monatliche Grundgebühr liegt auch hier zwar schon knapp unter 20 DM, An- und Abmeldegebühren gibt es nicht mehr. Und es ist manchmal billiger, wenn ich vom Handy aus anrufe, da die Verbindung vom Festnetz ins Mobilfunknetz oft teurer ist als umgekehrt.

Tip

Rechnen lohnt sich
Überprüfen Sie Ihren Mobilfunktarif, und vergleichen Sie dessen Preise mit denen der Deutschen Telekom – später freilich auch eines anderen Festnetztelefonanbieters Ihrer Wahl – für die Durchschaltung auf das Mobilfunknetz Ihrer Wahl. Und entscheiden Sie danach, ob Sie sich lieber auf Ihrem Mobilfunktelefon anrufen lassen wollen oder ob es nicht lohnender wäre, wenn Sie sich daheim von Ihren Mitarbeitern, die gerade unterwegs sind, zurückrufen lassen.

Mit der sogenannten „Prepaid Card", der vorausbezahlten und wiederaufladbaren Mobilfunkkarte, gibt es einen Weg zum mobilen Telefonieren, bei dem Sie die monatliche Grundgebühr ganz sparen können. Und das ohne Bürokratie, monatlichen Gebührenschock und vertragliche Bindung auf Jahre hinaus an einen Anbieter – die Ex-und-hopp-Mobilfunkkarte sozusagen, nicht mehr das schwerfällige Abonnements-Mobiltelefon vergangener Jahre.

Kein Zweifel also: Das Mobiltelefon hat sich von einem Statussymbol zu einem Allerweltsartikel gewandelt. Auch wenn, wie ich neulich in der Zeitung las, in Deutschland erst 10 Prozent der Bevölkerung mobil telefonieren. In Norwegen, wo die Pro-Kopf-Verbreitung nach Finnland und vor Schweden die zweithöchste der Welt ist, sollen zwei Drittel der Bevölkerung bereits Kunde eines Mobilfunkdienstes sein. Dort kostet allerdings auch ein Mobiltelefon oft weniger Grundgebühr im Monat als ein normales Festnetztelefon; dort gibt es auch Tarife, bei denen man schon für 20 Pfennig die Minute telefonieren können soll.

5.1 Karte macht mobil bei Arbeit, Sport und Spiel

Ein Dorn im Auge der Netzbetreiber war bis vor kurzem, daß sich viele ihrer Kunden mit der Anschaffung eines Mobiltelefons finanziell oft übernahmen. Grund: Die Telefonrechnung kommt erst am Monatsende, wenn bereits Unmengen von Einheiten vertelefoniert sind.

Zeitweise hatten die Telefongesellschaften deswegen Ausfälle im dreistelligen Millionenbereich pro Jahr zu beklagen. Um sicherzustellen, daß überhaupt Geld gezahlt wurde, mußten längerfristige Verträge geschlossen werden, die einen gewissen Abschreckungseffekt auf so manchen potentiellen Käufer ausübten.

Beide Probleme konnte man mit der Karte für das Mobiltelefonieren lösen. Sie als Kunde haben dabei gleich mehrere Vorteile:

- Sie zahlen im voraus das, was Sie vertelefonieren möchten, sind also vor bösen Überraschungen gefeit.
- Sie brauchen sich nicht auf lange Verträge einzulassen, bleiben also flexibel in Ihrer Netzwahl.
- Deswegen brauchen Sie auch keine Sicherheiten oder sonstige Belege für Ihre Zahlungsfähigkeit vorzulegen.
- Sie zahlen keine zusätzlichen Gebühren wie Einrichtungs-, Abmelde- oder Grundgebühren.

Der Anbieter bietet die Karte freilich nicht nur aus lauter Kundenliebe an:

- Er geht kein Inkassorisiko ein und
- bekommt darüber hinaus sogar noch einen kostenlosen Kredit von Ihnen. Denn Sie bezahlen die Einheiten, die Sie erst in der Zukunft vertelefonieren, im voraus mit Geld, das der Anbieter wieder für sich arbeiten lassen kann. Übrigens: Einen solchen kostenlosen Kredit räumen Sie auch schon der Deutschen Telekom ein, wenn Sie sich eine Telefonkarte für die Telefonzelle kaufen.

Merkwürdig finde ich es allerdings, daß bei einem herkömmlichen Mobilfunkvertrag oft eine Einrichtungs-, in einigen Fällen gar eine Abmeldegebühr erhoben wird. Sie entpuppt sich spätestens durch die Mobilfunkkarte als künstlicher Trick, bei Ihnen noch etwas mehr zu holen; denn dort geht es ja offenbar auch ohne Einrichtungs- oder Abmeldeaufwand.

So zahlen Sie als E-Plus-Kunde für die „Free & Easy Card" keine Grundgebühr, können Sie aber sofort in jedem E-Plus-Handy nutzen, egal ob gebraucht oder neu. Sie brauchen keinen Vertrag zu unterschreiben und dementsprechend auch keine festgelegte Mindestvertragsdauer einzuhalten. Mehr als den von Ihnen geladenen Betrag können Sie nicht vertelefonieren. Vor unbefugtem Zugriff schützen Sie Ihre Karte durch eine Geheimnummer, die Sie gebührenfrei sperren können. Wie beim Geldautomaten wird die Karte auch automatisch gesperrt, wenn jemand die Geheimzahl oder Kartennummer dreimal falsch eingegeben hat.

Tip

Mobiltelefonieren ohne Vertrag

Für Sie eignet sich eine Mobilfunkkarte, wenn Sie:

- nur gelegentlich mobil telefonieren müssen.
- wenn Sie die Telefonkosten in den Griff bekommen und behalten möchten.
- wenn Sie sich nicht gern in die Karten schauen lassen wollen und „Bonitätsprüfung" für eine etwas feinere Ausdrucksweise für „Bespitzelung" halten, die Sie Fremden nur ungern bei sich gestatten.
- wenn Sie weder Zeit noch Lust haben für endlose Preisvergleiche in einem immer undurchschaubareren Tarifdschungel. Bei den Kartentarifen von E-Plus wird nur unterschieden, ob Sie netzintern sprechen – kostet Sie 89 Pfennig pro Minute – oder mit jemandem in einem anderen Netz – für 1,39 Mark pro Minute – oder mit dem Free-&-Easy-Anrufbeantworter.

  Vorsicht! Abgerechnet werden Ihre Gespräche dabei im Sechssekundentakt. Das heißt, wenn Sie beispielsweise nur 37 Sekunden sprechen, zahlen Sie nicht nur sechs Einheiten, sondern die angefangene siebte Einheit bereits voll mit. Eine Art Gebührenschinderei, von der die Anbieter hoffentlich mit dem Erstarken des freien Wettbewerbs bald abkommen werden. Die einzige saubere Lösung ist die Abrechnung im Sekundentakt – ohne Wenn und Aber.

Guthabenzeitfenster bestimmen, in welchem Zeitraum Sie aufgeladene Beträge vertelefonieren können. Ist die Karte leer, können Sie sie über Ihre Kreditkarte mit einem Anruf unter der Servicenummer 11 55 oder durch eine Überweisung wieder aufladen. Im Preis der Karte von derzeit 149 DM bekommen Sie schon ein Telefonbudget von 50 DM mit. Ebenfalls unter 11 55 können Sie kostenlos den aktuellen Stand Ihres Guthabens abrufen.

Tip

Varianten

Weniger praktisch finde ich die Mobilfunkkarte von T-Mobil, „Xtra". Zwar können Sie sie auch wiederaufladen, aber:

- Sie müssen trotzdem einen Vertrag abschließen, der mindestens sechs Monate Laufzeit hat.
- Sie müssen pro Monat für 50 DM nachladen, und
- Sie zahlen beim Startpaket mit 299 DM satte 150 DM mehr – das ist doppelt soviel wie bei der E-Plus-Karte. Dabei haben Sie nur das Startguthaben von 50 DM für Telefonate zur Verfügung.
- Auch müssen Sie hierbei Ihr Quantum monatlich telefonieren, so daß es nicht auf über 350 DM anwächst. Wenn Sie weniger telefonieren, also mehr als diesen Betrag ansparen, verfällt das zuviel angesparte Geld an den Anbieter T-Mobil. Das setzt Sie freilich unter einen gewissen Telefonierzwang, den Sie bei der E-Plus-Variante eben nicht haben.

5.2 Das Handy im Ausland

Wenn schon mobil, dann auch grenzenlos mobil. Es wäre ein Treppenwitz der Mobilfunkgeschichte, wenn Sie mit Ihrem Handy nicht auch im Ausland telefonieren könnten. Den gab es einmal, zu Zeiten des B-Telefons der Deutschen Bundespost. Damit konnten Sie wirklich nur in Deutschland und einigen wenigen angrenzenden Ländern wie Österreich oder Luxemburg mobil telefonieren.

Die Zeiten sind vorbei. Heute bietet Ihnen jeder Netzbetreiber eine fast flächendeckende Mobilkommunikation in den Industrienationen. E-Plus, der jüngste Netzanbieter, hat mit fast allen Ländern Westeuropas entsprechende Abkommen für Roaming abgeschlossen. Nach der Schweiz und Großbritannien, in denen mobiles Telefonieren auch bereits mit allen E-Plus-Handys möglich sei, können Sie mittlerweile in Frankreich, Österreich, Finnland, Dänemark, Belgien, Griechenland, Italien, Luxemburg, Schweden, Portugal, Irland, Norwegen, Türkei, Spanien und Holland sowie Thailand und Singapur im E-Plus-Netzverbund telefonieren. 1998 will man mit den beiden D-Netzen ungefähr gleichgezogen haben, bei denen Sie schon heute mit fast allen Industrieländern einschließlich Rußland, der Türkei, Arabien oder den USA quasi netzintern telefonieren können.

Doch ein Problem blieb bislang, jedenfalls wenn Sie sich zukunftsgläubig an den jüngsten Mobilfunkanbieter E-Plus banden. Da kann es Ihnen nämlich schon mal passieren, daß Ihnen nur ein Mobilfunknetz des GSM–900-Standards zur Verfügung steht. Denn die Unterteilung in die beiden technischen Mobilfunkwelten GSM 900, zu der die deutschen D-Netze gehören, und GSM 1800, zu dem E-Plus gehört, braucht Sie mittlerweile nur noch in zweiter Linie zu interessieren.

Seit neuestem können Sie sich für diesen Fall vorsorglich absichern durch ein Dual-Band-Handy. Wie heißt es in der Werbung immer so schön: „Knopfdruck genügt", und Sie können auch von einem GSM–900-Netz aus telefonieren. Mit einer „International-Taste" entscheiden Sie etwa als E-Plus-Kunde auf Urlaubs-, Geschäftsreise oder wenn Sie in einem Grenzgebiet wohnen, ob Sie in einem GSM–900- oder einem GSM–1800-Netz telefonieren. Die SIM-Karte im Innern Ihres Dual-Band-Handys müssen Sie nicht austauschen, egal wo Sie gerade telefonieren. Denn der Chip ist für den einen wie den anderen GSM-Standard ausgelegt.

5.3 Mobil auf die Datenautobahn

Auch an der Auffahrt auf die Datenautobahn steht der Mobilfunk schon parat. Beispielsweise können Sie den Online-Dienst CompuServe und damit auch das Internet von Ihrem Handy aus erreichen, z.B. im E-Plus-Netz über eine eigens geschaltete Sondernummer. Allerdings brauchen Sie dazu einen tragbaren Computer.

Ihr Handy wird mit dem Computer verbunden, Ihre SIM-Karte für Datenübertragung freigeschaltet, und Sie sind Kunde von CompuServe. Über diesen Online-Dienst können dann etwa Ihre regional tätigen Außendienstmitarbeiter mobil Daten zur oder von der Zentrale übertragen.

Kosten

Vergleichen Sie die Tarife

Der Minutenpreis etwa bei E-Plus beträgt in der Hauptzeit (Montag bis Freitag von 7 bis 20 Uhr) 69 Pfennig, in der restlichen Zeit und an allen bundesweiten Feiertagen 39 Pfennig.

Ein Vergleich: Für rund 50 DM pauschal funken Sie Ihre Daten dagegen im Bündelfunk. Ganz egal, wie viele Minuten dabei vergehen. Jetzt rechnen Sie: Haben Sie in Ihrem Unternehmen monatlich so viele Daten von unterwegs zu übertragen, daß diese 50 Mark erreicht werden oder nicht?

Datenpicknick unterwegs

Möglicherweise geht es Ihnen so wie mir: Ich muß auf Reisen und plage mich mit dem Gedanken an die daheim liegenbleibende Arbeit. Also besinne ich mich der Möglichkeiten moderner Mobilkommunikation, wappne mich mit dem Laptop, um dann – so die fromme Vorstellung – unterwegs fleißig zu sein. Daraus wird dann meistens nur wenig: Die Landschaft ist interessanter, Mitreisende in Bahn oder Flugzeug belegen einen mit Beschlag, und das Umsteigen ist viel zu oft erforderlich, als daß an ein umständliches Auspacken des Laptops, geschweige denn anderer Unterlagen zu denken wäre. Vor allem: Habe ich dann doch irgendwo den Laptop vor mir stehen und will endlich anfangen zu arbeiten, fehlt mir ausgerechnet die Datei, die ich gerade für meine Arbeit benötige.

Für solche Fälle baut die kluge Mobilkommunikation von heute vor. Der GSM-Standard wurde von Beginn an für mobile Datenkommunikation geschaffen. Schon heute kommen GSM-Datendienste wie „D2-Message“ bei einer Reihe von Anwendungen zum Einsatz. Hier eine Auswahl, wie sie D2-Betreiber Mannesmann Mobilfunk zur Verfügung stellt (sie werden aber so oder in ähnlicher Weise auch von anderen Netzbetreibern angeboten):

Handy-Banking

Als Kunde einer Berliner Privatbank, die das Projekt in Zusammenarbeit mit Mannesmann Mobilfunk gestartet hat, identifizieren Sie sich über „D2-Message“ mit Ihrer Kontonummer und Ihrem Paßwort. Und schon erhalten Sie auf dem Display Ihres Handys alle gewünschten Angaben zu Ihrem Konto und Aktiendepot sowie die Infos, die Sie aus der Welt der Finanzen benötigen.

Eine andere Großbank stellt Ihnen als D2-Kunde Ihr individuelles Info-Paket zusammen. Derzeit erhalten Sie dort im Angebot bundesweit die aktuellen Devisenkurse, internationale Börsenindizes und verschiedene Referenzzinssätze. Unter der Rubrik „Online-Abfragen“ erhalten Sie ebenfalls im „D2-Message“-Dienst aktuelle Infos zum Deutschen Aktienindex (DAX) oder zum Stand des US-Dollars. Zudem können Sie Ihren Kontostand und die letzten drei Buchungen abrufen.

Alle Ihre Daten und Informationen werden bei diesem Mobilfunk-Banking verschlüsselt übertragen. Wie der Netzbetreiber beteuert, ermöglichen die Kodierungsverfahren eine sichere und zuverlässige Übertragung Ihrer sensiblen persönlichen Daten, wie zum Beispiel Ihrer Kontostände.

Verkehrstelematik und Flottenmanagement

Verkehrstelematische Dienstleistungen über Mobilfunk sollen Ihnen als staugeplagtem Autofahrer helfen, besser vorwärtszukommen. Die Mannesmann Autocom GmbH führt einen entsprechenden Großversuch unter der Bezeichnung „Verdi“ durch. Dabei soll die Verkehrslage über automatische Meldungen von intelligenten Kraftfahrzeugen erfaßt werden, die im Verkehrsfluß mitschwimmen und wichtige Daten per Funk an eine Zentrale weitergeben. Über das globale GPS-Satellitensystem werden Ort, Fahrtrichtung und Geschwindigkeit des jeweiligen Fahrzeugs berechnet und per „D2-Message“ über das D2-Netz an die Zentrale weitergegeben. Dort wird dann ein Gesamtbild der Verkehrssituation entworfen, das dann wiederum an Sie, den Autofahrer, zurückgegeben wird; und zwar auch individuell, so daß Sie diese Daten für Ihre Fahrtroute abrufen und auswerten können.

Wenn Ihr Unternehmen eine größere Fahrzeugflotte unterwegs steuern und verwalten muß, so können Sie über den „D2-Message“-Dienst Ihr gesamtes Flottenmanagement und die Routenplanung abwickeln und dadurch die Fahrten besser auslasten. Zieladressen, neue oder stornierte Aufträge übermitteln Sie per Kurzmitteilung an den Fahrer, der darauf unmittelbar reagieren kann. So kann er z. B. jederzeit auf die Sprachkommunikation des Netzes zurückgreifen, um sich mit Ihrer Zentrale abzusprechen.

Fernüberwachung/Fernsteuerung

GSM-Datendienste wie etwa auf dem D2-Netz können Sie immer öfter bei Problemlösungen für stationäre Anwendungen einsetzen. Zwei Beispiele:

- Das Tiefbauamt der Stadt Bonn hat erkannt, daß Fernüberwachung und Fernsteuerung von modernen Parkscheinautomaten sich billiger über das D2-Netz abwickeln lassen. So konnten die Planer auf die Installation teurer Festnetzleitungen verzichten. Über die beiden D2-Dienste „D2-Message“ und „D2-Daten“ übertragen die Steuerungseinheiten der Automaten Informationen an die Zentrale oder an die Service-Mitarbeiter. Gleiches gilt für Daten aus dem bargeldlosen Zahlungsverkehr oder Informationen über Betriebszustand, Bargeldmengen, Papiervorrat oder Fehlermeldungen.
- In Wuppertal werden nach und nach die als „Starenkästen“ bekannten Verkehrsüberwachungsanlagen mit einem D2-gestützten Status- und

Alarmsystem ausgestattet. Da nicht alle diese Vorrichtungen in Wuppertal mit Kameras versehen sind, tauschen die Mitarbeiter die Kameras in den Radarfallen nach einem geheimen Plan untereinander aus. Häufig erleben sie dabei böse Überraschungen: Rachelustige Autofahrer oder Vandalen haben ihre Zerstörungswut an den „Starenkästen" ausgelassen. Künftig schützt das D2-gestützte SAS-System vor solchen Übergriffen. Die Gehäuse werden dazu mit verschiedenen prozessorgesteuerten Sensoren ausgestattet. Etwaige Störungen, wie Rauchentwicklung, Erschütterung, Sägen oder Bohren, werden über „D2-Message" sofort an die Mobiltelefone der Außendienstmitarbeiter des Ordnungsamtes oder an die zentrale Leitstelle gesendet. Der Betreiber soll auf diese Weise schneller auf gewaltsame Beschädigungen reagieren können.

Im *privaten Bereich* werden mobile Überwachungs- und Meldesysteme auf SMS-Basis zum Schutz von Hab und Gut, Wohnwagen, Ferienhäusern, Reisemobilen oder Jachten eingesetzt. Sensoren lösen dabei im Falle eines Diebstahls oder Einbruchversuchs einen Alarm aus. Beispielsweise über „D2-Message" (oder Sprachinfo) wird der Besitzer über den Vorfall informiert und kann reagieren. Auch Gas-, Feuer- oder Wasseralarm oder Infos über Heizungsausfall können sie auf diesem Wege relativ schnell und sicher übertragen.

Ähnliche Dienste unterhalten auch die anderen Mobilfunkbetreiber. So bietet Ihnen E-Plus ebenfalls einen mobilen Fax- und Datendienst. Dafür werden Ihnen weder zusätzliche Anschluß- noch Grundgebühren berechnet. Bei der Übertragung fallen also ausschließlich die Minutenpreise wie bei gewöhnlichen Telefonaten an – je nachdem, wie lange Ihr Fax- oder Datentransfer dauert.

Die Bereitstellung einer speziellen Rufnummer kostet Sie bei E-Plus für ankommende Datenrufe 11,50 DM pro Monat. Wenn Sie eine Fax- und Datennummer benötigen, zahlen Sie dafür derzeit monatlich 26,50 DM (inklusive eines Anrufbeantworterdienstes im Netz). Die Kosten für ankommende Faxe samt Netzanrufbeantworter betragen 15 DM.

Für die Übermittlung von Fax und Daten oder E-Mails benötigen sie eine entsprechende Zusatzausrüstung, z. B. ein E-Plus-Handy, ein Notebook oder ein tragbares Faxgerät und die entsprechende Adapterkarte, die PCMCIA-Karte nebst Kabel. Ihre Faxe werden dabei wie im Festnetz im Tempo von 9600 bit/s übertragen.

Hintergrund

Service rund um die Uhr

E-Plus hält Sie auch mit News aus der Welt der Börse und des Sports auf dem laufenden, über Aktien- oder Wertpapierkurse wie über Bundesliga- oder Formel–1-Ergebnisse. Dafür sorgt ein von E-Plus eigens geschaffener Informationsdienst. Der InfoService eignet sich also für alle E-Plus-Kunden, die häufig unterwegs sind und während dieser Zeit ihre gewohnten Informationsquellen nicht nutzen können.

Den Dienst können Sie wie das Pendant von D2 als Privat- und Geschäftskunde nutzen, als Finanz- und Wertpapier-Profi, wenn Sie täglich nach Börsenschluß über Ihre Werte informiert sein müssen, oder als Entscheidungsträger, der über aktuelle Entwicklungen der Devisen- und Anleihenmärkte auf dem laufenden bleiben muß. Und natürlich nützt das Angebot Ihnen auch als privater Anleger bei der rechtzeitigen Marktanpassung Ihres Depots. Sie wählen Ihre Kurse, Werte oder Indizes, die Sie besonders interessieren. Alles Weitere erledigt der Börsendienst automatisch. Jeden Tag nach Börsenschluß laufen die gewünschten News ohne Zeitverzug ins Handy. Als Sportfan kommen Sie ebenfalls auf Ihre Kosten. Egal, ob Fußball, Motorsport, Tennis oder Golf. Sogar die Lottozahlen werden zugestellt. Sobald es Neuigkeiten gibt, zeigt Ihr Handy die aktuellen Ergebnisse an.

Sie können dann die Nachricht auf Ihrem Handy-Display ablesen. Dazu benötigen Sie wie bei D2 auch ein Mobiltelefon, das die SMS-Nachrichten darstellen kann. Dies trifft mittlerweile auf die meisten GSM-Handys und alle E-Plus-Handys zu.

5.3.1 Speditionen auf Empfang

Wenn Sie beispielsweise als Chef einer Spedition kostengünstig Ihren Außendienst steuern, als Dienstleister oder Handwerker schnell und diskret Ihren Kundendienst informieren müssen, können Sie Ihren mobilen Gesprächspartner auch über Ihren Computer mit Telekommunikationsadapter – Modem oder ISDN – am Handy erreichen. Eine entsprechende Software gibt es etwa bei E-Plus kostenlos im Internet (http://www.eplus.de/download/smssoft.htm).

Damit schreiben Sie Ihren Text, senden ihn an die Handy-Nummer Ihres Adressaten, und wenig später zeigt dessen Handy die Nachricht auf dem Display an. Sogar von unterwegs haben Sie damit direkten Zugang zum

Kurznachrichtensystem: An die PCMCIA-Karte Ihres Laptop-Computers schließen Sie Ihr Handy an und können so die Nachricht eintippen und versenden.

Das Verfahren können Sie auch bei Rundsendungen anwenden. Mit dem neuen Dienst lassen sich gleichzeitig mehrere Adressaten erreichen. Bei diesem Gruppenruf haben Sie den Vorteil, daß Sie nicht für jede Nachricht eine eigene Verbindung aufbauen müssen – und zwar unabhängig davon, ob Sie den gleichen Text oder verschiedene Nachrichten übermitteln wollen.

Für die Übermittlung der Kurznachrichten werden (z. B. bei E-Plus) keine Sonderkosten berechnet. Bezahlen müssen Sie lediglich für die Verbindungdauer der Übertragung. Bei Einsatz eines Computers mit Modem berechnet sich das nach dem Festnetztarif des Festnetzbetreibers, also beispielsweise der Deutschen Telekom; bei der Versendung vom Laptop aus über eine PCMCIA-Karte und Handy wird der Mobilfunktarif, beispielsweise bei E-Plus der Profitarif zu 1,19 DM bzw. 0,49 DM pro Minute je nach Tarifzeit abgerechnet.

5.3.2 Kurznachrichten im Paket

Seit 1. Juli 1997 können Sie als Großkunde über einen X.25-Direktzugang paketvermittelt (DatexP) Ihren externen Rechner mit dem SMS-Dienst der Kurznachrichtenzentrale von E-Plus verbinden lassen. Dies soll Ihnen helfen, große Kurznachrichtenmengen an E-Plus-Teilnehmer wesentlich rationeller zu versenden.

Das könnte bedeuten, daß sich hier bald neue Geschäftsfelder für Sie als Unternehmer eröffnen. So können beispielsweise Kreditinstitute mobile Banking-Anwendungen anbieten, oder Informationen verschiedener Art wie Produktinfos, Nachrichten o. ä. über das E-Plus-Netz verbreiten. Auch Netzübergänge wie E-Mail oder Fax-Gateways, mit deren Hilfe sich direkt vom Handy aus etwa elektronische Post oder Faxe versenden lassen, sind denkbar – obwohl hier dann gegebenenfalls Vor- und Nachteile zu anderen Möglichkeiten mobiler Faxübertragung abzuwägen wären.

In der Unternehmenskommunikation eröffnet der X.25-Direktzugang ebenfalls neue Möglichkeiten. Vom Flottenmanagement über die Außendienststeuerung bis hin zu Telemetrieanwendungen reichen die vielfältigen Einsatzvarianten.

5.3.3 Corporate Networks werden mobil

Wenn Ihr Unternehmen über ein eigenes Corporate Network verfügt, können Sie das Mobilfunknetz von E-Plus nutzen. Der Dienst „Mobile Extended Corporate Network" schafft dafür einen direkten Übergang zwischen dem E-Plus-Netz und Ihrem privaten Unternehmens-TK-Netz (Corporate Network).

E-Plus verspricht daraus nicht unbeträchtliche Kostenvorteile für Ihr Unternehmen. Die E-Plus-Handys Ihres Unternehmens werden wie normale Festnetznebenstellen in das Corporate Network eingebunden. So können beispielsweise Ihre Außendienstmitarbeiter mit ihren E-Plus-Handys zu einem kostengünstigen Sondertarif mit jeder Nebenstelle des Unternehmens telefonieren und umgekehrt.

Tip

Ersatz per Express

Einen interessanten Dienst bietet Ihnen übrigens seit jüngstem Service-Provider E-plus-Service. Er ersetzt Ihnen Ihr defektes Gerät innerhalb von 24 Stunden durch ein gleichartiges Austauschgerät und wickelt alle damit verbundenen Formalitäten ab. Und das an jedem gewünschten Ort in der Bundesrepublik zu jedem gewünschten Zeitpunkt zwischen 8 und 18 Uhr.

Realisiert wird dieser „Vor-Ort-Austausch-Service" durch die Bilog AG für Logistiklösungen, Bamberg, in Zusammenarbeit mit der Kurier Overnight Express Service GmbH, Hamburg. Im Express Warehouse bei Bilog finden Kommissionierung, Freischaltung und auf Wunsch Voreinstellung der Handys z. B. mit Ihren persönlichen Telefonnummern statt.

Wenn Sie Probleme mit Ihrem Handy haben, machen Sie mit e-plus-Service einen Termin binnen 24 Stunden aus. Der nächsterreichbare Kuriermitarbeiter holt aus dem Bilog Express Warehouse ein Ersatzgerät und taucht damit pünktlich bei Ihnen auf. Nach Kurztest Ihres Handys auf Bagatellschäden überläßt er Ihnen das Ersatzgerät. Das defekte Gerät geht im Mehrtransportbehälter in die Reparatur, d. h.:

- Sie müssen nur vom Moment des Auftretens des Defekts bis zum Besuch des Kuriers auf Ihr Handy verzichten.
- Sie brauchen sich nicht mehr selbst in einen Telefonladen zu bemühen, um Ihr altes Handy abzugeben und ein Ersatz-Handy in Empfang zu nehmen.

5.4 Service Provider oder Netzanbieter?

Netzunabhängige Telefongesellschaften – Service Provider – bieten als Partner der Netzbetreiber Dienstleistungen der mobilen Kommunikation im eigenen Namen und auf eigene Rechnung an. Da sie keine Netze betreiben, konzentrieren sie sich ausschließlich auf die Dienstleistung selbst. Heute sind im deutschen Mobilfunkmarkt sieben Telefongesellschaften ohne Netz tätig, die das gesamte Spektrum des digitalen Mobilfunks, also Telefonkarten für D1, D2 und E-Plus, sowie eine ganze Palette von zusätzlichen Diensten anbieten. Als besondere Stärke reklamieren die netzneutralen Anbieter für sich, daß nur sie Ihnen die Möglichkeit grenzüberschreitender Präsenz bieten können. Sie garantieren Ihnen als Kunden auch unterwegs in europäischen Nachbarländern Service und Betreuung wie zu Hause.

Derzeit noch an die Vorgaben der Netzbetreiber gebunden, erhoffen sich die Service Provider neue Chancen, ihre Leistungspalette mit Öffnung des TK-Marktes in Deutschland auf den gesamten Bereich der Telekommunikation zu erweitern. Nicht an die Produkte eines einzigen Netzbetreibers gebunden, wollen sie, aufbauend auf ihren Erfahrungen im Mobilfunk, innovative Dienste entwickeln und vermarkten, die den Nutzen wie den Komfort von Telekommunikationsdiensten erheblich steigern sollen.

Neue Maßstäbe setzten die neuen Telefongesellschaften insbesondere, als sie den Netzbetreibern und ihren Werbesprüchen in Sachen Netzqualität nachspürten. Sie führten regelmäßige Meßfahrten zur Kontrolle der von den Netzbetreibern zur Verfügung gestellten Netzqualität durch.

Mobil wird fest

Die klare Ausrichtung auf den qualifizierten Fachhandel als Vertriebspartner verschafft den Service Providern zudem auch eine gute Ausgangsposition für den Start in die Festnetz-Vermarktung. Als Beispiel sei hier die Firma D-Plus, Mainaschaff, angeführt. In einem bundesweiten „Netzwerk kompetenter Partner“ will Geschäftsführer Dieter Hähle die Kernkompetenzen der Fachhändler bündeln und so unter der Marke D Plus ein Alleinstellungsmerkmal schaffen.

Während sich das Unternehmen bislang auf die Vermarktung von Mobilfunkdiensten und auf die Pflege seiner derzeit rund 190000 Kundenverhältnisse konzentriert hat, wird D Plus mit der Öffnung des Marktes im Festnetz sein Angebot erweitern. Basis ist der Einkauf von Festnetzkapazitäten „als Rohstoff“ – eine Möglichkeit übrigens, die die deutschen Service Provider von den Mobilfunkbetreibern bis heute vergeblich einfordern. Anstelle von „Airtime en bloc“ bieten diese Netzbetreiber ihren Vertriebspartnern bis dato weitestgehend vorgefertigte Produkte an, die diesen wenig Spielraum für eigene Produkt- und Tarifgestaltung lassen.

Diesen Mißstand will die Branche ändern – im Mobilfunk, vor allem aber im Festnetz. „Ich bin sicher“, so Hähle, „daß es bald einen Spotmarkt für Festnetzkapazitäten geben wird.“ Sein Unternehmen werde künftig „die Rohstoffe sehr preis- und qualitätsbewußt einkaufen und zu Produkten veredeln, die genau auf die Erwartungen und den Bedarf unserer Kunden zugeschnitten sein werden“.

Neben der Entwicklung zum virtuellen Netzbetreiber werde man sich – entsprechend dem künftigen Anforderungsprofil der Geschäftskunden – stärker international ausrichten. „Natürlich werden wir uns wie bisher konsequent auf die anspruchsvollen und für einen Anbieter besonders attraktiven Zielgruppen und Marktsegmente ausrichten.“ Dies sei schließlich – im Verbund mit den Vertriebspartnern im Fachhandel – die Stärke von D Plus. „Wir werden über unsere Fachhändler vorwiegend Unternehmen mittlerer Größe, aber auch Gewerbetreibende, den sogenannten SoHo-Markt (Small offices/Home offices) und die Privatkunden mit hohem Telekommunikationsaufkommen bedienen.“

Um das sich rasch ausweitende Produktspektrum effizient vermarkten und

Tip

Paketlösungen

Service Provider wie D Plus haben komplette Paketlösungen angekündigt, „die sich exakt an deren individuellem Bedarf orientieren“: von der Mobiltelefonie über günstigste Festnetzverbindungen weltweit (Long Distance Least Cost Routing) bis hin zu Internetdienstleistungen, Multimediaprodukten und Kommunikationsangeboten via Satellit.

- Fragen Sie Ihren Service Provider also nach einem Komplettangebot für die ganze Bandbreite der Telekommunikation.
- Wenn Sie sich für Ihre Unternehmenskommunikation alles dazu Erforderliche aus einer Hand anbieten lassen, sollte das Paket umfassen: Bedarfsanalyse, Planung, Installation und begleitenden Service.
- Lassen Sie sich Ihre in Anspruch genommenen Dienstleistungen übersichtlich und detailliert auf einer Rechnung aufstellen.
- Kundenorientierte Telefongesellschaften bieten Ihnen Rechnungsstellung in jeder von Ihnen gewünschten Form – z. B. auf Datenträger oder online.

die mitwachsenden Ansprüche der Kunden optimal abdecken zu können, bedarf es allerdings nach Ansicht Hähles einer Neuorientierung beim Fachhandel. „So wie die Technologien zusammenwachsen, reichen einzelne Kernkompetenzen künftig nicht mehr aus, um das Geschäft zu machen. Der Kunde will umfassend und aus einer Hand bedient werden." Der Fachhandel könne sich vom Wettbewerb nur durch besseren Service und Kompetenz in allen Bereichen differenzieren. „Dies ist aber für den einzelnen Fachhändler kaum zu leisten. Deshalb sind wir derzeit dabei, ein Netzwerk kompetenter Partner aufzubauen, die ihre unterschiedlichen Kernkompetenzen bündeln und gemeinsam unter dem Dach von D-Plus vermarkten." Ziel sei es, in allen Regionen der Republik globale und umfassende TK-Dienstleistungen ortsnah anzubieten.

Hintergrund

Zusammenarbeit

Im Grunde läuft die künftige Konzeption des Geschäfts der Service Provider einerseits und des Fachhandels andererseits auf eine Arbeitsteilung hinaus: Der Service Provider ist der Beschaffer mit strategischer Ausrichtung, der Fachhandel der qualifizierte Vertriebsweg mit flächendeckender Präsenz.

So gesehen könnte dem Fachhandel durch die Öffnung des Festnetzwettbewerbs eine „Renaissance" bevorstehen, nachdem er im Mobilfunkmarkt bereits vor wenigen Jahren schon fast totgesagt und danach zu neuer Blüte gekommen war. „Wer im Fachhandel die Zeichen der Zeit erkennt und entsprechend handelt, hat in den kommenden Jahren beste Chancen", so die Ermunterung Hähles an den Fachhandel. Denn bis auf ganz wenige Ausnahmen gibt es keine Massenvermarkter mit der dafür nötigen Kompetenz und Flexibilität.

Unternehmenskunden gehen daher fast ausnahmslos zu kompetenten Solution-Partnern, weil, so Hähle, „sie Komplettlösungen brauchen, weil sie auf Beratung und Expertenwissen für den Aufbau und Betrieb komplexer Systeme angewiesen sind und weil dabei die Dienstleistung oft wichtiger als der Verkauf der reinen Hardware" ist. Schon jetzt zeige sich, daß der Telekommunikationsmarkt der Zukunft einen ähnlichen Bedarf bei geschäftlichen Nutzern mit sich bringe. Um so mehr, als Telekommunikation und Computer derzeit im Begriff sind, miteinander zu verschmelzen.

5.5 Leasing – die Zeitfalle schlägt zu

Wenn Sie zum Schluß kommen, daß Sie einen Mobilfunkanschluß benötigen, sollten Sie vorsichtig bei der Finanzierung durch ein Leasingunternehmen sein. Die Entwicklung vor allem der Preise in diesem Bereich geht dermaßen schnell vonstatten, daß Leasingverträge in den meist üblichen Zeitspannen von drei und mehr Jahren fast automatisch hinterherhinken müssen. Mit der Folge, daß Ihnen schon in einem Jahr das gleiche Gerät, der gleiche Anschluß, der gleiche Dienst, für den Sie heute noch eine Ihnen möglicherweise recht kostengünstig erscheinende monatliche Leasingrate auf mehrere Jahre verteilt in der gleichen Höhe wie diese, nur als Einmalpreis angeboten wird. Starrsinnig sind die Marktfunktionäre der TK-Industrie darauf bedacht, daß Kunden Kaufverträge einzuhalten haben – basta. So weit, so gut. Dagegen wäre kaum etwas einzuwenden, wenn sie damit letztlich nicht den Fortschritt und ihr eigenes Unternehmen behindern würden. Kritiker meinen gar, ihnen sei es angesichts rosiger Zukunftsprognosen schlicht und einfach egal, nach dem Motto „nach uns die Sintflut".

Leasing – ein Leben lang?

Das Beispiel von Heidrun G., Verlagsrepräsentantin in München, sei da nur als Warnung für Neugierige angeführt. Sie war im Außendienst für einen Ratgeber-Verlag tätig. Vor zwei Jahren sah sie sich gezwungen, ein Handy zu erwerben, um mit der Konkurrenz mithalten zu können. Das Gerät eines schwedischen Herstellers sollte im Leasing monatlich 90 DM kosten – damals noch ein günstiges Angebot bei Endpreisen für solche Geräte um 1000 DM.

Der Vertrag mit einem D2-Händler wurde auf fünf Jahre (!) abgeschlossen. Die Entwicklung konnte niemand voraussehen, Frau G. auch nicht: Sie stottert noch heute Monat für Monat 90 DM Leasinggebühren ab, weil man sie nicht aus dem einmal geschlossenen Vertrag entlassen will. Obwohl zwischenzeitlich gleichartige Geräte für eine Mark und weniger den Kunden nachgeworfen werden, beharrten Frau G.s Leasinggeber auf den Verträgen.

Frau G. werden nun statt marktpreisgerechter Geräte Antworten nachgeworfen, wie die des deutschen Vertriebschefs des Herstellers. Der riet: „Generell sollten Kunden beim Abschluß von Verträgen, ob Handy, Auto oder anderes, ob Kauf oder Leasing, sich genau über die vertraglichen Konditionen beim jeweiligen Vertragspartner informieren."

Wie dieser geben die meisten Hersteller allerdings auch dabei den Schwarzen Peter gern weiter. Man beliefere mit Handy lediglich Distributoren, nicht direkt den Einzelhandel, heißt es dann. Zu welchen Preisen die dann weiterverkaufen oder -vermieten, „liegt damit nicht in unserem Einflußbereich". Man wäscht sich also die Hände in Unschuld. Die Hersteller geben genau deshalb meist keine Preisempfehlungen für Endkunden.

Tip

Bei weitsichtigeren Anbietern hat zwischenzeitlich ein Umdenken eingesetzt. Achten Sie deshalb darauf, bevor sie sich langfristig vertraglich an Geräte binden, deren Technik morgen schon überholt sein kann:

- Ist der Händler umsichtig bei der Beratung und berücksichtigt er die besonders kurzen Entwicklungszyklen in der Mobilkommunikation?
- Macht er Sie ausdrücklich darauf aufmerksam oder eher beiläufig?
- Für wie lange soll der Vertrag abgeschlossen werden? Sie sollten in der Regel keinen Leasingvertrag in der Telekommunikation mit einer Laufzeit länger als ein Jahr abschließen, allenfalls zwei Jahre.
- Lassen Sie sich vor allem dann, wenn längere Laufzeiten unvermeidlich sind, eine Umtauschoption auf moderne Gerätschaft geben. Damit beugen Sie möglichem Ärger vor.

5.6 Ein Loch ist im Handy

Nicht nur die äußerst kurzen Entwicklungszeiträume in der Telekommunikation geben zu Vorsicht Anlaß. Zunehmend macht sich die Nach-uns-die-Sintflut-Haltung offenbar auch in der Herstellung von Gerätschaft selbst bemerkbar. Ein kleiner Haarriß am Handy der Firma A, eine ungenau funktionierende Eingabetaste am Handy des Herstellers B – Kleinigkeiten, doch auch sie geben einen Hinweis darauf, inwieweit man den Versprechungen der Industrie glauben sollte. Denn im Reparatur- oder Ersatzfall sind die günstigen, weil subventionierten Lockvogelpreise aus dem Schaufenster plötzlich perdu.

Was einen dabei am meisten in Staunen wenn nicht gar in blanke Wut versetzen kann, ist die Dreistigkeit, mit der so mancher Hersteller oder Händler seinen zuvor Umworbenen quasi automatisch in die Ecke des Beschuldigten stellt. „Tja, wenn Sie keine Originalteile verwenden ...", ist da noch eine höfliche Formel, die häufig angewendet wird, um die Ursachenforschung für defekte Geräte möglichst von Hersteller und Händler abzuwenden. Ebenfalls gerne herangezogen: die physische Einwirkung von außen. „Ist Ihnen das Ding auf den Boden geknallt?"

Als besonders krasses Beispiel von „Selber-Schuld"-Abwehr sei hier der Fall des Herstellers N. erwähnt, der zeitweise Kunden regelrecht auf die Palme brachte. Düpiert beschwerten sie sich bei ihren Händlern über

- Veränderungen am Display, z. B. verzerrte Balken,
- magere Akkuleistung von ein bis zwei Stunden, die nach wenigen Tagen auf rund eine halbe Stunde absacke,
- undurchsichtige Garantiepraktiken bei Wucherpreisen für Garantiereparaturen,

um nur einige Mängelpunkte herauszugreifen, für die örtliche Vertreter des Herstellers plötzlich Erklärungsbedarf hatten. Diesen erfüllten sie offenbar nur unzureichend mit Diagnoseversuchen wie „Wasserschaden" oder eben „kein Originalteil". Ein Service-Mitarbeiter soll gar mit der Erklärung überrascht haben, „schon eine hohe Luftfeuchtigkeit" genüge, „um N.-Telefone zu ruinieren".

Um die Kunden nun nicht im Nebel stehen zu lassen, bot etwa ein Händler an, defekte Garantiegeräte „mittels Ultraschallbad zu reinigen" – gegen Kasse, versteht sich. 448,50 DM Erfolgshonorar verlangte er für den Handy-Patzer. Dabei scheint man sich der eigenen Fähigkeiten aber nicht einmal so sicher zu sein: „In diesem Fall erlischt jedoch jeder weitere Garantieanspruch!" Beim Hersteller in der Deutschlandzentrale übte man Schadenbegrenzung à la A-Klasse. Eine Sprecherin wehrte kurzerhand ab: „Die genannten Schäden sind uns nicht bekannt."

6 Bündelfunk

„Das verkannte Genie“

Was viele nicht wissen: Die für Unternehmen und Betriebe mit lokalem oder regionalem Umfeld günstigste Möglichkeit, mobil zu telefonieren, ist Bündelfunk. Für eine Monatspauschale von meist schon unter 50 DM können Sie 90 Prozent und mehr Ihres gesamten betrieblichen Kommunikationsbedarfs erledigen.

Bauunternehmer spart 33 000 DM

Manfred Weiß stehen die Haare zu Berge: Gerade hat er die Fernmelderechnung für den abgelaufenen Monat geöffnet. Statt 500 DM wie bisher soll er 3760 DM bezahlen. Ein Fehler der Telekom?

Nein, dieses Mal ist sie unschuldig. Aber vor vier Wochen hat Weiß acht Funktelefone beschafft und an seine Leute auf den Baustellen ausgegeben. Als moderner Unternehmer wollte er schnell und flexibel auf die Wünsche seiner Kunden reagieren können. Und eigentlich wollte er Kosten sparen: Per Funk sollten Leerfahrten vermieden und Material schnell umdisponiert werden.

Dabei sah das Angebot so günstig aus: Für nur 300 DM hatte Weiß die Funktelefone in seinem Großmarkt gekauft, und die Karte war auch schon dabei. Nur was die Gespräche kosten, war nicht vorhersehbar. Was nun?

Manfred Weiß hat zwar Glück im Unglück. Er schafft es, gegen Zahlung einer saftigen Gebühr aus dem Nutzungsvertrag, den er ohne langes Überlegen unterschrieben hatte, herauszukommen. Aber ohne Mobilfunk hat er schlechte Chancen gegen die Konkurrenz.

Eine Anzeige in einer Fachzeitschrift für Baumaschinen bringt die rettende Lösung: „Mobilfunk für null Mark pro Minute“ – genau das sucht er. In der Anzeige steht auch „Bündelfunk – Mobilfunk für Unternehmen“. Das klingt gut, aber mit dem Wort „Bündelfunk“ kann Weiß überhaupt nichts anfangen. Ob das was mit CB-Funk zu tun hat?

Weiß entschließt sich, die in der Anzeige genannte Telefonnummer anzurufen. Er will jetzt wissen, wie das funktionieren soll.

Der lange Weg zum Erfolg

Ganz so leicht wird es ihm allerdings nicht gemacht. Eine freundliche Dame verbindet ihn mit einem Spezialisten. Der stellt lauter Fragen, die Weiß nicht beantworten kann. Schließlich platzt ihm der Kragen: „Ich will für null Mark pro Minute mit meinen Leuten funken, egal wo sie sind. Sagen Sie mir endlich, wie ich da rankomme!“

Nach kurzem Zögern nennt ihm der Spezialist den Namen und die Telefonnummer eines Funkfachhändlers in der Region.

6.1 Null Mark pro Minute

Neuer Versuch: Weiß wählt die Nummer des Funkfachhändlers. Ein Anrufbeantworter meldet sich und bittet, die Rufnummer zu hinterlassen. Weiß will erst auflegen, aber dann nennt er doch Name und Rufnummer. Und er sagt gleich noch, was er will: „Mobilfunken für null Mark pro Minute, und das so schnell wie möglich!"

Noch am selben Tag meldet sich der Fachhändler, und man vereinbart einen Termin bei ihm. Zuerst ist Weiß geschockt, als er die Preise hört: Rund 1500 DM soll jedes Funkgerät kosten. Das sind 12 000 DM, die Weiß investieren soll. Aber der Fachhändler rechnet ihm schnell vor, wie die Kosten sich entwickeln: Künftig kostet das Mobilfunken nur noch rund 50 DM Grundgebühr pro Monat und Gerät. Die Gespräche kosten nichts – egal, ob Tag oder Nacht, Montag oder Sonntag. Für die acht Geräte sind das gerade mal 400 DM pro Monat, und nicht 3200 DM wie bei den Funktelefonen. Im Jahr sind das 33 600 DM, die Weiß einspart. Da hat er den Kaufpreis in knapp fünf Monaten wieder heraus. Weiß schlägt ein. Er will Bündelfunk – was auch immer das ist.

100 km Reichweite

Heute erreicht Weiß & Partner im Umkreis von rund 100 km fast überall seine Leute. Sie können sofort Bescheid geben, wenn auf der Baustelle irgend etwas klemmt, und sie können sich untereinander absprechen, wenn komplizierte Aufgaben zu lösen sind.

Eingesetzt werden vier fest in die Fahrzeuge eingebaute Funkgeräte und vier Handfunkgeräte. In der Zentrale steht die Station direkt in der Telefonzentrale, und Weiß hat sich selbst auch ein Handfunkgerät zugelegt. Das hat er für den Zugang zum Telefonnetz freischalten lassen, damit er von der Baustelle aus direkt einen Kunden oder einen Lieferanten anrufen kann.

Keine bösen Überraschungen mehr

Besonders wichtig für Manfred Weiß ist, daß er vor bösen Überraschungen mit der Telefonrechnung weitestgehend gefeit ist. Seine Kosten für den Mobilfunk kann er fest kalkulieren – lediglich die von ihm persönlich über das Funkgerät geführten Telefongespräche kosten zusätzlich.

Bündelfunk gewährleistet zudem, daß er ständig auf dem laufenden ist, was auf seinen Baustellen los ist – mehrmals täglich rufen Mitarbeiter in der Zentrale an, weil eine Arbeit schneller ging als erwartet, weil unerwartete Schwierigkeiten auftreten oder weil der Bauherr oder Architekt Änderungen in der Ausführung wünscht.

Die Einsparungen aus vermiedenen Leerfahrten kann Weiß nicht genau beziffern. Aber mit jeder eingesparten Stunde Wartezeit verdient Weiß mehr als die monatliche Grundgebühr für das Funkgerät. Und es sind pro Mann und Monat fast acht Stunden, die Weiß durch flexible Disposition einspart.

Mehr Zeit für das Wesentliche
Weiß hat zudem persönlichen Nutzen vom Bündelfunk. Während er früher fast pausenlos unterwegs war, um von Baustelle zu Baustelle zu hetzen, den Fortgang der Arbeit zu überwachen und Probleme aus dem Weg zu räumen, kann er heute viele Fragen direkt über Funk klären. So hat er mehr Zeit, sich um die Entwicklung seines Geschäfts zu kümmern.

Weiß will sich in den nächsten Jahren auf den Bereich Altbausanierung konzentrieren und dort ein komplettes Leistungspaket anbieten. Wenn er dann Maurer, Klempner, Installateure und Elektriker koordinieren muß, wird Bündelfunk wichtiger denn je. Manfred Weiß: „Wir werden dafür Computer zur Planung und Disposition einsetzen. Bündelfunk brauchen wir, um schnell und direkt Planung und Baufortschritt abzustimmen, denn gerade im Sanierungsbereich sind Überraschungen an der Tagesordnung."

Hintergrund

Betriebsfunk und Bündelfunk

- Betriebsfunk: reicht rund 20 km um den Antennenstandort herum. Die Antenne muß allerdings vom Betriebsfunker selbst beantragt, aufgebaut und gewartet werden. Betriebsfunk auf Gemeinschaftskanälen birgt ein besonderes Ärgernis: Inhaber starker Sendeeinrichtungen können schwächere Teilnehmer „wegdrücken", um eigene Übertragungen durchzuführen. So ist die Funkverbindung selbst dann nicht gesichert, wenn der Betriebsfunker gerade eine freie Lücke nutzen will. Zudem müssen Sie beim Betriebsfunk alle anderen Teilnehmer mithören – nicht unproblematisch, wenn Aufträge oder Preise per Funk übermittelt werden.
- Bündelfunk: arbeitet mit mehreren Antennen an verschiedenen Standorten, die untereinander verbunden sind. Die Antennen werden vom Netzbetreiber installiert und gewartet. Das Antennennetzwerk sorgt für die hohe Reichweite bis zu 200 km. Beim Bündelfunk erhält jeder Teilnehmer für die Dauer der Sprechverbindung einen Kanal exklusiv zugeteilt. Damit entfällt auch das zwangsweise Mithören aller anderen.

Der Ursprung der Bezeichnung „Bündelfunk“ ist rein technisch bedingt: Bei Bündelfunk steht für Gespräche und Datenaustausch ein ganzes „Bündel“ freier Funkkanäle zur Verfügung. Beim herkömmlichen Betriebsfunk müssen zahlreiche Unternehmen und die mobilen Teilnehmer einen zugeteilten Kanal gemeinsam benutzen. So hört nicht nur jeder mit – bei intensiver Nutzung ist auch Geschick und Konzentration erforderlich, um eine freie Gesprächslücke für die eigene Übertragung zu erwischen.

Bündelfunk kombiniert Leistungsmerkmale des Mobiltelefons mit der Gebührenstruktur des Betriebsfunks. Bündelfunk kostet nichts außer der Grundgebühr. Mobilfunk für null Mark pro Minute. Kein Mondscheintarif, keine Happy Hour, kein Wochenend-Spezial. Das Netz mit seinen Sende- und Empfangseinrichtungen in der ganzen Region wird vom Netzbetreiber gestellt. Seine Nutzung kostet eine feste Gebühr pro Gerät und Monat. Mehr nicht. Dafür können Sie Ihrem Geldbeutel eine Ruhepause gönnen. Fachleute haben ausgerechnet, daß man jeden Monat rund 200 DM pro Gerät sparen kann, einfach dadurch, daß Menschen und Material effizienter eingesetzt werden. Zudem können Sie die Kosten besser kalkulieren.

Bündelfunk orientiert sich an Wirtschaftsräumen. Anwender sind alle Unternehmen, deren Mitarbeiter im Außendienst Funkkontakt untereinander oder mit ihrer Zentrale benötigen. Er ist in allen wichtigen Wirtschaftsregionen Deutschlands flächendeckend zu festen monatlichen Gebühren verfügbar. Mit Sprach- und Datenübertragung in guter Qualität bietet Bündelfunk individuelle Lösungen für die mobile gewerbliche Kommunikation.

6.2 Neue Möglichkeiten mit Digitaltechnik

Was die Zukunftstechnik digitalen Bündelfunks angeht, so sollten Sie sich davon in Ihren Planungen nicht allzusehr beeinflussen lassen. Auch wenn ihm zunehmend mehr Bedeutung eingeräumt werden dürfte. Deswegen folgende Ratschläge für Ihren Umgang mit diesem Thema.

- Der digitale Bündelfunk wird neue Möglichkeiten eröffnen. Am fortgeschrittensten gilt hier die Technik von Tetra (*Trans-European Trunked Radio Access*). Tetra kann z. B. wesentlich größere Datenmengen verarbeiten und wird so nicht nur Standbilder, was meist sicher ausreicht, übertragen können.
- Aber: Digitaler Bündelfunk wird nicht zum Nulltarif und auch nicht zu den Ihnen zur Zeit vom analogen Bündelfunk gebotenen Preisen zu haben sein. Man rechnet etwa 100 DM monatliche Grundgebühr je 10 000 Quadratmeter Netzverfügbarkeit. Deutlich teurer dürften aller Voraus-

sicht nach auch die Endgeräte sein. Zumindest in der Anfangsphase werden sie nicht unter 3000 DM – also rund das Doppelte heutiger Endgerätepreise – zu haben sein.

- Grundvoraussetzung ist, daß sich alle Technikanbieter auf einen verbindlichen Standard einigen. Dies wird aller Voraussicht nach die Tetra-Spezifikation sein. Sinn macht diese Technik aber nur dann, wenn sich alle Netzbetreiber in Deutschland auf dessen Einführung einigen und somit ein bundesweit geschlossenes Netzangebot bereitstellen. Hier laufen die Gespräche, und in Beobachterkreisen hält man es für ziemlich ausgeschlossen, daß sie nicht zu einem erfolgreichen Ende gebracht werden. Gleichwohl rechnet man mit einer bundesweiten Verfügbarkeit nicht vor dem Jahr 2000 oder gar 2001.
  Wenn Sie im Bereich Polizei, Rettungsdienste und Sicherheitsorganisationen tätig sind, noch folgender Hinweis: Für diesen Bereich wurde Tetra bereits in Feldversuchen in Berlin/Brandenburg sowie im Länderdreieck Deutschland, Belgien und Holland bei Aachen auf seine Tauglichkeit erprobt. Erste Ergebnisse aus dem Tetra-Pilotprojekt in Berlin und Aachen sollen bis Mitte 1998 vorliegen. Die Innenministerkonferenz will danach entscheiden, wie es weitergeht.
  Zudem haben sich die Firmen T-Mobil, Motorola und Nokia Telecommunications zur Weiterentwicklung des Tetra-Standards auf eine auf technische Zusammenarbeit beschränkte Kooperation geeinigt.
- In puncto Investitionssicherheit versichern uns die Fachleute: Wenn digitaler Bündelfunk eingeführt wird, wird die Verbindung zum bisherigen Funksystem gesichert sein, so daß jetzt beschaffte Anlagen auch dann weiter betrieben werden können. Wenn Sie sich also heute für eine bündelfunkgestützte Alarmanlage entscheiden, brauchen Sie nicht zu befürchten, daß sie bei Einführung von Tetra überholt sein wird.

6.3 Bündelfunk – auch im Dienste der Umwelt

Die Frassur GmbH Umweltschutz-Dienstleistungen mit Stammsitz in Frankfurt beispielsweise bietet ein gutes Beispiel, wie Bündelfunk unterwegs für die Entschärfung von Notfällen eingesetzt werden kann. Das Spezialunternehmen für Umweltentsorgungen steuert seine Entsorgungsfahrzeuge mit Bündelfunk.

Ein Unfall eines Gefahrguttransports, ein Leck in einem Produktionsbetrieb oder der Ausfall einer Entsorgungseinrichtung erfordern sofortigen Einsatz. Frassur setzt in solchen Fällen Bündelfunk für die Mobilkommunikation ein. Ohne ständige Funkverbindung mit allen Einsatzfahrzeugen wären die vom Unternehmen gewährleisteten fachgerechten Umweltschutz-Dienstleistungen nicht zu bewältigen.

Schluß mit dem Betriebsfunk

Frassur entschied, die Betriebsfunkanlage stillzulegen und auf Bündelfunk umzusteigen. Frassur nutzt schon seit vielen Jahren Mobilfunk. Früher war der Betriebsfunk mit einer eigenen Antennenanlage auf dem Dach des Gebäudes stationiert. Damit konnten Fahrzeuge im Umkreis von rund 15 km disponiert werden. Das reichte jedoch nicht: Frassur arbeitet heute im gesamten Rhein-Main-Gebiet zwischen Wetzlar und Biebesheim. Störend wirkte sich bei der alten Technik besonders aus, daß Frassur seine Funkfrequenz mit 25 anderen Unternehmen teilen mußte. Rolf Schweitzer, Abteilungsleiter Disposition bei Frassur, bezeichnet den Funkverkehr im Betriebsfunk als „absolut unkultiviert und äußerst unkollegial": Nicht selten seien Übertragungen durch andere unterbrochen oder gestört worden. Vertrauliche oder dringende Meldungen hätten zum Schluß überhaupt nicht mehr durchgegeben werden können. Für ein Unternehmen, dessen Reputation von Schnelligkeit und Präzision abhängt, ein unhaltbarer Zustand.

Man testete Bündelfunk drei Monate lang. Dann war es soweit: 1990 wurden 30 Fahrzeuge an einem Wochenende auf Bündelfunk umgestellt. Insgesamt investierte Frassur rund 120 000 DM in die neue Technik. Heute sind 65 Bündelfunkgeräte im Einsatz. 40 sind fest in die Einsatzfahrzeuge eingebaut, über 25 Handfunkgeräte erfolgt die mobile Disposition und Koordinierung.

Die Funkgeräte sind auch für den Zugang zum öffentlichen Fernsprechnetz freigeschaltet, damit die Mitarbeiter direkt mit anderen Unternehmen und mit Behörden kommunizieren können. Durch den Interflottenruf im Bündelfunknetz wird den Frassur-Spezialisten zu jeder Zeit das Gespräch zu Fachleuten von Subunternehmen ermöglicht.

Über die Handfunkgeräte können Fahrzeuge und Mitarbeiter flexibel und mobil disponiert werden. Die zentrale Disposition in der Niederlassung Walldorf kümmert sich vorwiegend um das Standardgeschäft. Immerhin kostet ein Spezialfahrzeug bei Frassur bis zu 200 DM pro Stunde.

Bei größeren Störfällen übernimmt Walldorf auch die übergeordnete Koordination, während vor Ort flexibel und mobil gesteuert werden kann.

Kosten

Bündelfunkkosten im Durchschnitt

Insbesondere wenn Sie als gewerblicher Anwender oder Unternehmer auf Mobilfunkdienste angewiesen sind und Sie die Kommunikation im Betrieb nicht auf die Nachtstunden oder das Wochenende konzentrieren können, kommen Sie bei Bündelfunk in den Genuß von recht ordentlichen wirtschaftlichen Vorteilen gegenüber herkömmlichem Mobilfunk. Mit folgenden durchschnittlichen Kosten müssen Sie als Bündelfunk-Nutzer dabei rechnen:

Einmalig:	
Anmeldung pro Netz und Kunde	62,00 DM
Monatlich:	
Grundgebühr bis 9 Geräte pro Gerät	52,00 DM
Nutzungsabhängig:	
Konferenzschaltung	3,00 DM
Rufumleitung	2,00 DM
Zugang zu einem weiteren Netz	10,00 DM
Kurzdatenübertragung	3,00 DM
Zugang zum Telefonnetz	15,00 DM
Haupttarif pro Minute	1,30 DM

Funktelefonieren Sie vom Bündelfunknetz aus im öffentlichen Fernsprechnetz, so werden die üblichen Fernsprechgebühren berechnet. Montag bis Freitag zwischen 8 und 18 Uhr kostet jede Minute durchschnittlich 1,30 DM.

Die im folgenden Rechenbeispiel kalkulierten Gesamtkosten ergeben sich aus der Beschaffung der Endgeräte und einer festen monatlichen Pauschale, die sich aus dem für Ihren Betrieb oder Ihrem Unternehmen benötigten Leistungsumfang ergibt.

Zahlungsvergleich Mobiltelefon-Bündelfunk (Angaben in DM)

Netze	C	D	E	Bündelfunk
Anschaffung	0	0	0	9000
Grundgebühr p. a.	3960	4200	3078	3000
Sprechgebühren p. a.	6792	9072	7788	0
Kosten/Jahr inkl. AfA	10752	13272	10866	4800
Kosten 5 Jahre	53760	66360	54330	24000

Basis: fünf mobile Teilnehmer, fünfjährige Nutzungsdauer, 6 Min. Airtime pro Teilnehmer/Tag. Bei C-, D- und E-Netz ist der Anschaffungspreis wegen des permanenten Preisverfalls mit 0 DM angesetzt.

6.3.1 Bevor das Wasser bis zum Halse steht

Sie kennen das: Ein Rohrbruch überflutet den Keller, und kein Klempner im Haus. Oder: Bei Ihnen fällt die Heizung aus, und wo ist der Mann vom Kundendienst? Sie blättern in den Gelben Seiten, während die Eiszapfen von der Decke wachsen.

Noch gravierender können die Auswirkungen eines Ausfalls sein, wenn sie Sie in Ihrem Gewerbe überraschen: Ist der Backofen defekt, können Sie als Bäcker keine Brötchen backen; fällt die Kühlung in Ihrer Schlachterei aus, drohen schwere Verluste, wenn der Service nicht umgehend die Störung beseitigt.

Die Baumstark GmbH & Co. KG in Wiesbaden-Erbenheim hat den Bedarf erkannt und Geschwindigkeit zu seinem besonderen Leistungsmerkmal erhoben. Bündelfunk hilft dabei, schnell und flexibel auf die Hilferufe der Kunden zu reagieren.

Baumstark ist ein 1926 gegründeter mittelständischer Handwerks- und Dienstleistungsbetrieb für Sanierung, Renovierung und Kundendienst mit ausgebildetem Fachpersonal für die Bereiche Sanitär, Heizung, Klimatechnik, Elektro und Fliesen. Heute erwirtschaftet er mit 50 Mitarbeitern rund 9 Millionen DM Umsatz im Jahr. Das Betriebsgelände am Stadtrand von Wiesbaden-Erbenheim liegt verkehrsgünstig: Mit dem Autobahnanschluß in Sichtweite ist der Ballungsraum Mainz/Wiesbaden/Frankfurt in einer Stunde Fahrtzeit erreichbar.

Als besondere Stärke nennt Geschäftsführer Theo Baumstark die schnelle Reaktion bei auftretenden Störungen. Dem kommt die günstige geographische Lage zugute. Aber auch personell muß diesem Leistungsmerkmal Rechnung getragen werden. Anders als andere Unternehmen setzt Baumstark deshalb nicht auf die volle Auslastung seiner Mitarbeiter, sondern läßt eine Sicherheitsreserve, um schnell qualifiziertes Personal einsetzen zu können. Die damit verbundenen Kosten werden auf die Kunden abgewälzt. Für seine gewerbetreibenden Kunden ist dieser umfassende schnelle Service besonders wichtig, denn nicht immer ist klar, ob die Störung der Elektrik, dem Leitungssystem oder einer anderen Ursache zuzuordnen ist.

Eine weitere Steigerung der Geschwindigkeit stand deshalb im Vordergrund, als Baumstark sich vor zwei Jahren mit Mobilfunk beschäftigte.

Cityruf schien eine einfache und günstige Lösung zu sein. Während eines Besuchs bei einem lokalen Funkfachhändler erfuhr er das erste Mal von Bündelfunk als Mobilfunk für gewerbliche Anwender. Der Fachhändler erklärte die Funktionsweise, zeigte einige Geräte und führte ihm den praktischen Funkbetrieb vor.

Nach kurzer Zeit waren die Geräte gekauft und eingebaut. Sechs Fahrzeuge sind derzeit bei Baumstark mit Bündelfunktechnik ausgestattet.

Tip

Nutzung in der Praxis

Bei der Firma Baumstark haben sich folgende Tricks als besonders effektiv für die Arbeitsweise mit Bündelfunk herausgestellt:

- Gefunkt wird, wenn der Standort abgefragt und ein neuer Einsatz durchgegeben werden soll.
- Überwiegend geht der Ruf von der Zentrale in Erbenheim aus, wobei fast ausschließlich der gezielte Einzelruf von Fahrzeugen angewandt wird.
- Baumstark verzichtet auf die Rückmeldung der Techniker nach ausgeführter Arbeit, weil er damit schnell seine Zentrale überlasten würde.
- An die Zentrale per Funk wenden sie sich nur, wenn sie Unterstützung oder zusätzliches Material benötigen oder unvorhergesehen aufgehalten werden. Meistens kennen die Fachleute ihre Einsatzorte schon vorher und arbeiten sie selbständig ab.
- Wichtig für Baumstark ist, daß er mit Bündelfunk alle Fahrzeuge in der gesamten betreuten Region schnell und gezielt ansprechen

kann. Durch den Einsatz von Handfunkgeräten kann diese Anforderung sogar noch weiter optimiert werden.

- Bei Baumstark sind die Geräte in die Fahrzeuge fest eingebaut. Dadurch sind die Handwerker gelegentlich nicht mehr erreichbar, wenn sie beim Kunden arbeiten. Zwar erscheint im Display des Funkgeräts eine Meldung über den zwischenzeitlich erfolgten Ruf, aber davon erfährt der Techniker erst, wenn er zum Fahrzeug zurückkehrt. Als Lösung bietet sich ein handlicher Quittungsrufempfänger an, der mitgenommen wird und einen beim Bündelfunkgerät ankommenden Ruf signalisiert.
  Mit Handfunkgeräten sind die Techniker direkt vor Ort erreichbar. Zusätzlich können sie sich auch leichter untereinander absprechen. Die stark gefallenen Preise für Handfunkgeräte machen heute eine solche Lösung auch wirtschaftlich attraktiv; und die geringere Sendeleistung der Handfunkgeräte spielt beim heutigen Netzausbau keine große Rolle mehr.
- Im Normalfall wird die Sprechzeit auf 60 Sekunden begrenzt, der Funkverkehr erfolgt im Wechselsprechen, bei dem die Teilnehmer abwechselnd sprechen und hören können.
- Achten Sie darauf, daß Ihre Mitarbeiter Funkdisziplin wahren! Geben Sie ihnen klare Anweisungen für die Durchführung eines Funkgesprächs! Sonst kann es vorkommen, daß ein Gespräch unerwartet beendet wird oder die Worte des Sprechers ungehört verhallen. Auch hier gilt: Übung macht den Meister. Mit der Nutzungsdauer steigt auch die Erfahrung im Umgang mit dieser neuen Technik.

Übrigens: Sie können Ihre Mitarbeiter die Bündelfunk-Geräte auch nutzen lassen, um direkt in die hauseigene Nebenstellenanlage oder in das öffentliche Telefonnetz zu gelangen. Dieser Besonderheit von Bündelfunk könnte besondere Bedeutung zukommen, wenn Sie Handwerker im Außendienst haben, die direkte Rücksprache etwa mit Meistern in der Zentrale oder sogar mit Kunden nehmen sollen.

6.3.2 Altes Handwerk mit moderner Technik

Auf Bündelfunk setzt auch die Firma Bieräugel, mittelständischer Heizungs-, Lüftungs-, Rohrleitungsbau & Haustechnik in Jena: Bei technischen Störungen entscheiden auch hier manchmal Minuten über die Höhe des Schadens. Informationen müssen in kürzester Zeit vom Kunden zum Servicefahrzeug, ins Lager oder zum Großhändler fließen.

155 Mitarbeiter sind in Thüringen und angrenzenden Regionen unterwegs, um neue Anlagen zu bauen oder Störungen zu beseitigen. Sie erwirtschaften rund 28 Millionen DM Umsatz.

Typisch für Baustellen, die Bieräugel betreut, sind Kleingruppen von Mitarbeitern, die dort arbeiten. Für sie ist es besonders wichtig, jederzeit und überall Rücksprache mit der Zentrale nehmen zu können. Telefone sind dort selten vorhanden. Man entschied sich für Bündelfunk als regionalen Mobilfunkdienst, der im gesamten Einzugsbereich für eine monatliche Festgebühr unbegrenzte Mobilkommunikation erlaubte. Die Firma Bieräugel gehört zu den Pionieren bei der Nutzung dieses modernen Mobilfunkdienstes in Thüringen. Derzeit sind bei der Bieräugel-Gruppe insgesamt 44 Bündelfunkgeräte im Einsatz, 17 davon im Stammhaus in Jena. Genutzt werden sie:

- um den direkten Kontakt mit den Baustellen zu halten,
- Material zu disponieren und
- Änderungen an der Baustelle direkt in die Arbeitsplanung einfließen zu lassen. Zwar werden alle Arbeiten von der Bauplanung, soweit das möglich ist, im voraus geplant, aber Änderungen im Ablauf, Wünsche des Architekten oder des Bauherrn oder witterungsbedingte Änderungen sind an einer Baustelle an der Tagesordnung.
- Mit Bündelfunk können die Mitarbeiter im Haus und auf der Baustelle jederzeit direkt abstimmen, wie im Einzelfall vorgegangen werden soll.
- Im Servicebereich werden drei Spezialisten flexibel von einer Mitarbeiterin in der Zentrale disponiert. Sie nimmt die Störungsmeldungen der Kunden entgegen und leitet die Anforderung per Funk an einen der Servicemitarbeiter weiter, damit im Notfall sofort Hilfe unterwegs ist.

6.3.3 Bündelfunk in der Energiewirtschaft

Hundert Anrufe in wenigen Minuten während eines Pokalspiels – das kommt bei KEVAG, der Koblenzer Elektrizitätswerk und Verkehrs-Aktiengesellschaft, nur selten vor: „Bei uns ist der Strom ausgefallen. Wissen Sie das schon?" Was die Anrufer nicht wissen: Im gleichen Augenblick, als der Bagger die 20-kV-

Leitung beschädigte, klingelten in der Leitwarte die Alarmglocken: Ein automatisches Überwachungssystem registrierte die Störung und meldete sie per Bündelfunk direkt beim Leitrechner. Während noch die Anrufe aufgeregter Bürger eintreffen, ist bereits ein Störungstrupp zum Einsatzort unterwegs. Er wurde direkt per Funk über die Störung informiert. Eine Viertelstunde später ist der Spuk vorbei, die Fernseher gehen wieder an.

Die KEVAG als regionales Versorgungsunternehmen führt in einem Gebiet mit rund 1300 km^2 219 Stadt- und Landgemeinden Strom zu. Knapp 190000 Kunden verbrauchten im Geschäftsjahr 1995/1996 fast 2000 Mio. kWh. 52 Umspannanlagen und Schaltstationen im Raum Koblenz und im gesamten Westerwald dienen als Einspeisepunkte und zur Lastverteilung.

Zur lokalen Versorgung hat die KEVAG im gesamten Gebiet rund 2400 Trafostationen in Betrieb, die zur Umsetzung der Mittelspannung von 20 kV auf 230/400 V dienen. Mit diesem Netz sichert die KEVAG die Stromversorgung für 372 000 Menschen zwischen Koblenz und Hachenburg.

Bei Stromausfall während der Übertragung eines bedeutenden Sportereignisses ist die Aufregung zwar groß, aber der Schaden hält sich in Grenzen. Für Unternehmen jedoch kann ein Stromausfall katastrophale Folgen haben – vom Stillstand einer Produktionseinrichtung bis zum Ausfall von Informations- und Kommunikationstechnik. Strom darf deshalb eigentlich überhaupt nicht ausfallen, und wenn dennoch eine Störung auftritt, muß sie in kürzester Frist beseitigt werden. Dieser Herausforderung versuchen alle Energieversorger in Deutschland mit einem ausgefeilten Steuerungs- und Verbundsystem zu begegnen.

Fernwirktechnik gehört im Bereich der Energieversorgung seit Jahren zum Alltag. Auch bei der KEVAG werden schon seit vielen Jahren die wichtigsten Schaltstationen von der Zentrale überwacht und gesteuert.

Mit dem Einsatz von Bündelfunk für Fernwirken im Energiebereich be-

Praxis

Bündelfunk als Fernwirktechnik

Nachteile herkömmlicher Techniken:

Die herkömmliche Technik – Retrobitanlagen, Tonfrequenzsteueranlagen – genügte nicht mehr den gestiegenen Anforderungen nach Versorgungssicherheit, denn:

- Die Rückmeldung über Retrobit ist störanfällig.
- Bei Schaltstellen ohne Rückmeldung ist in jedem Fall eine Kontrolle vor Ort durch Mitarbeiter erforderlich.

- 22 Stationen sind über Fernmeldekabel mit der Schaltzentrale verbunden. Für die restlichen waren die Steuerungs- und Überwachungsfunktionen eingeschränkt: Über Tonfrequenzrundsteueranlagen konnten Schaltvorgänge ausgelöst werden, und 11 Anlagen meldeten per Retrobitanlagen auftretende Störungen. 19 weitere Stationen konnten nur gesteuert werden, lieferten jedoch keinerlei Rückmeldung.
- Steuerung und Überwachung möglichst vieler Schaltstationen von der Netzleitstelle aus hätte hohe Investitionen in Leitungsnetz und Übertragungssysteme erfordert – speziell bei etwas abgelegenen Stationen.
- Die Anmietung von Fernmeldeleitungen hätte hohe laufende Kosten verursacht.

Vorteile von Bündelfunk:

- Übertragung von Meldungen, Meßwerten und Steuerkommandos von Haus aus direkt im Organisationskanal.
- Einfache technische Voraussetzungen.
- Kurzdatenübertragung von Funkgerät zu Funkgerät grundsätzlich ohne weitere Zusätze möglich.
- Soll ein Rechner angeschlossen sein, so muß das entsprechende Funkgerät über einen geeigneten Anschluß verfügen. Allgemein setzt sich derzeit eine serielle Schnittstelle durch, die mit dem Netzwerkprotokoll MAP27 Daten zwischen Funkgerät und einem angeschlossenen Rechner überträgt.

schreitet die KEVAG Neuland. Bündelfunk bot sich an, zumal die KEVAG ein eigenes öffentliches Bündelfunknetz in der Region Koblenz/Westerwald/Taunus/Eifel/Hunsrück betreibt.

Praxis

Standardprodukte verfügbar

Alle führenden Hersteller bieten inzwischen Datenfunkgeräte mit eingebautem Modem, die sofort für mobile Datenübertragung im Bündelfunknetz eingesetzt werden können. Fertige Produkte und Systemlösungen werden von zahlreichen großen und kleinen Unternehmen angeboten:

- Das bemo 4140 Funkmodem der berolina elektronik GmbH aus Berlin dient zur Direktsteuerung per Statusübertragung und zur Übertragung mittlerer Datenmengen zwischen zwei oder mehr Datenendeinrichtungen über Bündelfunknetze nach Standard MPT 1327/Regionet 43.
- Das Bündelfunkgerät KF Chip TD der Robert Bosch GmbH verfügt dagegen über eine Schnittstelle zum direkten Anschluß an ein Computersystem.
- Beim Störmeldesystem für Bündelfunknetze von H&W Daten- und Fernmeldetechnik sind die Systemeinheit, ein Bündelfunkgerät Motorola GM 1200 und die Stromversorgung in einem Gehäuse zusammengefaßt. Es dient zur Übermittlung von Meldungen und Alarmen über den Sprachkanal des Bündelfunknetzes.

6.4 Kommunen sparen mit Mobilfunk

Kosten sparen und Leistungen für die Bürger verbessern – erfahrene Gemeindekämmerer werden sagen: ein unlösbarer Widerspruch. Es geht, Sie müssen dazu allerdings neue Wege mit intelligenten Lösungen beschreiten.

Mit Bündelfunk lassen sich Menschen, Fahrzeuge und Einrichtungen im gesamten Gebiet der Gemeinde kostengünstig mobil steuern. Und man muß nicht einmal ein eigenes Funknetz aufbauen, sondern kann dafür das Funknetz eines externen Anbieters nutzen. Gegen eine fixe monatliche Gebühr kann jede Gemeinde Mobilfunk einsetzen, um Wegezeiten und Leerfahrten zu sparen, schnell auf unvorhersehbare Ereignisse zu reagieren und Versorgungseinrichtungen zu steuern. Damit spart sie Investitionen für wichtigere Vorhaben und verbessert den Service für die Bürger mit schnellen und weitreichenden Verbindungen.

Entscheidungsträger im kommunalen Bereich werden besondere Anforderungen an die Mobilkommunikation stellen: Mitarbeiter, Fahrzeuge und Einrichtungen müssen im gesamten Gemeindegebiet erreichbar sein. Sie werden Wert darauf legen, daß Verbindungen schnell erfolgen, Gespräche möglichst vertraulich sind und vor allem die Kosten im Rahmen bleiben.

So stand die Stadt Köln vor dem Problem, daß die Mitarbeiter des Ordnungsamtes in den Außenbezirken mit dem vorhandenen Mobilfunk nicht mehr erreichbar waren, aus Sicherheits- und Servicegründen jedoch Kontakt mit der Einsatzleitung benötigten.

Mobiltelefone schieden wegen der Kosten, auch wegen fehlender Funktionen aus, ein Ausbau des Betriebsfunks hätte erhebliche Investitionen erfordert. Die Lösung hieß öffentlicher Bündelfunk.

Hintergrund

Öffentlicher Bündelfunk

Beim öffentlichen Bündelfunk wird vom Netzbetreiber in einer ganzen Region ein Mobilfunknetz eingerichtet und betrieben. Wenn beispielsweise Ihre Gemeindeverwaltung dieses Netz nutzen möchte, beschafft sie sich die Funkgeräte und bezahlt eine feste monatliche Nutzungsgebühr von rund DM 50 pro Gerät. Dafür können dann im gesamten Netz beliebig viele Funkgespräche ohne zusätzliche Gesprächskosten geführt werden.

Die Besonderheit an einem öffentlichen Netz ist, daß jeder Teilnehmer für die Dauer der Verbindung einen eigenen Kanal erhält, auf dem er Funkgespräche führen kann. Niemand hört mit, keiner kann das Gespräch stören. Falls gewünscht, können auch mehrere Mitarbeiter der gleichen Einrichtung als Gruppe oder in einer Konferenz miteinander sprechen; sogar Funkverbindungen mit Teilnehmern anderer Unternehmen oder Dienststellen sind möglich.

Für die Kommunalverwaltung bedeutet dies, daß sie wie in einem eigenen Funknetz alle Mitarbeiter und Fahrzeuge mobil erreichen kann – allerdings in einem wesentlich größerem Umkreis.

Bündelfunknetze decken ganze Wirtschaftsregionen ab und ermöglichen Reichweiten bis zu mehreren hundert Kilometern.

Vom Ordnungsamt bis zur Glatteismeldeanlage

Das Amt für öffentliche Ordnung der Stadt Köln wollte Qualität und Vertraulichkeit des Sprechverkehrs verbessern. Seit Anfang 1995 sind 56 Bündelfunkhandgeräte bei Mitarbeitern im Einsatz, die selbständig ein Abschleppfahrzeug anfordern dürfen. Zur Informationsverdichtung nutzt das Amt die Statusmeldungen im Bündelfunk, mit denen jeweils sehr schnell und direkt gezielte Informationen als Daten übermittelt werden können. Dieter Clasen, Sachgebietsleitung Außendienst, und Manfred Steimel, Gruppenleitung Teams der Abschleppgruppe: „Bündelfunk ist für uns auf absehbare Zeit die wirtschaftlichste und komfortabelste Lösung für Mobilkommunikation."

Die Landeshauptstadt Wiesbaden setzt Bündelfunk für die mobile Kommunikation mit den Hilfspolizeikräften des Ordnungsamtes und den Fahrzeugen des Tiefbauamtes ein. Die Flexibilität in Wiesbaden wurde noch erhöht, indem alle Funkgeräte des Tiefbauamtes für den Zugang zum öffentlichen Fernsprechnetz freigeschaltet wurden.

Als besondere Vorteile von Bündelfunk nennt Otto Eibes vom Bereich Netzadministration den schnellen Verbindungsaufbau, die stabile Übertragung und die hervorragende Reichweite.

Die Stadt Oldenburg nutzt Datenübertragung im Bündelfunk zur Fernüberwachung der Pumpstationen im Stadtgebiet. Wilfried Osterloh, Betriebsleiter des Zentralklärwerks der Stadt Oldenburg: „Wir mußten in kürzester Frist eine wirtschaftliche und betriebssichere Lösung zur Überwachung unserer Pumpstationen finden. Der Aufbau einer eigenen leitungsgebundenen Infrastruktur hätte zu lange gedauert und wäre sehr teuer geworden. Mit der Statusübertragung im Bündelfunknetz konnten wir eine schnelle, preiswerte und zuverlässige Lösung finden. Damit haben wir moderne und zukunftsorientierte Technik für Überwachungs- und Steuerungsaufgaben im Einsatz."

Die Stadtwerke Neustrelitz GmbH setzt Bündelfunktechnik ein, um im Störungsfall schnell und flexibel ihre Einsatzkräfte disponieren zu können. Wird bei der zentralen Meldestelle eine Störung angezeigt, so wird per Bündelfunk gezielt der zuständige Fachmann angesprochen und zu seinem neuen Einsatzort dirigiert. Treten vor Ort Schwierigkeiten auf, kann der Mitarbeiter per Funk direkte Rücksprache mit dem Meister nehmen und mit ihm die weitere Vorgehensweise abstimmen. Andreas Kolbatz, Abteilungsleiter Technik: „Im Sprechfunk gibt es für uns keine wirtschaftliche Alternative zu Bündelfunk. Unsere bisherigen Erfahrungen mit Bündelfunk sprechen dafür, diesen Mobilfunkdienst auch für Fernwirkaufgaben in Erwägung zu ziehen."

Die Stadtwerke Erfurt Stadtwirtschaft GmbH setzt die erste per Bündelfunk gesteuerte Glatteismeldeanlage einer deutschen Stadt ein. Lufttemperatur, Niederschlag, Bodentemperatur, Bodenfeuchte und Salzfaktor werden per Bündelfunk an einen Zentralrechner übertragen und dort periodisch ausgewertet. Den Nutzen der neuen Anlage sieht Dietmar Schumacher, Geschäftsführer der Stadtwirtschaft GmbH, vor allem im schnelleren Service und in der Einsparung der sonst erforderlichen Kontrolltouren. Mit der Nutzung von Bündelfunk zur Übertragung der Meßwerte in den Zentralrechner entfielen umfangreiche Arbeiten zur Verkabelung. Zusätzlich wird nur dann mit Salz nachgestreut, wenn der Salzgehalt auf der Straße geringer ist, als es die Witterung erfordert. Das spart Salz und entlastet die Umwelt.

6.5 Bündelfunk sichert Bauten

Eine relativ neue Anwendung von Bündelfunk hat sich im kommunalen Einsatz bei der Sicherung von leerstehenden Gebäuden entwickelt, die man aber durchaus auch auf andere Einsatzgebiete übertragen kann. Den Stein ins Rollen brachten die Unruhen um die Häuserbesetzungen in Berlin-Kreuzberg Ende 1996. Die Polizei mußte mitansehen, wie die Bewag, der Berliner Stromversorger, wegen unbezahlter Stromrechnungen der besetzten Häuser ohne Vorankündigung den Strom sperrte oder die Hausbesetzer Hausbrände legten – und damit auch Alarmanlagen außer Kraft setzten. Folge: Die Polizei wurde bei heimlichen Hausbesetzungen nicht mehr rechtzeitig alarmiert.

Laut Berichten der Beratungsstelle der Berliner Kriminalpolizei entsteht allein in Berlin an solchen Objekten durch Einbrüche und Vandalismus jährlich ein materieller Schaden von ca. 30 Mio. DM.

Man wandte sich an den exklusiven Anbieter des Alarmüberwachungssystems „Spaceguard", Aweg in Berlin. Nun sorgt das System in Hauptstadt und Umland dafür, daß Einbrecher keine Verteilerkästen der Telekom und ähnliches außer Betrieb setzen können beziehungsweise daß Alarmknöpfe in Bankfilialen verläßlich funktionieren.

Abgesehen von der Hausbesetzerszene werden Spaceguard-Anlagen von AWEG bereits seit März 1996 an brisanten Stellen eingesetzt, etwa auf unbewachten Baustellen, die weit ab liegen, Objekten der Deutschen Bahn AG sowie militärischen Objekten. Der große und oftmals immens wichtige Vorteil: Einbrecher werden nicht durch Sirenenlärm gewarnt.

Die Regiokom Berlin Gesellschaft für Bündelfunkdienste mbh hat für ihre Netze in Berlin/Brandenburg und in zehn weiteren Bundesländern die Zulassung des VDS erhalten.

Raumsicherungsanlagen bieten einzelne Funkfachhändler schon ab 2000 DM an. Seitens des Bündelfunknetzes fallen beispielsweise bei Regiokom nur eine Grundgebühr von höchstens 18 DM monatlich an und die Dateneinheiten, die übertragen werden. Da aber bei Regiokom je Gerät 144 solcher Einheiten pro Gerät und Monat frei sind, fallen bei den Alarmanlagen dafür keine Kosten an.

„Spaceguard" im Einsatz

Das System „Spaceguard" hilft Ihnen bei Überwachung und Schutz von Objekten unterschiedlicher Art wie:

- zeitweilig nicht genutzten Liegenschaften,
- Baustellen,
- Sparkassenräumen

und dergleichen mehr, bei denen Telefon- und Stromversorgungskabel außen liegen, auf Putz, als Freileitung oder wo Telefon- oder Energieversorgung ganz abgeschaltet sind.
Das System besteht aus den Komponenten

- PC-gestützte Leitstelle (Windows) und
- Alarmanlage.

Funktionsweise:

- Informationsübertragung vom Funkmelder zur Alarmanlage und von dort zur Leitstelle.
- Betriebsüberwachung über Routinemeldungen, die in variierbaren Abständen übertragen werden.
- Softwareüberwachung automatisch im Hintergrund bei Eingehen aller Meldungen. Ausbleibende Meldungen werden sofort signalisiert. Alle Vorgänge werden zeitlich erfaßt und protokolliert.
- Unterbringung der Alarmanlage in abschließbarem Wandgehäuse aus Stahlblech zum Sabotageschutz, Bewegungsmelder und Sabotagekontakt integriert. Aktiviert wird über eine Fernbedienung mit verzögerbarer Scharfschaltzeit.
- Akkugepufferte Unterspannungsüberwachung für ca. 120 Stunden Notbetrieb.
- Impulszähler gegen mögliche Fehlalarme (beispielsweise durch streunende Tiere).
- Selektierte Überwachung von bis zu zehn einzelnen Melderlinien. Eine Meldelinie kann aus einer Vielzahl einzelner Melder bestehen.
- Funkentfernung in Stahlbetongebäuden ca. 50 m. Anhand eines vorher erstellten Objektplans kann dann dort exakt geortet werden, wo der Eindringling tätig geworden ist. So könnte eine einzige Anlage die Überwachung von kleinen Ladenzeilen, Jachthäfen, Parkhäusern, Gartenkolonien, Ferienhäusern usw. übernehmen und da-

bei exakt Adresse und Ansprechpartner des überwachten Komplexes übermitteln. Ein ähnliches Bild z.B. auf dem Abstellplatz eines Gebrauchtwagenhändlers: Hier könnten Kfz- und Fahrgestellnummern von Fahrzeugen, die gerade „geknackt" werden sollen, an die Zentrale gesendet werden.

Bei Zuwachsraten von derzeit über 20 Prozent und dem Übergang zu Pauschalgebühren von unter 30 DM pro Monat stellt sich Bündelfunk über die Alarmanwendung hinaus als die wohl preiswerteste Variante im Mobilfunk dar. Hierdurch bietet sich cleveren Unternehmen die Chance, gleich zwei Fliegen mit einer Klappe zu schlagen: Steigerung der betrieblichen Sicherheit bei gleichzeitiger wirksamer Eindämmung der steigenden Telekommunikationskosten im Unternehmen.

Tip

Alarm per Bündelfunk

- Abklärung des Zwecks der Bündelfunkalarmanlage: Sicherung von Gebäuden ohne Strom und Telefonanschluß.
- Telefonanschluß vorhanden: Bündelfunk als sicherer zweiter Übertragungsweg der Alarmmeldung, wenn Strom- und/oder Telefonleitungen gekappt wurden.
- Sonstige Einsatzbereiche: Bündelfunk sorgt für zusätzliche Sicherheit, da kaum störbar.
- Sorgfältige Auswahl von Funkfachhändler oder Systemanbieter: ausreichende Erfahrung im Bündelfunk.
- Konzeptabstimmung zwischen Funkfachhändler und Netzbetreiber (z.B. Übertragung von Bildern aus Kassenräumen über Funk macht nur Sinn, wenn die Telefonverbindung ausgefallen ist; im Bedarfsfall auch Standbilder über Bündelfunk möglich).
- Sorgfältige Auswahl des Bündelfunknetzes zur Sicherstellung einer sicheren Funkverbindung, guter Funkversorgung mit stabiler Feldstärke, kompetenter Ansprechpartner in der Nähe.

Übrigens: Gute Netzbetreiber bieten auf Wunsch neben der Zusammenarbeit in Entwicklung und Erprobung gebührenfreie oder verbilligte Tests an.

6.6 Günstiges Klima dank Bündelfunk

Schneller Service ist bei Kälte- und Klimatechnik unverzichtbar. Fällt die Klimaanlage in Ihrem Büro aus, so schwitzen Ihre Mitarbeiter. Doch Millionenverluste drohen Ihnen, wenn Temperatur und Luftfeuchte in Ihrem Lebensmittellager nicht im vorgeschriebenen Bereich bleiben. In einem solchen Notfall muß der Kundendienst innerhalb kürzester Zeit bei Ihnen vor Ort sein, um die Störung zu beheben.

Als Spezialunternehmen liefert, installiert und betreut die Küstermann Kälte- und Klimatechnik GmbH in Wiesbaden Klimaanlagen jeder Größenordnung für Privathaushalte und Gewerbebetriebe. Auf Bündelfunk setzt das Unternehmen seit Herbst 1995. Damit kann die Zentrale schnell, flexibel und überregional die Mitarbeiter im Außendienst disponieren und unterstützen. Ergebnis: Zehn Stunden Wegezeit pro Mitarbeiter spart das Unternehmen seither jeden Monat ein.

Bündelfunk kannte Rainer Kahl, Kundendienstleiter bei der Firma Küstermann, aus eigenen Recherchen. Selbst an Elektronik interessiert, wußte er

Praxis

Bündelfunk besser als Betriebs- oder Mobilfunk

Bislang arbeitete die Firma Küstermann mit einer eigenen Betriebsfunkanlage. Nachteile:

- geringe Reichweite.
- Bedingt durch die ungünstige geographische Lage, brach der Funkkontakt bereits nach zehn bis fünfzehn Kilometern Distanz ab – völlig unzureichend für ein Unternehmen, dessen Einzugsgebiet das gesamte Rhein-Main-Gebiet umfaßt.
- Störend wirkte sich auch aus, daß ein Frankfurter Paketdienst, der den gleichen Kanal benutzte, die Sprechverbindungen häufig störte oder sogar unmöglich machte.

Mobiltelefone schieden aus:

- zu hohe laufende Kosten. Kundendienstleiter Kahl: „Wir haben zwar Mobiltelefone für unsere Führungskräfte, aber wir nutzen sie sehr diszipliniert. Telefoniert wird so kurz und so effizient wie möglich. Für den Funkverkehr mit unseren Monteuren würde dieser Dienst viel zu teuer."

Nachteil von Bündelfunk:

- Als störend empfinden Rainer Kahl und auch Herr Küstermann die Begrenzung der Sprechzeit beim Bündelfunk: Aus technischen Gründen wird im Bündelfunk eine Funkverbindung nach einer Minute automatisch beendet, um die Kanäle effizient zu nutzen.

Nützliche Tips:

- Prüfen Sie in einem solchen Fall, ob Sie sich nicht gegen Gebühr die Verlängerung der Sprechzeit auf drei Minuten freischalten lassen sollten.
- Wird ein Funkruf vom Monteur nach einer Minute beendet, kann dies bei der Fülle durchzugebender Informationen häufig zu kurz sein. Dann sollte der Monteur kurz die Zentrale anfunken und sich von ihr zurückrufen lassen.
- Auch sollten Sie überlegen, ob sich hier die Mehrkosten von rund 4 DM pro Gerät für die Verlängerung der Sprechzeit nicht durch die vereinfachte Handhabung mehr als rechtfertigen lassen.

gut Bescheid über die aktuellen Entwicklungen im Mobilfunkmarkt. Vom lokalen Funkfachhandel ließ er sich im Herbst 1995 ein Angebot unterbreiten. Küstermann stattete seine Flotte daraufhin komplett mit moderner Bündelfunktechnik aus.

Die Firma Küstermann in Wiesbaden beschaffte dreizehn Einbaugeräte für die Kundendienstfahrzeuge und eine Feststation für die Zentrale. Als Besonderheit kann das Bedienteil der Einbaufunkgeräte abgenommen werden – es funktioniert dann als Taschenrufempfänger. So wird dem Monteur ein Ruf signalisiert, auch wenn er gerade nicht in Fahrzeugnähe ist. Insgesamt investierte Küstermann rund 30 000 DM in die Ausstattung.

Dafür trennte sich das Unternehmen vollständig von der veralteten Betriebsfunktechnik. Als bedeutenden Vorteil nennt Kahl die Reichweite: „Mit Bündelfunk können wir prinzipiell alle Fahrzeuge in unserem gesamten Einzugsgebiet von Rüdesheim bis nach Aschaffenburg und von Gießen bis nach Worms erreichen, auch wenn zwischendurch mal Lücken im Funknetz sind." Wichtig ist Bündelfunk für Kahl vor allem, weil der Tagesablauf so schwer planbar ist: „Wir wissen nie, was auf uns zukommt. Da fährt der Monteur morgens los und weiß, was zu tun ist, und eine halbe Stunde später ist er beim Kunden, und alles sieht ganz anders aus."

Benutzt wird Bündelfunk deshalb für den ständigen Informationsaustausch zwischen Mitarbeiter und Zentrale: Per Funk wird der nächste Einsatzort durchgegeben, nach Möglichkeit werden auch schon vermutliche Störungsursachen erörtert, meldet der Monteur sein Eintreffen, schildert die Situation beim Kunden und bespricht mit seinem Meister die beste Vorgehensweise, fordert Material an oder veranlaßt, daß ein Kollege zur Unterstützung losgeschickt wird. Der Funkverkehr wird dadurch ziemlich aufwendig. Das ist auch ein wichtiger Grund, weshalb Mobiltelefone ausscheiden – die Kosten wären nicht mehr tragbar.

Kosten

Kalkulierbare Wirtschaftlichkeit

Bündelfunk ist nach Ansicht von Fachleuten der wirtschaftlichste Mobilfunkdienst für professionelle Anwender. Die Rechnung ist einfach: Ein Mobiltelefonbenutzer zahlt laut Stiftung Warentest rund 160 DM pro Monat Gesprächsgebühren. Das sind 1920 DM im Jahr. Bündelfunkanwender zahlen null Mark Gesprächsgebühren. Selbst wenn die Mobiltelefone verschenkt werden, rechnet sich Bündelfunk bereits im ersten Jahr der Anschaffung.

Zahlungsflußvergleich (in DM)

	vier Mobiltelefone	fünf Bündelfunkgeräte
Kaufpreis	0	7500
Grundgebühr pro Jahr	3312	3120
Gesprächsgebühren/Jahr	7680	0
Kosten im ersten Jahr	10992	10628
Kosten Folgejahr	10992	3120
Gesamtkosten 5 Jahre	54960	23140

6.7 Bündelfunk auch überregional

Noch vor gar nicht langer Zeit mußte sich Fuhrunternehmer Zimmermann selbst ins Auto setzen, um den 30tonner zu suchen, der gerade Kies zur Straßenbaustelle bei Darmstadt fuhr: Wie sonst hätte er ihm sagen sollen, daß der

Kies zu einer anderen Baustelle im Taunus sollte, weil in Darmstadt ein defekter Bagger die Arbeiten lahmlegte? Heute sind alle Fahrzeuge mit Bündelfunk ausgestattet. Ein Funkruf genügt, und schon steuert der Lastwagen sein neues Ziel an. „3000 DM spare ich jeden Monat allein, weil die Leerfahrten wegfallen", freut sich Zimmermann. Damit haben sich die Kosten für die Ausstattung in einem knappen halben Jahr bereits bezahlt gemacht.

Gerade Fuhrunternehmer mußten allerdings bei Bündelfunk einen Nachteil hinnehmen: Bündelfunk ist grundsätzlich als regionales Kommunikationsnetz gedacht. Das führt vor allem bei Anwendern an den regionalen Grenzen der Netze zu Problemen. Oder bei Unternehmen, die wie Speditionen auch überregional tätig sind.

Doch seit jüngstem kündigt sich hier eine wesentliche Verbesserung des Systems an. RegioKom, derzeit erfolgreichster Anbieter von regionalem Mobilfunk in der Region Berlin/Brandenburg und drittgrößter Bündelfunkanbieter in Deutschland, ist der erste seiner Zunft, der sein Netzangebot bundesweit ausgedehnt hat. Um die immense Aufgabe eines bundesweiten Bündelfunknetzes in Angriff nehmen zu können, mußte das Kapital aufgestockt werden. Dies wurde möglich durch eine neue Partnerin, die kanadische Telesystem International Wireless Corp. (TIW), weltweit operierende Anbieterin von Mobilfunk. Sie hat eine Minderheitsbeteiligung am Berliner Unternehmen erworben.

„Nahezu 20000 Vertragspartner in elf Regionen sind der eindrucksvolle Erfolg unserer energischen Expansionsbestrebungen in den vergangenen Jahren", erklärte RegioKom-Chef Dr. Dietmar Gollnick .

Mit der bundesweiten Expansion seines Netzes könnte RegioKom endlich aus dem Anwenderghetto von Bau- und Baunebengewerbe, Behörden und Dienstleistern raus- und in die Hochburgen der konventionellen Mobilfunknetze C, D und E einbrechen. Dabei kommen RegioKom auch hier die konkurrenzlos günstigen Nutzerkosten von 50 DM pro Monat zugute; Gesprächsgebühren fallen im Bündelfunk auch überregional nicht an. Gollnick: „Jetzt machen wir die auf unsere Kunden zugeschnittenen Mobilfunknetze bundesweit verfügbar. TIW versetzt uns dazu in eine ideale Position."

TIW kommt mit einem stabilen Angebot von Mobiltelefon- und Funkrufdienstleistungen in aller Welt, so etwa in Schwellenländern wie China, Indien, Mexiko und Rumänien. Verfestigt wird die Basis der Kanadier durch eine Palette von Funkdiensten wie Bündelfunk, die sie in zahlreichen Industrieländern Europas wie Großbritannien, Frankreich, Deutschland, Spanien und den Niederlanden anbieten.

6.8 Mobilfunk für Handwerk und Gewerbe

Zahlreiche Mittelständler profitieren bereits vom günstigen Bündelfunk. Rund 30 000 Unternehmen mit 170 000 Teilnehmern zählten die Anbieter von Bündelfunknetzen zum Jahresende 1995. Im Vergleich zu den Millionenzahlen der Mobiltelefone klingt das recht wenig. Während Mobiltelefone heute vorwiegend von Privatleuten gekauft werden, wendet Bündelfunk sich an Gewerbetreibende: Wenn Sie als Unternehmer Mitarbeiter im Außendienst beschäftigen, können Sie mit diesem Mobilfunkdienst schnell und direkt mit ihnen in Verbindung treten.

Hintergrund

Mobilfunk vs. Bündelfunk

Speziell für Sie als mittelständisches Unternehmen bedeutet Bündelfunk, daß Sie genauso Mobilfunk nutzen können wie andere auch – nur zu niedrigen, fest kalkulierbaren Gebühren:

- keine hohen Investitionen in eine eigene Betriebsfunkanlage.
- keine böse Überraschung, wenn die Abrechnung kommt.
- Auf den ersten Blick scheinen dafür die Anschaffungskosten zwar höher zu sein. Bündelfunkgeräte kosten 1400 DM und mehr. Das wirkt aber nur teuer gegenüber Preisen von 90 DM und weniger, die für Mobiltelefone verlangt werden. Aber lassen Sie sich nicht vom Schein trügen: Günstige Mobiltelefone sind subventionierte Mobiltelefone. Die gibt es nur in Verbindung mit einer Telefonkarte eines Netzbetreibers oder Diensteanbieters, und beide holen sich die Preissubvention für das Gerät anschließend über die laufenden Gebühren herein – Geld verschenken kann niemand. So kann Sie das vermeintlich günstige Mobiltelefon teurer zu stehen kommen. Die Stiftung Warentest ermittelte, daß die durchschnittlichen Monatsgebühren bei Mobiltelefonen rund 160 DM betragen – dreimal soviel wie die monatliche Festgebühr für Bündelfunk!
- Als Mobilfunk für gewerbliche Anwender ist Bündelfunk auch ganz speziell auf die Anforderungen seiner Nutzer zugeschnitten: Die robusten Handgeräte vertragen auch mal einen Stoß, wenn sie im Werkzeugkasten liegen, der Verbindungsaufbau erfolgt auf Knopfdruck, und die Technik erlaubt Funkkonferenzen und Gruppengespräche, wenn mehrere mobile Mitarbeiter sich miteinander abstimmen müssen.

6.9 Sprache und Daten durch die Luft

Bündelfunk können Sie aber nicht nur für Sprachkommunikation nutzen. Sie können mit einem mobilen Funksystem Sprechverbindungen mit ihren mobilen Mitarbeitern unterhalten und gleichzeitig Daten für die direkte Verarbeitung austauschen.

Einsatzbeispiele gibt es auch hier genug:

- Der Taxifahrer, der die anzufahrende Anschrift im Klartext angezeigt bekommt, hat keine Zweifel, ob er es richtig verstanden hat.
- Der Fahrer des Betonmischers übermittelt die geladene oder gelieferte Menge, indem er den Zahlenwert über seine Tastatur eingibt.
- Sogar ein kompletter Lieferschein kann übertragen und vor Ort ausgedruckt werden – mit allen aktuellen Daten, die zuvor übermittelt wurden.

Praxis

Verfahren der Datenübertragung

Bündelfunk bietet mehrere Verfahren zur mobilen Datenübertragung:

- Im einfachsten Fall werden mit dem Rufsignal bis zu 32 zuvor festgelegte verschiedene Statusmeldungen übertragen. Sie können sie zur Übermittlung einer programmierten Kurzmeldung, eines Alarms oder als Fernwirksignale für ständig gleiche Abläufe einsetzen. Für diese Form der Statusübermittlung brauchen Sie in der Regel keine zusätzlichen Gebühren an Ihren Netzbetreiber zu bezahlen. Erst bei höherer Anzahl pro Tag werden Ihnen 1 bis 2 Pfennig pro Übertragung berechnet.
- Ist die Datenmenge größer, können Sie mit der Kurzdatenübertragung (SDM) bis zu 100 Zeichen zwischen den einzelnen Funkgeräten übertragen.
- Im einfachsten Fall geben Sie die Zeichen über eine Tastatur ein, sie werden auf dem Display des Empfängers angezeigt. Ist am Funkgerät ein Rechner angeschlossen, so können Sie diese Nachrichten direkt zwischen PC und Funkgerät austauschen. Anwendungen sind Adressen, Liefermengen oder ähnliche Kurzinformationen.
- Kurzdatenübertragung müssen Sie im Netz Ihres Bündelfunkbetreibers für die einzelnen Teilnehmer ihres Unternehmens freischalten lassen. Hierfür müssen Sie mit Kosten von ca. 2 Pfennig pro Übertragung rechnen.

- Für höhere Übertragungsmengen benötigen Sie Modems mit Übertragungsraten bis zu 2400 Bit/Sekunde. Damit schaffen Sie innerhalb von 60 Sekunden die Übertragung von über 10 000 Zeichen – das sind rund vier Lieferscheine. Die Gebühren für diese elegante Art der Datenübertragung müßten Sie bei Ihrem Netzbetreiber erfragen, sie liegen aber zwischen 50 und 80 Pfennig pro Minute – weniger, als Sie ein Brief oder andere Mobilfunkdienste zur Datenübertragung kosten würden.

Hintergrund

Wem nutzt Bündelfunk?

Mobilfunk wird genutzt für Gespräche und Datenaustausch zwischen mobilen Teilnehmern und einer Zentrale.
Bündelfunk eignet sich grundsätzlich für alle Unternehmen, die mobile Kommunikation benötigen:
Abschleppdienste, Arzneimitteltransporte, Bauunternehmen, Bestattungsinstitute, Campingplätze, Containerdienste, Detekteien, Diakonie, Elektrohandwerk, Energieversorgung, Fahrschulen, Feuerwehr, Gebäudereiniger, Gefahrguttransporte, Hafenverwaltungen, Heizölhandel, Immobilienmakler, Installateure, Jäger, Justizanstalten, Krankentransporte, Kurierdienste, Landvermesser, Lottogesellschaften, Motorsportclubs, Mülltransporte, Nahverkehrsbetriebe, Naturparks, Ofensetzer, Ordnungsdienste, Pannendienste, Partyservice, Raffinerien, Reitschulen, Schlüsseldienste, Sicherheitsdienste, Taxiunternehmen, Tierärzte, Umweltschützer, Unfallrettung, Verkehrsbetriebe, Vermessungsdienste, Wachdienste, Wasserwirtschaft, Zeitungsdienste, Zollämter.

6.10 Die Funktionen von Bündelfunk

Bündelfunk verfügt über Funktionen, die Sie beim Betriebsfunk nicht haben, ja nicht einmal bei Mobiltelefonen der D-Netze. Zusätzlich steht Ihnen aber Funktelefonie offen – neben den Leistungsmerkmalen, die auf Ihren Bedarf in gewerblicher Anwendung zugeschnitten sind:

- Jedes Bündelfunkgerät verfügt über eine eigene Rufnummer. Über diese Rufnummer ist jeder Teilnehmer im Netz gezielt anrufbar, und bei jedem

Ruf vom Gerät aus erscheint die Nummer des Anrufers im Display des Angerufenen. Die Rufnummer ist im Gerät fest programmiert und kann vom Benutzer nicht verändert werden.

Hinweis: Ein Bündelfunkgerät stehlen lohnt nicht. Im Bündelfunknetz wird die Rufnummer des Gerätes gesperrt, so daß der Dieb keine Chance zur Benutzung hat.

- Bei Bündelfunk haben Sie die Möglichkeit zur Konferenzschaltung, bei der weitere Teilnehmer in ein laufendes Gespräch einbezogen werden. Diese Funktion haben Sie bei Funktelefonen nicht.
- Wollen Sie einer ganzen Gruppe von Bündelfunkteilnehmern eine Nachricht gleichzeitig übermitteln – eine Umfrage, eine Warnung oder einen Hinweis –, verwenden Sie den Gruppenruf. Für die Flotte Ihres Unternehmens können Sie beispielsweise mehrere Gruppen definieren, die dann jeweils als Gesamtheit angesprochen werden. So haben die Mitglieder Ihrer Gruppen auch eine Mitsprachemöglichkeit. Eine solche Funktion ist im D-Netz erst in Vorbereitung.
- Bei Bündelfunk haben Sie grundsätzlich einen Übergang zu privaten Nebenstellenanlagen sowie zum öffentlichen Fernsprechnetz. Sie müssen ihn allerdings im einzelnen Endgerät freischalten. Das hat für Sie den Vorteil, daß Sie gezielt vorgeben können, wer von Ihren Mitarbeitern im öffentlichen Netz telefonieren darf und wer nicht.
- Mit einigen Bündelfunkendgeräten können Sie gleichzeitig hören und sprechen im Vollduplex-Betrieb. Damit können Sie im Bündelfunknetz mobil telefonieren – wie im C- oder D-Netz.
- Per Tastendruck können Sie Anrufe für Ihre Rufnummer zu einem anderen Gerät umleiten. Und das von jedem Teilnehmergerät aus – auch auf Apparate Ihrer privaten Nebenstellenanlage oder eine beliebige Rufnummer im öffentlichen Fernsprechnetz können Sie umleiten. Eine solche Flexibilität wird Ihnen derzeit bei keinem anderen Mobilfunkdienst geboten.
- Ist ein gerufener Teilnehmer gerade besetzt oder nicht erreichbar, so können Sie automatischen Rückruf wählen: Das Bündelfunksystem stellt dabei automatisch Ihre Verbindung her, sobald der gewünschte Teilnehmer erreichbar ist – Standard bei modernen Nebenstellenanlagen, aber im Mobilfunkbereich nur bei Bündelfunk zu haben.
- Jedes Bündelfunkendgerät ist von Haus aus mit Grundfunktionen zur mobilen Datenübertragung ausgestattet. Für kleinere Datenmengen zahlen Sie keine Gebühren, bei größeren eine wie versichert wird nur geringe Zusatzgebühr an Ihren Netzbetreiber. Die Datenübertragung funktioniert

dabei parallel oder alternativ zur Sprachkommunikation. Kein anderes Mobilfunksystem kann zu vergleichbaren Kosten sowohl Sprache als auch Daten übertragen.

Die Funktionen im Vergleich

Funktion	Betriebsfunk	D-Netze	E-Plus	Bündelfunk
Reichweite	lokal	europaweit	regional	regional
Betriebsart	Wechselsprechen	Gegensprechen	Gegensprechen	Wechsel-/ Gegensprechen
Diskretion	nein	ja	ja	ja
Selektivruf	(ja)	ja	ja	ja
Gruppenruf	ja	(nein)	nein	ja
Konferenz	ja	nein	nein	ja
Telefonzugang	(nein)	ja	ja	ja
Anruferidentifizierung	(nein)	nein	nein	ja
Automatischer Rückruf	nein	nein	nein	ja
Rufumleitung	nein	ja	ja	ja
Datenübertragung	nein	(ja)	(ja)	ja
Gerätepreis (ca. DM)	1400–4000	300–2500	300–1500	1500–2500
monatl. Grundgebühr (DM/Gerät)	5	70	70	ab 26
Gesprächsgebühr (ca. DM/Monat)	0	250	180	0

6.11 Was Bündelfunk kostet

Grundsätzlich kostet Sie Mobilkommunikation mit Bündelfunk nichts außer der Grundgebühr. Zwar ist die Verbindungsdauer für eine Nachricht begrenzt, grundsätzlich erfolgt jedoch die gesamte Mobilkommunikation innerhalb der vom Netzbetreiber bedienten Region zum Nulltarif.

Mit der festen Grundgebühr sind alle Kosten abgegolten. Nutzungsabhängige Gebühren entstehen im Normalfall nicht. Die Aufstellung zeigt die Gebühren für Bündelfunk. Die Unterschiede zwischen dem Angebot der DeTeMobil und den privaten Anbietern sind gering.

Einmalig: Anmeldung pro Netz und Kunde	65 DM
Monatlich: Festgebühren bis 9 Geräte pro Gerät	52 DM
Zugang zu einem weiteren Netz	20 DM
Kurzdatenübertragung	10 DM
Zugang zum Telefonnetz	10 DM
Prioritätsverbindung	30 DM

Wird vom Bündelfunknetz aus im öffentlichen Fernsprechnetz funktelefoniert, so werden normale Ferngesprächsgebühren berechnet. Montag bis Freitag zwischen 8 und 18 Uhr kosten jeweils 8 Sekunden eine Einheit zu 0,23 DM, in der übrigen Zeit wird für jeweils 20 Sekunden eine Einheit fällig. Funktelefonieren mit Bündelfunk kostet demnach ca. 1,75 DM in der Hauptgeschäftszeit.

Bündelfunk kontra Mobiltelefon

Modellrechnungen zeigen, daß Mobiltelefon selbst dann noch rund dreimal so teuer wie Bündelfunk ist, wenn die Funktelefone verschenkt werden. Die im folgenden Rechenbeispiel kalkulierten Gesamtkosten ergeben sich aus der Beschaffung der Endgeräte und einer festen monatlichen Pauschale, die sich aus dem benötigten Leistungsumfang ergibt.

Zahlungsflußvergleich Mobiltelefon – Bündelfunk

Basis: vier mobile Teilnehmer, fünfjährige Nutzungsdauer, alle Angaben in DM zuzüglich Mehrwertsteuer

	Mobiltelefon	Bündelfunk
Anschaffung:	0	9500
jährliche Grundgebühr	3360	3120
ca. Sprechgebühren/Jahr:	12000	0
Kosten/1. Jahr:	15360	12620
Kosten Folgejahre:	15360	3120
Kosten 5 Jahre:	76800	25100

Über einen Zeitraum von fünf Jahren betragen demnach die Gesamtkosten für Mobiltelefone rund das Dreifache der Kosten für Bündelfunk. An dieser Kostenrelation wird sich nach Auffassung von Marktkennern in den kommenden Jahren wenig ändern, denn der Preisverfall bei Endgeräten betrifft gleichermaßen Funktelefone wie auch Bündelfunkgeräte. Auch die Einführung eines

Regionaltarifs für Mobiltelefone wird den Kostenvorteil des Bündelfunks nicht ausgleichen können.

Hintergrund

Wer bietet Bündelfunkleistungen?

Die Deutsche Bundespost Telekom Mobilfunk (DeTeMobil) und private Netzbetreiber. Beide sind in allen wichtigen Wirtschaftsräumen präsent. Die DeTeMobil verweist dabei auf ihr flächendeckendes Netz. Die privaten Anbieter, die in der Interessengemeinschaft der Privaten Bündelfunkbetreiber (igb) zusammengeschlossen sind, nehmen bessere Serviceleistungen und höhere Flexibilität für sich in Anspruch.

Der Einsatz von Bündelfunk ist so einfach wie der Zugang zu den Mobiltelefonnetzen D1 und D2: Die Funkgeräte sind Standardprodukte. Sie können sie im Funkfachhandel kaufen. Im Vertrag mit einem regionalen Netzbetreiber wird festgelegt, welche Leistungen in Anspruch genommen werden sollen. Der Funkfachhandel übernimmt den Einbau Ihrer Geräte in Fahrzeuge und programmiert in ihnen die gewünschten Funktionen. Umfangreiche Anmeldungs- und Genehmigungsprozeduren, wie Sie sie vielleicht noch vom Betriebsfunk her kennen, brauchen Sie beim Bündelfunk nicht zu befürchten.

Der Weg zu Bündelfunk

Am längsten dauert der Einbau des Funkgeräts in das Fahrzeug. Wenn Sie Bündelfunk sofort nutzen wollen, gehen Sie am besten zu einem lokalen Funkfachhändler, kaufen dort für ca. 1500–3000 DM ein Funkgerät, lassen es vom Händler programmieren und unterschreiben den Nutzungsvertrag mit Ihrem örtlich tätigen Netzbetreiber. Doch Vorsicht! Denn nicht überall, wo Funkfachhändler draufsteht, kann man Ihnen auch Bündelfunk verkaufen. Nicht wenige versuchen, Ihnen ein D Netz Gerät zu verkaufen. Grund: Der Aufwand ist für den Händler geringer und seine Provision höher. Die Gesprächsgebühren zahlen ja Sie, der Kunde.

7 Satellitenfunk

Die globale Lösung

Stellen Sie sich vor, Ihr Unternehmen soll im Rahmen internationaler Aufbauhilfe im asiatischen Teil der Russischen Föderation dortige Unternehmen bei der Modernisierung von Fabriken unterstützen – Sie müssen Mitarbeiter, die erreichbar sind, auf Montage entsenden, denn der tägliche Kontakt mit Ihrer Firmenzentrale in Deutschland ist unternehmenswichtig.

Oder Sie sind Arzt. Ihre Krankenhausorganisation ist in der Entwicklungshilfe in Zentralafrika, im südamerikanischen Dschungel oder im Gangesdelta aktiv tätig – Sie benötigen den direkten Draht nach Hause, um im Fall der Fälle den benötigten Medikamentennachschub anzufordern.

Oder, oder, oder ... Die Beispiele lassen sich beliebig vermehren, für die schon bald die universelle Erreichbarkeit für Ihr Unternehmen erfolgsentscheidend sein kann. Weltumspannende Satellitensysteme sollen in naher Zukunft weltumspannende Satellitentelefonie ermöglichen. Vier Systeme stehen unmittelbar vor Eröffnung des kommerziellen Betriebes. Mit ihnen sollen Sie künftig an jedem Punkt der Erde erreichbar sein – egal ob in Deutschland, am heißen Äquator oder am kühlen Pol.

7.1 Iridium: 66 kleine Satellitelein

Am spektakulärsten war die auf der Internationalen Funkausstellung 1997 in Berlin gemachte Ankündigung des amerikanischen Satellitenbetreibers Iridium, ein erstes Roamingabkommen mit den deutschen Netzbetreibern E-Plus und Mannesmann Mobilfunk (D2 privat) abgeschlossen zu haben.

Wenn Sie Teilnehmer der Mobilfunknetze E-Plus oder D2 privat sind, können Sie sich freuen: Über Iridium sollen Sie dann schon ab September 1998 unter ihrer heutigen Telefonnummer weltweit, auch außerhalb der GSM-Versorgung, erreichbar sein.

Das wird insbesondere für diejenigen Ihrer Geschäftspartner interessant, die Sie anrufen möchten (oder sollen), denen Sie aber nicht zumuten möchten, sich mehrere Rufnummern zu merken, unter denen Sie (wann?) erreichbar sind: Sie müssen sich keine neue Rufnummer oder Vorwahl merken, denn Sie sind unter Ihrer allseits bekannten Rufnummer erreichbar, unter der Sie auch daheim angerufen werden können.

Möglich soll dies einerseits durch das Netz von Iridium werden. Es besteht aus 66 Satelliten (ursprünglich hätten es 77 sein sollen, so viele wie das chemische Element Iridium Atome hat), die in 780 Kilometer Höhe um die Erde kreisen.

Andererseits verbindet Iridium künftig auch terrestrische Netzstandards miteinander. Sie – oder Ihr Geschäftspartner – wählen das in der jeweiligen Situation geeignete Netz aus: GSM oder IS–41, den in den USA üblichen terrestrischen Standard, oder die Iridium-Satellitenkonstellation.

So soll es im nächsten Jahr möglich sein, mit allen gängigen mobilen Telefonkarten, den SIM-Karten, unter der gewohnten Telefonnummer auch global erreichbar zu sein. Iridium will dabei terrestrische Netze mit dem Satellitennetz, und sogar nicht kompatible Netze miteinander verbinden.

Und dies nicht nur mit einer Iridium-Mobilfunkkarte, sondern auch mit den meisten bereits auf dem Markt befindlichen mobilen Telefonkarten wie beispielsweise D1, D2 oder E-Plus – wovon indes mit D1 noch keine Vereinbarungen getroffen sind. Wann und zu welchen Bedingungen es solche geben wird, ist derzeit unklar. D1 gehört dem Telekom-Tochterunternehmen T-Mobil und das hat in Sachen Satellitentelefonie eigene Rechte und Interessen, die denen von Iridium zuwiderlaufen könnten.

Dieses Angebot soll noch durch einen grenzüberschreitenden globalen Pagingdienst ergänzt werden. Sind Sie einmal nicht erreichbar – was ja vorkommen soll, z. B. wenn Sie auf der anderen Seite der Erdkugel Ihre wohlverdiente Nachtruhe halten –, so hat Ihr Geschäftspartner in Deutschland die Wahlmöglichkeit, entweder eine Nachricht auf Ihrer Mobilbox zu hinterlassen oder Ihnen eine Pagingnachricht zu senden. Und dies weltweit, ohne wissen zu müssen, wo Sie sich gerade aufhalten. Ab Frühjahr 1999 versprechen Ihnen die Iridium-Macher auch noch die weltweite Erreichbarkeit per Telefax und Datenübertragung.

Mit dem Abschluß der Roamingverträge mit E-Plus und Mannesmann Mobilfunk hat Iridium in der Tat einen wichtigen Schritt vor allem zur Einführung seiner Dienste in Deutschland vollzogen. Die Unterzeichnung einer Reihe weiterer Roamingverträge wurde für die nahe Zukunft angekündigt.

Läuft alles nach Plan, könnten Sie ab September 1998 wenigstens als Mobilfunkkunde von D2 und E-Plus hierzulande Ihre gewohnte Telefonnummer behalten und zusätzlich zu diesen beiden heutigen Mobilfunknetzen auch das Satellitennetzwerk von Iridium nutzen. Die einzig notwendige Umstellung für Sie wird die Anschaffung eines neuen Handys sein, welches verschiedene Netzstandards nutzen kann. Sie müssen sie aber nicht unbedingt kaufen, sondern werden sie bei Bedarf auch ausleihen können. Ebenfalls schon ab September 1998 wollen vorerst die beiden Hersteller Motorola und Kyocera Modelle mit verschiedenen Leistungsmerkmalen auf den Markt bringen.

Eine kleine Pikanterie am Rande im Zusammenhang mit dem schärfsten Konkurrenten für Iridium, Inmarsat, zeigt die eigenen Gesetze des Marktes. An diesem Konsortium ist nämlich ebenfalls der US-Carrier Sprint beteiligt. Sprint wiederum ist mit der Deutschen Telekom durch verschiedene Kontakte verbandelt, unter denen am bekanntesten das zusammen mit der französischen Netzgesellschaft France Télécom betriebene weltweite Joint-venture „Global One“ wurde. Zudem haben die Deutsche Telekom und France Télécom für jeweils rund 1,8 Mrd. Dollar je 10 Prozent der Aktienanteile an Sprint erworben (und es könnten noch mehr werden). Dadurch hat der deutsche Carrier bereits einen dritten Fuß ins weltumspannende Satelliten-Telefon-Geschäft gesetzt, vorausgesetzt, man befürchtet nicht selbst Interessenskonflikte, oder die Kartellbehörden legen ihr Veto ein.

Die anderen beiden Füße hat die Telekom über die internationale Satellitenorganisation Inmarsat in diesem Markt. Inmarsat, ursprünglich aus dem Geschäft mit maritimen Ortungssatelliten hervorgegangen, betreibt seit einigen Jahren Dienste, die ihr den sanften Einstieg ins Satellitentelefongeschäft gleichsam automatisch in die Wiege legten. Inmarsat-C z. B. hat sich nicht nur im Praxiseinsatz auf hoher See bewährt, sondern befindet sich auch beim weltweiten Management von Lkw-Flotten in der Anwendung.

Der digitale Inmarsat-B-Dienst ermöglicht Ihnen neben Telefon-, Fax- und Datenverbindungen auch Rundfunk- und Fernsehübertragungen sowie den Austausch größerer Datenmengen über den Orbit.

Wie bei Iridium sind Sie theoretisch auch mit InmarsatPhone weltweit

Hintergrund

Inmarsat, ein Zusammenschluß von 79 Telekommunikationsunternehmen aus 76 Ländern, betreut heute rund 60 000 Kunden. Dazu gehören internationale Organisationen wie die UNO oder die Welthungerhilfe. Die Deutsche Telekom ist seit 1979 im Inmarsat-Konsortium vertreten. T-Mobil ist für die Vermarktung der Inmarsat-Dienste in Deutschland verantwortlich. Über drei Kommunikationssatelliten in 36 000 Kilometer Höhe sorgt der Dienst bereits jetzt für die Verbindungen von und zu allen Kontinenten, allerdings nur den wichtigsten Wasserstraßen und den Küstenregionen. Mit dem vierten Satelliten, der im Mai 1997 von einer Ariane-Rakete ins All transportiert wurde, deckt das InmarsatPhone-Netz mittlerweile das komplette Festland des Erdballs ab.

unter Ihrer persönlichen Rufnummer erreichbar und können unabhängig von der Telekommunikationsinfrastruktur vor Ort ebenso weltweit telefonieren.

Die neue Satellitengeneration von Inmarsat nutzt die Spot-Beam-Technologie, die die Ausleuchtbereiche der Satelliten in fünf kleine und damit präzisere Segmente unterteilt, als dies bei den Vorgängersatelliten der Fall war. Deshalb benötigen Sie mit dem neuen Telefon auch nur eine geringere Sendeleistung und im Vergleich zu früher kleinere Endgeräte.

Wie mit den Konkurrenzgeräten von Iridium haben Sie auch bei InmarsatPhone die Möglichkeit, Telefaxe und Daten zu verschicken und zu empfangen. Die Geschwindigkeit der digitalen Übertragung wird mit 2,4 Kilobit pro Sekunde angegeben. Eine beschriebene Faxseite übermitteln Sie dann zum Beispiel etwa in ein bis zwei Minuten. Leistungsmerkmale wie Freisprecheinrichtung oder Wahlwiederholung sollen die Handhabung der InmarsatPhone-Geräte zusätzlich bequemer machen.

Auch in Sachen Kompatibilität hinkt man dem späteren Iridium-Dienst keineswegs hinterher. Dort wie hier werden die von den GSM-Netzen her bekannten SIM-Karten angewendet. Ihre InmarsatPhone-Rufnummer ist auf der Karte gespeichert und damit – im Gegensatz zu anderen Inmarsat-Diensten – von dem von Ihnen benutzten Telefon unabhängig. Sie können so mit Ihrer SIM-Karte auch andere InmarsatPhone-Geräte nutzen. Über Ihre SIM-Karten werden Ihre Gesprächsgebühren jederzeit getrennt abgerechnet. Darüber hinaus können Sie bis zu 100 persönliche Rufnummern auf Ihrer SIM-Karte speichern. Weiter können Sie bei InmarsatPhone folgende Dienste in Anspruch nehmen:

- seit Mitte 1997 *Kurznachrichten* (Short Message Service).
- *Mobilbox* zur Speicherung Ihrer Sprachnachrichten und
- ab Jahresbeginn *automatisches Mobilitätsmanagement*, das für den einfacheren Aufbau einer Verbindung sorgen soll. Wenn Sie vom Festnetz zum InmarsatPhone telefonieren, geben Sie direkt die entsprechende Inmarsat-Telefonnummer ein. Bis zur Jahreswende müßten Sie noch die Vorwahl des entsprechenden Satelliten wählen. Mit dem Mobilitätsmanagement will man Ihnen das Telefonieren so einfach wie in Ihrem digitalen Mobilfunknetz machen, verspricht T-Mobil.

Ob sich der Einsatz für Ihren Bedarf lohnt, sollten Sie vorher gut überlegen. Denn billig ist schon das Gerät nicht – die subventionierten Gerätepreise von einer symbolischen Mark, wie sie bisweilen im Mobilfunknetz angeboten wurden, können Sie hier vergessen. Bei InmarsatPhone müssen Sie mit einem Preis von etwa 6500 DM und mehr für ein Gerät rechnen – fast 2000 DM mehr, als Sie für ein Iridium-Gerät hinlegen müßten. Trostpflaster: Wahrscheinlich können Sie zu einem späteren Zeitpunkt sich auch ein Leasingangebot machen lassen. Insgesamt erwartet T-Mobil in einem ersten Schritt eine vierstellige Zahl neuer InmarsatPhone-Kunden. Ich würde mich an Ihrer Stelle danach erst um ein Angebot bemühen. Vielleicht sehen dann auch die Endgerätepreise für Sie schon etwas besser aus. Wenden Sie sich dann bitte an T-Mobil, die Deutsche Telekom oder DeTeSystem, einen Fachhändler oder auch einen der Endgerätehersteller, die mit der Vermarktung des Dienstes betraut sind.

7.3 ICO – das Spot-Beam-Telefon

Wenn Sie noch etwas warten können, sollten Sie vielleicht überlegen, ob nicht auch ein „Welthandy“ von ICO Global Communications Ihren Ansprüchen genügen könnte. ICO ist eine private Satellitenorganisation mit Sitz in London, die sich ursprünglich als Inmarsat-P von Inmarsat abgetrennt hat. Gewissermaßen der zweite Fuß von T-Mobil im Markt. Das Unternehmen ist einer der größten Anteilseigner von ICO. Die Deutsche Telekom AG selbst ist mit acht Prozent direkt und über Inmarsat zusätzlich indirekt finanziell an ihr beteiligt.

ICO verfolgt wie Iridium das Projekt einer persönlichen mobilen Telekommunikation weltweit auf Basis einer neuen Satellitengeneration. Das Projekt soll spätestens zur Jahrtausendwende realisiert werden – können Sie Ihre Satellitentelefonpläne notfalls noch bis dahin aufschieben? Bis dahin sollen zwölf Satelliten in den Orbit geschickt werden und die Endgeräte auf die Größe heute gebräuchlicher Handys schrumpfen.

Das ICO-Handy nutzt wahlweise den terrestrischen oder den satellitengestützten Mobilfunk, je nachdem, ob ein GSM-Netz verfügbar ist oder nicht. T-Mobil will den Service in Deutschland, Europa und in anderen Regionen der Welt anbieten.

Am ICO-System sind insgesamt 47 Investoren aus 44 Ländern beteiligt. ICO soll in erster Linie kombinierte GSM-Satellitendienste vermarkten. Auch wenn Sie dieses System anwenden, sollen Sie sowohl terrestrischen wie satellitengestützten Mobilfunk nutzen können. Damit sollen Sie auch in solchen Regionen kommunizieren können, in denen Sie sonst keine Kommunikationsversorgung durch ein terrestrisches Netz, sei es GSM oder ein anderes regionales Netz, vorfänden.

Sie hätten dabei ein Endgerät in der Größe Ihres heutigen Handys, und

Sie könnten damit sowohl über GSM-Netze als auch über Satellit kommunizieren, wären somit also ebenfalls überall unter Ihrer *einen* persönlichen Rufnummer erreichbar.

ICO bietet Ihnen ebenfalls weltweite Kommunikation mit einem Gerät und unter einer einzigen Rufnummer. Dabei gibt es Übergänge vom Satellitennetz in die terrestrische Infrastruktur und umgekehrt.

Versprochen werden bei ICO attraktivere Einstiegspreise als bei den konkurrierenden LEO-Technologien. Wenn auch, und das sollten Sie bei Ihren Überlegungen in diese Richtung nicht außer acht lassen, das Preisniveau von ICO immer wesentlich über den gewöhnlichen Mobilfunktarifen liegen wird. Sie werden also auf absehbare Zeit wohl kaum vor die Wahl gestellt werden, Ihr altes Mobilfunkverhältnis aufzukündigen und nur noch über ICO-Satelliten zu telefonieren, wenn auch dies von der Frage der Verfügbarkeit des Systems her gar nicht so weit hergeholt sein dürfte. Sie soll die der heutigen Handys nach Aussagen der Deutschen Telekom eher noch übertreffen. Denn aufgrund der Anwendung des „Satelliten-Diversity"-Prinzips werde jedes Signal über zwei Satelliten gleichzeitig gesendet und empfangen und das stärkste Signal herausgesucht. Verbindungsunterbrechungen würden dadurch praktisch ausgeschlossen.

7.4 Das Jahr von Globalstar: 1999

Ein weiterer Verfolger des Spitzentrios der drei „I"s – Iridium, Inmarsat und ICO – ist die Firma Globalstar mit Sitz in San Jose in Kalifornien. Einst von Ford Aerospace für satellitengestützte Verkehrskommunikation erdacht und von Loral Space & Communication Ltd. und Qualcomm Inc. 1991 gegründet, umfaßt das Konsortium derzeit die Unternehmen AirTouch Communications, Dacom/Hyundai, France Telecom/Alcatel, Daimler-Benz Aerospace, Vodafone, Alenia Spazio, Elsag Bailey und Finmeccanica.

Globalstar benötigt für sein Netz, das mobile und Festnetzkommunikation für Sprach-, Daten- und Telefaxübertragung bieten soll, Investitionskapital in Höhe von 2,5 Mrd. Dollar. Und dies rechtzeitig genug, um bereits 1999 nicht nur zu starten, sondern schon Umsätze zu erwirtschaften.

Das System nutzt weitestgehend bestehende terrestrische Infrastrukturen. So verbindet das Satellitennetz die Gesprächspartner nicht direkt miteinander, sondern ein Gateway verbindet rufende und gerufene Station über das öffentliche leitungsvermittelte Telefonnetz.

Das Netz besteht aus 56 Satelliten im erdnahen Orbit (LEO wie Iridium), 48 für den laufenden Betrieb, 8 in Reservestellung ebenfalls in Orbitposition.

Die Lebensdauer der Satelliten wird mit mindestens siebeneinhalb Jahren angegeben.

Später einmal sollen Sie Handys entweder von Qualcomm Inc. beziehen können: dies sind trimodale Handys für Verbindungen zwischen Globalstar und dem amerikanischen analogen AMPS-Standard und zum amerikanischen digitalen Standard CMDA. Oder Sie beziehen dualmodale Handys Marke Orbitel/Ericsson und Telital (Italien) für Verbindungen zwischen Globalstar und dem GSM. Preise werden noch nicht genannt.

7.5 Mit Space Odyssey ins Jahr 2001

Vorerst letzter Aspirant im Wettbewerb um ein Satellitentelefonsystem ist „Odyssey". Erst im Februar 1997 hat TRW das erste Patent vom europäischen Patentamt für das Design dieses Systems erhalten. Der Patentschutz gilt bis zum Jahr 2012 für die Länder Großbritannien, Frankreich, Deutschland und Italien.

Odyssey soll im Jahr 2001 in Betrieb gehen. Wenn Sie dann am Odyssey-Dienst teilnehmen sollten, werden Sie ebenfalls theoretisch mit Ihrem Mobiltelefon von jedem Punkt der Erde aus jeden Telefonanschluß weltweit erreichen können.

Das System unterteilt die Erde in Serviceregionen. Befinden Sie sich nun in einer solchen Serviceregion und rufen aus ihr jemanden an, so wird Ihr Anruf anhand vorher festgelegter Kriterien einem der Satelliten zugeteilt und Ihr Mobiltelefon mit dem Telefon Ihres Gesprächspartners über den jeweiligen Satelliten und eine Erdstation verbunden.

Betreiber und Entwickler von Odyssey ist die Odyssey Telecommunications International Inc., deren Gründer wiederum die Unternehmen TRW mit Hauptsitz in Cleveland, Ohio, und die kanadische Telefongesellschaft Teleglobe Inc., Montreal, sind. TRW baut das System. Es besteht aus 12 Satelliten sowie sieben Bodenstationen, die über ein weitverzweigtes globales Glasfasernetz miteinander verbunden sind. Wann mit dem Netzaufbau begonnen werden soll, ist noch unklar.

Odyssey-Mobiltelefone sollen Ihnen eine Dualwahlmöglichkeit bieten, so daß Sie auch als Odyssey-Teilnehmer über bestehende zellulare Netze telefonieren können sollen.

7.6 Der Markt für Satellitentelefonie

Nicht alle bestehenden terrestrischen Mobilfunknetze sind miteinander verbunden. D2 zum Beispiel hat Roamingabkommen nur mit 52 Ländern, D1 mit 51. Ein Roaming z. B. in Amerika, schließlich ein Hauptzielland deutscher Privat- wie Geschäftstouristen, ist nur unter erschwerten Bedingungen möglich. Ausgerechnet hier sind nämlich die Systeme nicht kompatibel, die Versorgung mit dem europäischen Mobilfunkstandard GSM nur unzureichend.

Mit Japan, einem zweiten zentralen Zielland zumindest deutscher Geschäftsreisender, ist erst seit der Funkausstellung 1997 ein Roaming mit dem deutschen D1 (T-Mobil) möglich. Und in 93 Prozent der Erde fehlt jede mobile Telekommunikation.

An dieser Situation wird sich in absehbarer Zeit hinsichtlich der heutigen Netzstrukturen, Telefongesellschaften und Service Provider wohl auch nur unwesentlich etwas ändern. Die Satellitenkommunikation gilt auch deswegen als wachstumsträchtiger Zukunftsmarkt. In fünf Jahren sollen laut T-Mobil-Chef Lothar Hunsel weltweit schon acht Millionen Menschen via Satellit telefonieren. Die Einnahmen für die Branche sollen sich dann auf insgesamt 8,5 Milliarden US-Dollar belaufen.

Checkliste

Wem nützt ein Satellitentelefon?

So rosig die Aussichten sind, die die Satellitennetzbetreiber uns an den Zukunftshorizont malen – Sie sollten sich vor der Entscheidung für oder gegen ein Satellitentelefon folgende Fragen überlegen:

- Lohnt sich dieser Einsatz? Bedenken Sie: Der Minutenpreis für ein Satellitentelefonat beträgt 4 DM und mehr!
- Müssen Sie weltweit geschäftlich mobil erreichbar sein? Überall auf der Welt, ob in der Wüste Gobi oder am Kap Hoorn?
- Dies könnte der Fall sein, wenn Sie oder Mitarbeiter Ihres Unternehmens beispielsweise im Entwicklungshilfebereich, bei der Aufbauhilfe in Ländern des ehemaligen Ostblocks oder der dritten Welt, im internationalen Transportwesen (vor allem Schiffahrt), in der Forschung an entlegenen Plätzen der Erde wie den Polen o. ä. tätig sind und dort erreichbar sein müssen.
- Läßt sich Ihre Entscheidung noch aufschieben? Bedenken Sie, daß mit zunehmender Teilnehmermasse eines Dienstes auch seine Preise fallen.

- Überlegen Sie genau, ob sich für Ihren Bedarf nicht auch die Verwendung eines weit preisgünstigeren und in großen Teilen der Welt ebenfalls universal verfügbaren terrestrischen Netzes anbietet. Schließlich sind auch die terrestrischen Netze als Konkurrenten des Satellitentelefons bereits in Betrieb, versorgen bereits Millionen von Teilnehmern mit mobiler Erreichbarkeit in Räumen mit Massenmärkten oder zumindest dem Potential dafür.

Bedenken Sie, daß unter Umständen das eine oder andere Satellitentelefon-Projekt noch unerwartet aufgeschoben, wenn nicht gar ganz aufgehoben werden kann. Zu verzweigt ist das Geflecht vor allem der nötigen Lizenzen, nationalen Erfordernisse, Notwendigkeiten für das Zusammenwirken mit terrestrischen Netzen, noch dazu in all ihrer derzeitigen Unterschiedlichkeit. Auch könnten Querverbindungen zwischen den Systembetreibern wie etwa der Deutschen Telekom und ihrer Tochtergesellschaft T-Mobil gleich zu drei Systemen für Veränderungen am Markt sorgen.

Praxis

Globale Erreichbarkeit

Wenn Sie weltweit unterwegs sind und auch an entlegenen Orten oder solchen ohne mobile Telekommunikationsversorgung über einen terrestrischen Netzbetreiber erreichbar sein wollen, bietet Ihnen künftig Satellitenbetreiber Iridium die Möglichkeit dazu. Dabei können Sie sich grundsätzlich zwischen zwei Möglichkeiten entscheiden:

- Entweder Sie bleiben oder werden Kunde eines digitalen Telefonnetzes, beispielsweise E-Plus, und erwerben – gekauft oder geliehen – ab September 1998 ein satellitenfähiges Handy (Dual Mode, Triple Mode oder Multi Mode). Sie sollten dann theoretisch sofort in allen Ecken der Erde telefonieren können – wohlgemerkt: nur je nach Fortschritt der Vertragsabschlüsse Iridiums mit den Netzbetreibern am Boden. Dies dann allerdings wahlweise in allen gängigen digitalen Mobilfunknetzen wie GSM (vorwiegend Europa), AMPS (USA) und PDC (Japan) sowie auch bei fehlender terrestrischer Funkabdeckung via Iridium-Satellit. Die jeweilige Netzwahl kann automatisch oder manuell erfolgen, so daß Sie beispielsweise als E-Plus-Kunde mit Ihrer gewohnten Telefonnummer und Karte ab diesem Zeitpunkt keinerlei Telefonbeschränkung mehr unterworfen wären. Abgerechnet wird hierbei nach wie vor durch Ihre gewohnte Telefongesellschaft, in dem Beispiel also durch E-Plus. Sie behielten als mobil Telefonierender weltweit alle gewohnten Funktionen Ihres Telefons bei wie Anrufsperre, Anrufweiterschaltung, Mobilbox oder gespeicherte Telefonnummern.

- Oder aber Sie nutzen eine Mobilfunkkarte von Iridium. Sie wären dann als direkter Iridium-Kunde weltweit unter der Vorwahl +8816 erreichbar, die Telefonrechnung erhielten Sie dann aber von Iridium direkt. Ansonsten gilt das gleiche Schema: Netzwahl nach Bedarf und jeweiliger Länderverfügbarkeit.

Da die totale Erreichbarkeit oft auch bei voller Netzentfaltung ein theoretisches Ideal bleibt, wird Iridium als weitere Dienstleistung ebenfalls ab September 1998 globales Paging anbieten. Sind Sie einmal mobil nicht erreichbar, so haben Leute, die Sie anrufen möchten, die Wahlmöglichkeit, entweder Ihnen eine Nachricht auf Ihrer Mobilbox zu hinterlassen oder Ihnen eine Pagingnachricht zu senden. Dies kann sowohl numerisch wie alphanumerisch erfolgen, weltweit versteht sich, ohne daß Ihre Gesprächspartner wissen müssen, wo Sie sich gerade aufhalten. Weitere Dienste wie Fax und Datenübertragung via Satellit sollen ab Frühjahr 1999 angeboten werden.

8 Service

Dienstleistung am Telefon

Dieses Kapitel möchte ich mit einer ganz dringenden Warnung beginnen: Hände weg vom Fräulein vom Amt! Egal, ob dieses Fräulein für eine halbstaatliche oder eine private Firma arbeitet.

Wenn Sie die Möglichkeit in Ihrem Unternehmen haben, alle Telefonapparate für abgehende Anrufe an bestimmte Telefonnummern – technisch oder durch Verbot – zu sperren, dann sperren Sie folgende Telefonnummern: 11 880 und 11 833. Wenn nicht, zahlen Sie unter Umständen sehr, sehr viel Geld.

Das sind die Nummern, unter denen Sie, vor allem aber Ihre vielen Mitarbeiter die beiden Anbieter von Telefonauskunft, die Deutsche Telekom AG und die Firma Telegate, erreichen können.

Wenn Gundula Gause, Nachrichtensprecherin im ZDF heute journal, deren Preise ansagt, hören sie sich so wunderbar niedrig an wie die Einheitspreise bei Aldi, die möglichst mit nicht mehr als 1,99 Mark ausgezeichnet sein dürfen – eher ist weniger in der Packung drin. Selbstverständlich denken Sie, Pfennigbeträge, so schlimm ist das ja nicht.

Kosten

Soviel kostet Sie die Telefonauskunft

- Bei Telegate kostet die erste Minute Auskunft 1,92 DM, für jede weitere Minute fallen 96 Pfennig an, alle 7,5 Sekunden kommt eine Tarifeinheit von 12 Pfennig hinzu.
- Bei der Telekom sind die Preise so ausgezeichnet: die ersten 30 Sekunden Auskunft 96 Pfennig (merken Sie den Trick? Es ist weniger ausgezeichnet, aber Sie zahlen genausoviel wie bei der Konkurrenz, nämlich 1,92 DM die Minute). Danach müssen Sie für jede Einheit von 3,8 Sekunden weitere 12 Pfennig bezahlen.

Praxis

So sparen Sie bei der Telefonauskunft

Wenn Sie oder Ihre Mitarbeiter eine Telefonnummernauskunft einholen müssen, bieten sich Ihnen Alternativen zur teuren Telefonauskunft:

- Telefonbuch: Lassen Sie jeweils das neue gültige Telefonbuch vom nächsten Postamt oder Telekom-Laden abholen, sobald Sie dazu von der Telekom mit einer Postkarte eingeladen werden. Das Telefonbuch ist ein gedrucktes Teilnehmerverzeichnis, das Ihnen als Universalpflichtdienstleistung nach dem Gesetz kostenlos zur Verfügung gestellt werden muß. Als Telefonkunde haben Sie einen Anspruch darauf. Es ist in der weit überwiegenden Zahl der Fälle auf dem neuesten Stand.

- Telefonauskunft Btx/T-Online: Wenn man davon ausgehen kann, daß auch in Ihrem Unternehmen der Computer mit Online-Anbindung mittlerweile zur Grundausstattung gehört, so bietet er Ihnen eine weitere kostenfreie Telefonauskunftsmöglichkeit. Über T-Online-Seite *11833# steht Ihnen die Telefonauskunft auf Basis der aktuellsten Unterlagen der Telekom gratis zur Verfügung. Übrigens dieselben, manchmal sogar noch in einer aktuelleren Version, die auch der Telekom- und der Telegate-Auskunft zur Verfügung stehen. *Vorteil:* Sie können die so erhaltenen Auskünfte in Ihrer EDV weiterverarbeiten.
- CD-ROM: Für heute schon unter 50 Mark erhalten Sie telefonbuchaktuelle Telefonverzeichnisse auf CD-ROM. Auch diese Daten stehen Ihnen zur Weiterverarbeitung in Ihrer EDV zur Verfügung.

Ein Schuh wird aber erst daraus, wenn Sie einigermaßen realistische Maßstäbe zugrunde legen. Eine Minute ist eine völlig unrealistische Angabe für die Dauer eines Telefonats, und sei es auch nur zur Telefonauskunft. Im Durchschnitt dauert eine kurzgehaltene, auf das Wesentliche beschränkte Anfrage bei der Telefonauskunft mindestens drei Minuten. Und die schlägt nicht mit Pfennigbeträgen, sondern mit satten 6 (in Worten: sechs) DM zu Buche – egal, ob Sie beim Telekom- oder beim Telegate-Fräulein anrufen.

Tip

Vergessen Sie bei der Preiskalkulation für Telefonauskünfte die offiziellen Angaben der Anbieter. Gewöhnen Sie sich statt dessen daran, folgende Grundregeln zu beherzigen:

- Rechnen Sie die Zeitangaben der Anbieter für deren Preise auf die realistische Dauer von Telefonaten hoch! Die Angaben der Anbieter beziehen sich meistens auf hypothetische Längen von 30 Sekunden oder einer Minute für ein Grundgespräch, sogar nur 1 Sekunde für die Verlängerungspreise, um einen gemeinsamen Nenner für eine Preisangabe zur Verfügung zu haben. Sie sind, was die wirkliche Dauer von Telefonaten angeht, völlig unrealistisch.

- Veranschlagen Sie für Ihre Kostenkalkulation einer durchschnittlichen Anfrage bei der Telefonauskunft mindestens 3 Minuten!
- Nehmen Sie als Kalkulationsgröße bei den derzeitigen Preisen der Auskunft bei Telekom und bei Telegate einen Preis von 6 Mark für eine Auskunft durchschnittlicher Dauer an!
- Rechnen Sie auch diesen Betrag hoch! Nehmen Sie nur einmal an, in Ihrem gesamten Unternehmen würden pro Tag nur 3 Auskünfte von 3 Minuten per Telefon abgefragt, so ergibt sich bei 20 Arbeitstagen im Monat bereits ein Kostenbetrag von fast 400 Mark, im Jahr aber eine Summe von über 4000 Mark! Wenn nur ein Viertel hiervon zutrifft, hätten Sie immer noch 1000 Mark verschwendet!

Preislich gesehen bietet keiner der beiden Anbieter zum anderen „eine echte Alternative", schon gar nicht „preisbewußten Kunden", wie immer wieder von Anbieterseite behauptet wird.
Sie sollten wissen, wem Sie da Ihr kostbares Geld derart freizügig zukommen lassen wollen – wenn Sie schon Ihren Mitarbeitern die freie Anwahl der Telefonauskunft der beiden Anbieter gestatten wollen, aus Gründen allerdings, die mir weder aus betriebswirtschaftlichen noch sonstigen Gründen ersichtlich sind.

Hintergrund

Wer steckt hinter Telegate?
Die Telefonauskunft Telegate AG in Herrsching am Ammersee und Neubrandenburg gehört:

- zu über 50 Prozent den beiden Geschäftsführern Klaus Harisch und Peter Wünsch,
- zu 3 Prozent dem früheren Bundespostminister Christian Schwarz-Schilling und zum Rest
- der Supermarktkette Metro sowie
- einer Scheuten Vermögensverwaltung.

Nach Investitionen von 20 Mio. Mark aus eigener Tasche der Gesellschafter wird ein Auskunftszentrum mit rund 100 Mitarbeitern in Neubrandenburg unterhalten, ausgelegt für 40000 Anrufer täglich. Daß es bald mehr werden, wird allgemein erwartet. Denn die Firma Telegate konnte sich im Losverfahren eine neue Anwahlnummer für die Telefonauskunft sichern und dabei das große Glückslos ziehen: Der private Wettbewerber der Telekom erhielt just die Nummer 11880, die abgesehen von der hintan- statt vorangestellten „0" im bisher gültigen Nummernverteilungsplan die Nummer der Telekom-Auskunft war. Telegate, früher unter der Nummer 01199 erreichbar, kann somit nun die Früchte der jahrelangen 01188-Telekom-Auskunftei ernten; denn die Nummer 1188 hat sich in der Gewohnheit der Telefonkunden festgesetzt. Telegate bereitet weitere Zusatzdienste vor, wie eine Auslandsauskunft, eine persönliche Vermittlung und eine Reihe von VIP-Diensten, auf die man nur gespannt sein kann.

8.1 Ein teurer Service

Sie sollten auch überlegen, daß Sie bei der Telefonauskunft jetzt kräftig zur Kasse gebeten werden sollen für eine Leistung, die Sie jahrzehntelang gratis bekommen haben – ohne daß Ihnen für diese fragwürdige Preiswürdigkeit irgendein Zusatznutzen geboten wird, der Ihnen nicht auch kostenlos in anderen Medien wie Telefonbuch oder T-Online geboten wird.

Telefonauskunft gehörte im bisherigen Verbraucherverständnis zum Telefonangebot wie das Steuerrad zum Auto. Oder: Sie würden analog auch kaum Verständnis von Angebot und Nachfrage aufbringen, wenn Sie künftig die Wetterkarte nur noch per Pay-TV anschauen könnten.

Man kann vor diesem Hintergrund einer Organisation wie dem Postbenutzerverband in Offenbach nur zustimmen, dessen Vorsitzender, Wilhelm Hübner, zumindest die von der Telekom für eine Telefonauskunft geforderten Preise als überhöht bezeichnet hat. Diese Tarife werden seiner Ansicht nach sogar „künstlich" hochgehalten. Er begründet dies damit, daß die Daten, die die Auskunft zur Verfügung habe, an die Tochterfirma DeTeMedien gegeben und von dieser für über 100 Mio. DM jährlich zurückgekauft würden – was die Telekom selbstverständlich weit von sich weist. Sie behauptet, daß die Daten an DeTeMedien genauso wie an Mitbewerberin Telegate verkauft und nicht zurückerworben würden.

Darauf, daß es dem Postbenutzerverband gelingt, wie angekündigt den Regulierer zu veranlassen, die tatsächlich entstehenden notwendigen Kosten ermitteln zu lassen, um so die Kosten für eine Auskunft noch unter die bisher berechneten 60 Pfennige zu drücken, sollten Sie sich vorerst aber nicht zu sehr verlassen.

Von Interesse wird für Sie übrigens sein, was der Postbenutzerverband ausgerechnet hat: die Preiserhöhung für die Auskunft der Telekom soll jährlich mindestens 700 Mio. Mark zusätzlich einbringen.

Wenn auch Berechnungen von Telegate mit Vorsicht zu begegnen ist, stammen sie doch von einem interessierten Mitbewerber der Telekom, so werfen sie ein zusätzliches Schlaglicht auf die Üppigkeit, mit der hier ein universaldienstverpflichteter Anbieter mit Ihrem Geld umgehen möchte. Telegate hat ausgerechnet, daß die Telekom rund 1 Mrd. Mark aus der bisherigen Quersubventionierung ihres Auskunftsdienstes einspart.

Zählen Sie beide Beträge zusammen, so ergeben sich annähernd 2 Mrd. DM, die die Telekom nach den beiden Berechnungen künftig mehr in den Kassen hätte.

Hintergrund

Die Deutsche Telekom verdient an der Telefonauskunft:

- Nach Berechnung des Postbenutzerverbandes bringt die Preiserhöhung für ihre Auskunft der Telekom jährlich mindestens 700 Mio. DM zusätzlich ein.
- Nach Berechnung des Telekom-Mitbewerbers Telegate spart die Telekom durch die Preiserhöhung für ihre Telefonauskunft rund 1 Mrd. DM aus der bisherigen Quersubventionierung ihres Auskunftsdienstes ein.
- Aus beiden Berechnungen ergäbe sich ein Plus von annähernd 2 Mrd. Mark in den Kassen der Deutschen Telekom AG, zu dem Sie durch die Nutzung der kostenpflichtigen Telefonauskunft beitragen.

Darüber können Sie sich als Kunde kaum freuen, da Ihnen für diese von Ihnen erbrachte zusätzliche Bezahlung kein Äquivalent auf der Leistungsseite der Anbieter gegenübersteht. Lassen Sie sich nicht von Aussagen verleiten, diese Preiserhöhungen seien im Sinne einer „wettbewerbsfähigen und fairen Preispolitik“ im Bereich der Auskunftsdienste.

Einen Trost gibt es allerdings. Beobachter wie die Wochenzeitung „Die Zeit“ prophezeien mit Öffnung des wirklichen Marktes von 1998 an auch eine abermalige Veränderung der Preise für die Telefonauskunft. Die neuen Rivalen des Staatsunternehmens würden in der ersten Phase des Wettbewerbs einen Preiskampf um die Gunst der Telefonkunden entfachen, heißt es. Dies sei zunächst die einzige Möglichkeit, um dem noch übermächtigen Giganten Deutsche Telekom einen kleinen Teil der Privatkundschaft abzuwerben. Sollte dies zutreffen, so wäre zu hoffen, daß auch bald die liebe, alte Telefonauskunft wieder dahin zurückkehrt, wo sie hingehört: ins Gratisangebot eines jeden wohlsortierten Telefonanbieters. Es wäre eine attraktive Alternative für die Kundenwerbung.

8.2 Mehr Leistung fürs Geld

Apropos mehr Leistung für das viele Geld, was man Ihnen für Telefonauskünfte abnehmen will: Einen ganz besonderen Gag, die Erhebung von Preisen für simple Telefonauskunft zu rechtfertigen, hat sich Telegate einfallen lassen.

Das Unternehmen bietet über die Tochterfirma easyphone GmbH in Taufkirchen bei München eine wenn nicht „revolutionäre Telefongeneration", wie es ihre Erfinder nennen, so doch eine spätestens seit Aufkommen des Netz-PCs nur logische Weiterentwicklung für den Mobilfunkmarkt. Die Idee folgt im Grunde dem Öllämpchenprinzip, das besagt, daß man die Öllämpchen möglichst billig anbieten muß, um mit dem durch ihre Verwendung verursachten Ölverbrauch den eigentlichen Umsatz abzuschöpfen.

Das abgespeckte Telefon trägt die Bezeichnung *easyphone* und wird zusammen mit einem umfassenden Vermittlungsservice von Telegate angeboten. Die Markteinführung ist bundesweit zum Jahreswechsel 1997/1998 geplant. Der reine Gerätepreis soll voraussichtlich unter 400 Mark liegen. Die Zielgruppe sieht man im privaten Bereich von Schulkindern bis Senioren, aber auch in der professionellen Nutzung von Bereitschaftspersonal bis zu Managern. Wie der Netz-PC ist auch das Mobiltelefon *easyphone* bis fast auf die Rippen abgespeckt:

- klein wie ein Füllfederhalter und
- mit nur vier Wahltasten sowie
- einer Notruftaste

biete es dennoch die Leistung eines vollwertigen Telefons. Mit „einem einzigen Tastendruck" könnten häufg genutzte Telefonnummern direkt angerufen werden. Die Vorbelegung der Ruftasten mit Nummern wichtiger Gesprächspartner oder Notrufnummern erfolge dabei durch die Programmierung über den Operator eines Vermittlungsdienstes.

Der eigentliche Trick liegt aber darin, daß Sie als easyphone-Teilnehmer über die Haupttaste die Telegate-Vermittlung anwählen und damit die teure Telefonauskunft in Anspruch nehmen sollen.

Immerhin: Telegate läßt sich was einfallen. Bei dieser Variante moderner Telefonauskunft erhalten Sie ein Mehr als Dienstleistung. Telegate verbindet Sie nämlich auf Wunsch direkt mit dem von Ihnen nachgefragten Teilnehmer. Diesen Wunsch werden Sie bei easyphone quasi selbstredend haben, da das Gerät Ihnen keine freie Telefonwahl mehr bietet. Die Fräuleins vom Telegate-Amt können Ihnen mitgeteilte Rufnummern sofort durchstellen oder auch Spezialnummern aus einem jeweils persönlichen Kundentelefonbuch vermitteln und damit eine Gesprächsverbindung herstellen. Die hierfür erforderliche Serviceinfrastruktur wird von Telegate bereitgestellt. Wenigstens sollen Sie diese Leistungen neben den regulären Mobilfunkgebühren ohne weitere Mehrkosten erhalten können. Lediglich für Telegate-Zusatzdienste, wie z. B. die direkte Weitervermittlung von Telefonauskünften, Konferenzschaltungen oder Branchenauskünfte sollen Sie als Kunde zusätzliche Servicegebühren bezahlen müssen.

8.3 Nummernmarkt der Eitelkeiten

Eine ganz neue Mode zum Sparen bei der Telefonauskunft kündigt sich unterdessen mit der Umstellung der Rufnummern auf internationalen Standard ab dem 1. Januar 1998 an. Zeitgleich werden auch bei uns „Vanity"-Nummern eingeführt.

Das heißt soviel wie „Eitelkeits"-Nummern. Sie sind Ihnen vielleicht von Kfz-Kennzeichen her bekannt, bei denen man von der Zulassungsstelle eine bestimmte Buchstaben- und/oder Ziffernfolge zugestanden bekommt, die über die reine Registrierung von Amts wegen hinaus sinnfällig oder besonders kurz ist oder sonst der Eitelkeit ihres Besitzers schmeichelt, weil sein Pkw damit in der Masse der registrierten Kraftfahrzeuge auffällt.

Weit mehr als der Befriedigung Ihrer Eitelkeit dienen allerdings Vanity-Nummern in der Telekommunikation. Mit ihrer Hilfe bleibt Ihre Telefonnummer besser im Gedächtnis Ihrer Kunden haften.

Sie werden sich gewiß schon einmal gefragt haben, warum beispielsweise auf Ihrem Handy neben, über oder auf den Nummerntasten außer Ziffern auch Buchstaben stehen. Ihren Ursprung haben die Buchstabenangaben bei der französischen Telefonverwaltung, die schon immer ihre Telefone auf diese Weise auszeichnen ließ. Es sollte das Merken von Telefonnummern in der französischen Hauptstadt erleichtern, deren früher siebenstellige Telefonnummern – anfangs die längsten in Europa – sonst nur sehr schwer zu behalten waren.

Die ersten drei Ziffern wurden bei der schriftlichen Nennung etwa auf Briefbögen durch drei Buchstaben ersetzt, die jeweils auf der dazugehörigen Zifferntaste angegeben waren. Bei der mündlichen Nennung nannte man nun nicht die drei Buchstaben, sondern den betreffenden Stadtteil von Paris, der mit den drei Buchstaben beginnen konnte, und erst dann die restlichen vier Ziffern als Nummernfolge. Wer z. B. im Stadtteil Champs-Élysées wohnt und die Telefonnummer 359 45 67 hat, ließ auf seinen Briefbogen als Telefonnummer ELY 45 67 eindrucken, während er Freunden oder Bekannten am Telefon die Nummer etwa so diktierte: „Du kannst mich telefonisch erreichen unter Élysées 45 67" – aus der ursprünglich überlangen Ziffernfolge wurde dadurch eine schon überschaubarere von einem Wort und zwei Zahlenpaaren, was den Vorteil hat, daß man sie sich leichter merken kann. Die ersten drei Ziffern wurden dabei von der Telefonverwaltung vorsorglich so vergeben, daß sich solche oder ähnliche Buchstabenspiele im Zusammenhang mit dem betreffenden Stadtteil möglichst von selbst ergaben.

Wörter lassen sich eben viel leichter merken als Telefonnummern, und dies können Sie sich in erster Linie für Marketingzwecke nun mit den neuen Vanity-Nummern zunutze machen.

Wer in den USA z. B. auf die schnelle noch einen Blumenstrauß verschikken möchte, braucht dazu kein Telefonbuch und keine teure Telefonauskunft – er tippt einfach 1–800-FLOWERS und landet in der nächstgelegenen Filiale desjenigen Blumenhändlers, der sich die Freecall-Nummer 1–800–3569377 als erster sichern konnte. Die Ziffern 356 9377 stehen nämlich auf denselben Telefontasten wie die Buchstaben F, L, O, W, E, R und S.
Das Unternehmen hat der Konkurrenz ein Schnippchen geschlagen, denn wer „FLOWERS" tippt, wählt diese Nummer – Preis und Qualität sind hier oft zweitrangig. 100 000 Dollar und mehr kassieren laut Dipl.-Kaufmann Hol-

TIP

- Nutzen Sie eine Vanity-Nummer für Ihre Werbung, z. B. auf Briefbögen, in Werbeanzeigen etc.
- Beantragen Sie möglichst rasch eine Telefonnummer, die bei standardmäßiger Zuordnung eine sinnfällige Buchstabenkombination ergibt, ein Wort, ein Kürzel für Ihre Firmierung, für Ihre Branchenbezeichnung o. ä.

Praxis

Wie erhält man eine „Vanity"-Nummer?

- Sie überlegen sich eine sinnfällige Buchstabenkombination anhand der Standardzuordnung. Beispiele wären etwa 0–800-AUSKUNFT, 0–800-BAUSPAR oder 0–800-WETTERD, 0–800-METZGER, 0–800-KLEMPNE, 0–800-PIZZERI.
- Ordnen Sie die Buchstaben einer Nummernfolge zu. Die Standardzuordnung laut Internationaler Fernmelde-Union (ITU) ist: 1 (ohne Buchstabe), 2: ABC, 3: DEF, 4: GHI, 5: JKL, 6: MNO, 7: PQRS, 8: TUV, 9: WXYZ.
- Beantragen Sie diese Nummernfolge beim Bundesamt für Post und Telekommunikation (BAPT).
- Die Anzahl der Stellen ist vorgegeben, eine Sondernummer kann nur in Zusammenhang mit einer 0–800-Rufnummer beantragt werden. Lassen Sie sich dabei beraten.
- Ihren Antrag nimmt das BAPT in Mainz entgegen, Telefon 0 61 31/ 18–0. Dort wird man Sie auch beraten, welche Ziffernfolgen noch verfügbar sind. Die Zuteilung selbst erfolgt kostenlos. *Vorsicht*: Die Einrichtung der Nummer selbst kann bei Ihrem Netzanbieter mit Kosten verbunden sein (s. Abschnitt Auskunft zum Nulltarif).
- Beeilen Sie sich. Es gilt das Prinzip: Wer zuerst kommt, der mahlt zuerst.
- Achten Sie beim Kauf einer neuen Telefonanlage darauf, daß die Apparate bereits die einheitliche ITU-Buchstaben-Tastenbeschriftung aufweisen. Bereits gekaufte Telefone können Sie selbst durch Klebebuchstaben entsprechend beschriften. Bitten Sie auch Ihre Geschäftspartner, Kunden, Freunde und Bekannte, selbiges zu tun!

ger Gerwin, freier Fachautor und Unternehmensberater in Marburg, der sich seit Jahren speziell mit diesem Thema befaßt, mittlerweile amerikanische Nummernmakler für ihre Dienste; denn gelungene Vanity, so Gerwin, sind begehrt.

Tip

Steigern Sie Ihre Chancen

- Studien belegen, daß Sie die Chancen, von potentiellen Kunden über das Telefon zu Ihren Produkten kontaktiert zu werden, um 15 bis 30 Prozent durch die Buchstabenwahl erhöhen können.

Tip

Keine Angst vor Domain-Schutz

- Markenrechtliche Aspekte, wie Sie sie aus der Vergabe der Domain-Namen im Internet kennen, brauchen Sie bei Vanity-Nummern nicht zu befürchten. Es werden nur Nummernfolgen vergeben.
- Die Buchstabenzuordnung ist nicht eindeutig. Die Ziffernfolge, die in Buchstaben beispielsweise „SIEMENS" ergibt, kann auch „PIEMENS" heißen. Wenn ein Herr Piemens also als erster seine Vanity-Nummer beantragt, geht Siemens leer aus.

Hinweis: Beeilen Sie sich bei der Beantragung Ihrer Firmen-Vanity-Nummer – sonst ist sie bereits vergeben, wenn Sie kommen.

- Die Vergabe der Rufnummern nimmt nicht die Deutsche Telekom AG, sondern das BAPT vor.
- Den Vanity-Code gibt es für das BAPT nicht. Die (gedachte) Buchstabenfolge ist lediglich eine Wahlhilfe für den Anrufer, eine Art Abfallprodukt der Nummervergabe.
- Die Zuordnung von Alphabet und Telefontastatur wird künftig einheitlich sein. Als Richtlinie gilt die entsprechende Empfehlung der ITU (International Telecommunication Union). Wenn Sie eine neue Telefonanlage kaufen, achten Sie auf die ITU-einheitliche Buchstabenbeschriftung der Nummerntasten. Oder bringen Sie die Buchstaben mit Filzstift oder entsprechendem Aufkleber gemäß der Vorgabe selbst an.

8.4 Auskünfte zum Nulltarif

Kostenloses Telefonieren – in den USA längst gang und gäbe – ist in Deutschland bisher eher die Ausnahme. Dabei eröffnet nach Einschätzung Gerwins die

Neugestaltung der Servicerufnummern zum 1. Januar 1998 nach internationalem Vorbild völlig neue Marketingdimensionen. Auch und vor allem für Sie als Mittelständler oder kleineren Unternehmer.

Die Vorreiterrolle in diesem Bereich hat – wie sollte es unter einer Monopolherrschaft wohl anders sein – der Monopolist, die Deutsche Telekom AG, übernommen. Sie entwickelte dafür eigens das neue Markenzeichen „freecall" als Synonym für kostenloses Telefonieren.

Praxis

Nutzen von Freecall-Nummern

Auf zwei Ebenen können Ihnen kostenlose Rufnummern, auch Freirufnummer oder Freecall-Nummer genannt – nützlich sein:

1. als Telefonkunde und
2. als Anbieter.

Vorteile:

- Kostenloser Informationsabruf: Ihnen als Nutzer und Endverbraucher kommen Freecall-Nummern dadurch zustatten, daß Sie für einen Anruf nichts zahlen. Diese Nummern begannen bislang mit der Ziffernfolge 0130. Seit 1. 1. 1998 sind die deutschen Servicenummern internationalen Standards angepaßt und beginnen mit 0–800; die – kostenpflichtigen – 0180- und 0190-Nummern werden ebenfalls umgestellt.
- Service am Kunden: Für Ihr Unternehmen sind Freecall-Nummern nützlich im Bereich Marketing und Kundenbindung. Sie signalisieren damit schon am Fenster zum Kunden – dem Telefon – Kundennähe und Servicebereitschaft.
- Nummerbeständigkeit: Sind Sie oder ist Ihr Unternehmen erst einmal stolzer Besitzer einer 0–800-Nummer – wenn möglich mit Vanity-Effekt –, können Sie auf diese dann vom Anbieter Ihrer Wahl den entsprechenden Service aufschalten lassen. Das gilt auch, wenn Sie den Anbieter wechseln.

Fachleute wie Gerwin sehen in der nächsten Zeit einen regelrechten Ansturm auf die kostenlosen Nummern voraus. Das Potential sei auch hierzulande riesig; denn in Deutschland wurden bisher gerade mal 40000 der insgesamt ca. 500000 Unternehmen mit 0130er Nummern ausgestattet – ein theoretisches Potential von über 400000 neuen Freianrufnummern also.

Tip

In der Werbung für Ihr Unternehmen müssen Sie kostenpflichtige, zumindest besonders teure Rufnummern als solche kenntlich machen (OLG Frankfurt 6 U 67/96). Begründung: Keineswegs jedem Anrufer ist der Unterschied zwischen gebührenfreien und gebührenpflichtigen Sondernummern bekannt.

In absehbarer Zeit werde es sich kein serviceorientiertes Unternehmen mehr leisten können, auf eine Freecall-Nummer zu verzichten, „will es nicht den Stempel – service-unfreundlich – aufgedrückt bekommen", so Michael Bartel, Marketingmanager Telefonmehrwertdienste bei der Deutschen Telekom AG.

Telefonieren zum Nulltarif: USA/Deutschland

Alle Werte in %	USA (freephone)	D (0130 freecall)
Erreichbarkeit	90	8
Bekanntheitsgrad	90	60
Anteil am ges. Gesprächsaufkommen*	40	5

*) an Geschäftstagen, gemessen durch AT&T,
Quelle: Unternehmensberatung Holger Gerwin, Marburg

Kosten

Einrichtung einer 0-800-Nummer

- Die Kosten für die Einrichtung einer 0130-Nummer betragen bei der Deutschen Telekom AG einmalig 100 Mark,
- monatlich zusätzlich 60 Mark Grundgebühr.
- Dazu kommen die Telefoneinheiten, die durch die Anrufe der Kunden entstehen.
- Die zukünftige Preisentwicklung nach Einführung der 0–800- und der siebenstelligen Vanity-Nummern ab 1998 ist momentan noch nicht absehbar. Gerwin geht davon aus, daß durch Öffnung des Marktes und den damit verbundenen Wettbewerb mit privaten Netzbetreibern die Preise allerdings eher sinken als steigen werden.

Tip

Wie Sie Junk-Calls vorbeugen

Meist sind es Kinder und Jugendliche, die ihre Telefonspäßchen treiben, oft mit regelrecht sportlichem Ehrgeiz. Sie rufen Ihre Freirufnummer ohne jegliches Interesse an Ihrem Produkt an und lassen die Verbindung möglichst lange bestehen. Wenn Sie ein Junk-Caller anruft:

- Hängen Sie den Hörer möglichst gleich wieder ein!
- Schärfen Sie auch Ihren Mitarbeitern ein: Junk-Calls sind ineffizient und kommen Ihr ganzes Unternehmen und letztlich jedem einzelnen Mitarbeiter teuer zu stehen.
- Beugen Sie Wiederholungen vor, indem Sie die Kids in Gespräche verwickeln, um deren Postadresse zu erfahren. Dazu reicht mitunter die Aussicht auf einen interessanten Gewinn, etwa nach dem Motto: „Du bist heute der tausendste Anrufer und hast einen tollen Preis gewonnen. Den möchten wir Dir gerne schicken, bleib mal dran, damit wir Deine Adresse notieren können ..." Ein kleines Schreiben an die Eltern reicht dann meistens, den Witzbold für immer aus der Leitung zu verbannen.
- Weiterhin gilt: Je stärker die Freirufnummer verbreitet ist, desto günstiger verteilen sich nach Einschätzung Gerwins die Nonsens-Calls. In den USA, der Wiege des freecall, spielen Junk-Calls schon heute keine Rolle mehr – vor allem deshalb, weil kostenfreies Telefonieren für den Kunden eher die Regel als die Ausnahme ist und damit den Telejunkies der Reiz des Besonderen fehlt.

Tip

International Freephone Services

Wenn Ihr Unternehmen nicht nur in Deutschland, sondern auch im Ausland kostenlos erreichbar sein soll:

- Lassen Sie sich eine weltweit gültige achtstellige Servicenummer (UIFS – Universal International Freephone Service, beginnen statt mit einer mit zwei Nullen) reservieren (Näheres dazu beim BAPT).
- Einzige Voraussetzung: Sie müssen nachweisen, daß die Bereitstellung für mindestens ein weiteres Land notwendig ist.

Vorteile einer Freirufnummer

- Response: Sie können die Zahl der telefonischen Aufträge um ca. 20 Prozent steigern.
- Umsatz: Freirufnutzer sind in der Regel Besserverdiener. Deshalb können Sie mit einer Freirufnummer den Umsatz um bis zu 40 Prozent steigern. Dies behauptet zumindest die DTAG unter Berufung auf US-Studien.
- Marketing: Ihre kostenlose Rufnummer baut Hemmschwellen ab und schafft eine vertrauensvolle Gesprächssituation. 90 Prozent aller Konsumenten lassen sich durch eine Freirufnummer bei ihrer Kaufentscheidung beeinflussen. So entstehen Kontakte, die sonst vielleicht nie zustande gekommen wären.
- Einheitlichkeit: Egal, wie viel Anschlüsse oder Filialen nachgeschaltet sind – die Freirufnummer gilt bundeseinheitlich. Sie bleibt auch bei Umzug gleich. Sie erhöhen so Neukundengewinnung und Kundenbindung.
- Erreichbarkeit: Sie verlieren keine Anrufe. Anrufer warten geduldiger in der Warteschleife bis zur Weiterleitung zum nächsten freien Mitarbeiter – auch abends und am Wochenende. Da Ihr Unternehmen so besser erreichbar ist, werden Ihre Kunden dementsprechend lieber anrufen.
- Steuerung: Sie können Ihre Freirufnummer eigenhändig steuern, z. B. in der Art, daß Anrufe je nach Ort zur nächstgelegenen Filiale, bei Engpässen zum Call-Center oder nach 18 Uhr zur Nachtzentrale durchgeschaltet werden. Der Anrufer merkt nichts davon. Sie sollten diese Möglichkeit in Betracht ziehen, zumal wenn Sie eine Hotline für Ihr Unternehmen einrichten.
- Flexibilität: Sie können kurzfristig zusätzliche Leitungen einrichten lassen. So fangen Sie Spitzenlasten – etwa nach einem Werbespot – z. B. durch Einschaltung eines externen Dienstleisters auf. Zudem können Sie Mitarbeiter im Ausland durch eine Weiterschaltung einbeziehen. Damit sparen Sie teure Zuschläge für Nachtarbeit.
- Statistik: Lassen Sie sich für die statistische Auswertung die Verbindungsdaten der Anrufe auflisten: Wie viele Anrufe sind wann und von wo eingegangen? Wie viele dieser Anrufe konnten erfolgreich bearbeitet werden? Diese und andere Daten erleichtern Ihnen die Planung von Personal und Werbung.

- Image: Sie müssen in allen Ihnen zu Gebote stehenden Medien massiv Ihre Freirufnummern bewerben. Dies fördert zum einen deren Nutzung. Zum anderen hat dies mittlerweile einen Prestigeeffekt für das Ansehen Ihres Unternehmens in puncto Seriosität und Kundenfreundlichkeit.
- Umstieg: Wenn Sie bereits eine 0130-Nummer hatten, sollten Sie auf eine 0–800-Nummer umsteigen, zumal diese gratis ist. Gerwin mahnt: „In naher Zukunft werden die Telekom und die privaten Anbieter durch ihr Engagement in Sachen Servicenummern kostenlose Werbung für jeden Freirufnummernnutzer machen" – eine Gelegenheit, die Sie sich nicht entgehen lassen sollten.

9 Funkruf

„Hebamme auf Hallig 7"

Karoline Thießen ist Hebamme in Marne, Dithmarschen. Seit die Landesregierung den Sparstift angesetzt hat, ist nun auch in den Krankenhäusern zwischen den beiden Meeren Schmalhans Küchenmeister. Das bedeutete für Frau Thießen vor einem Jahr die Wahl der Qual: Entweder sich herabstufen lassen und als degradierte Krankenschwester weiter im Kreiskrankenhaus Brunsbüttel im Stechuhrschritt Dienst zu tun, der aber nichts mehr mit ihrer Hebammenausbildung zu tun gehabt hätte, oder selbständig werden.

Kolleginnen redeten ihr zu. Man werde sich abstimmen. Das Krankenhaus zeigte sich ebenfalls kooperativ, sie werde auch weiterhin zu den dortigen Geburten herangezogen. Eine Frage mußte allerdings beantwortet werden: Wie sollte sie herangerufen werden, wenn sie gerade unterwegs war? Ihre Kinder im Teenageralter forderten gleich für Mutter (und sich mit) ein schickes (oder zwei, oder drei?) Handy. Doch das wollte die Mutter nicht. Zu teuer, wurde befunden, unnötig, Schickimicki gibt's nicht.

9.1 Ein Page(r) hilft weiter

Sie entschied sich für einen dezenten Funkrufempfänger oder Pager, wie diese kleinen, in verschiedenen Varianten angebotenen Geräte genannt werden. Ganz nach dem Vorbild des Hotelpagen, der, eine Handtafel vor dem Kopf tragend Hotelgäste in der vornehmen Hotelhalle dezent ausruft, zum Telefon an die Rezeption zu kommen. Mehr sollte nach Vorstellung der Pagererfinder der Funkruf auch nicht: Auf einem kleinen Display ankündigen, daß ein Anruf eingetroffen sei. (siehe auch bei Pons, Globalwörterbuch Klett, Englisch-Deutsch: *page*: Page, *to page somebody*: jemanden ausrufen lassen; *paging Mr Cousin:* Herr Cousin, bitte!).

Frau Thießen kaufte sich ein Cityrufgerät der Deutschen Telekom, gerade passend für den Hebammenkoffer. Das piepe zwar nur, aber das reiche. Denn niemand sonst piepe sie außer dem Krankenhaus an, wenn sie dringend zu einer Entbindung müsse. Und um sie rechtzeitig dorthin zu beordern, brauche sie keine längeren Telefonate zu führen. Um sicherzugehen, rufe sie aber kurz vorher noch einmal im Krankenhaus an, „nicht daß ich voreilig nach Brunsbüttel fahre und die mir dort womöglich auf einmal sagen, ich müßte dringend auf eine Hallig ins Wattenmeer zu einer Hausentbindung!"

Neben Spezialisten wie der Hebamme Thießen greifen auf Cityruf nach Einschätzung von Betreiberin T-Mobil in erster Linie Geschäftsleute, mittlere und kleinere Betriebe zurück. Die Flächendeckung liege bei rund 92 Prozent. Damit seien über 95 Prozent der Bevölkerung versorgt.

Praxis

Kommunikation mit Cityruf

Mit einem Cityrufempfänger können Sie Ton-, Ziffern- und Textinformationen in verschiedenen Varianten übertragen. Dabei können im Numerikdienst bis zu 15, im Textdienst bis zu 80 Zeichen übermittelt werden. Der Empfänger speichert diese Nachrichten, die jederzeit auf dem Display abrufbar sind.

Hinweis: Sie können sich als Cityrufkunde Ihren persönlichen Empfangsbereich maßschneidern lassen:

- für eine bestimmte Region
- für ein Bundesland
- für das gesamte Bundesgebiet.

Die Entwicklung ist auch in diesem Bereich nicht stehengeblieben. Mittlerweile bietet T-Mobil für Cityruf ein „Smartpack" an: ein Cityrufempfänger kombiniert mit einem Jahresvertrag.

Mit Smartpack sind Sie als Cityrufteilnehmer in einer von bundesweit 50 Rufzonen auf Empfang. Seit September 1997 können Sie zudem eine VoiceBox mieten und dort längere Nachrichten aufnehmen lassen. Müssen Sie dann häufig Rufe absetzen, kostet Sie die überwiegende Zahl der Funkrufe nur 12 Pfennig. Als Kunde von Cityruf, des T-Mobilfunknetzes D1 oder von T-Online können Sie sich zudem über eingehende Meldungen auf der dortigen D1-Mobilbox bzw. T-OnlineBox informieren lassen – auch dies kostenlos.

Ähnlich wie eine Hebamme, nur umgekehrt in der Anwendung, können Sie als Arzt beispielsweise lange Wartezeiten in Ihrer Praxis ein für allemal beenden. Ihre Arzthelferin stattet Patienten mit einem Empfänger aus, die die Zeit etwa für Besorgungen, Behördengänge oder anderes nutzen können. Statt dann „der Nächste bitte" ins Wartezimmer zu rufen, schickt Ihre Mitarbeiterin über Cityruf einen Pieps an den Patienten, den Sie als nächsten behandeln müssen.

9.2 Scall, TelMI oder Quix?

Den entscheidenden Schub für die Entwicklung des deutschen Funkrufmarktes gab die Einführung des neuen Funkrufdienstes der T-Mobil, Scall, neben Cityruf im Dezember 1994. Dieser Funkrufdienst verlangt Ihnen als Kunden erstmals keinen monatlichen Grundpreis ab. Es gilt: Wer anruft, zahlt. Obwohl er mittlerweile zu einer Art Kultobjekt für junge Leute geworden ist, heißt das natürlich nicht, daß er nicht auch von älteren, meinetwegen junggebliebenen Kunden genutzt werden kann.

Praxis

Wie funktioniert Scall?

Nach dem Einbuchen ins Netz können Sie mit ihrem Scall-Empfänger in einem Umkreis von mindestens 100 Kilometer Durchmesser erreicht werden. Zentrum dieses festgelegten Aktionsradius ist die aktuelle Postleitzahl.

Wenn Sie sich beispielsweise statt wie gewohnt in Köln für ein Wochenende in Hamburg aufhalten, müssen Sie dem Scall-Computer lediglich die neue Postleitzahl mitteilen, um auch dort für Freunde und Bekannte erreichbar zu sein. Diese Umstellung erledigen Sie durch einen kurzen Telefonanruf in der Scall-Zentrale.

Auch mit Scall steht Ihnen die VoiceBox von T-Mobil als Anrufbeantworter für unterwegs zur Verfügung. Die VoiceBox speichert Nachrichten von bis zu 30 Sekunden Länge. Scall-Geräte zeigen Ihnen die Uhrzeit und das Datum an und können Sie auch bei Bedarf zu einer bestimmten Zeit wecken.

Hintergrund

Varianten des Scall-Themas

- Scall XS zeigt zehn bestimmte Zahlencodes in einem fest vorprogrammierten Klartext an. Übermittelt Ihr Funkrufpartner beispielsweise die Kombination „0001“, so steht auf der Anzeige Ihres Gerätes zu lesen „Call home“. Ob die vorgespeicherten Texte irgendwann einmal auch in deutsch vorprogrammiert sein werden, ist nicht bekannt.
- Scall XT und Scall XTS können bis zu 80 Zeichen wiedergeben. 15

Nachrichten speichert der XT, 32 der XTS. Jede neue Info wird mit einem elektronischen Eingangsstempel versehen. Damit ungelesene Nachrichten nicht vergessen werden, erinnern Sie ein optisches und ein akustisches Signal regelmäßig an aktuelle Mitteilungen.

- Einen neuen Impuls für den Pagingmarkt setzte T-Mobil mit „Skyper". Der „Premium-Pager" – was soviel bedeuten soll, wie daß hier erstklassige Funkrufangebote geliefert werden sollen – versorgt Sie neben Textnachrichten (kostenlos) mit aktuellen Infos, wie Nachrichten der Deutschen Presse-Agentur (kostenlos), Fußball, Wetter (kostenlos) oder aktuellen Börsenkursen. Sie können sich aus rund 60 Programmen Ihr individuelles Skyper-Infopaket schnüren lassen, 17 davon direkt am Pager einbuchen und jederzeit ändern. Neu bei Skyper: Wer das Infoprogramm nutzen möchte, kann zwischen einem Jahres- und einem Halbjahresvertrag wählen.

Hinweis: Grundsätzlich kostenlos gibt's die drei Basisprogramme dpa-News, Wetter-News und Skyper-Line sowie den Empfang persönlicher Textnachrichten.

Neben den Funkrufdiensten der Deutschen Telekom T-Mobil haben sich noch zwei weitere Anbieter etabliert, die Miniruf in Hannover mit ihrem Dienst Quix und die Deutsche Funkruf in Jena mit ihrem Dienst TelMI.

Quix sieht sich aufgrund einer GfK-Studie 1997 sogar als Marktführer mit einem ermittelten Marktanteil von 35,25 Prozent, bei Pagingdiensten ohne Monatsgebühren sogar mit 37,24 Prozent. Ein weiteres interessantes Ergebnis der Studie ist der Trend zum Textpaging. Funkrufdienste, die Textbotschaften empfangen können, seien für viele Konsumenten attraktiver als Zahlenempfänger wie T-Mobils Scall-Dienst. Textpager hätten im Zeitraum Februar/März 1997 einen Anteil von 62,45 Prozent erreicht.

Praxis

Was bietet Quix?

Welche Nachrichten können Sie empfangen?

- Textbotschaften, Zahlennachrichten (z.B. eine Telefonnummer oder einen Code),
- Sprachbotschaften in der Mailbox,

- (verabredete) Tonsignale (bis zu zwei verschiedene Signale möglich),
- unterschiedliche Infodienste je nach Empfängertyp.

Wo können Sie Nachrichten empfangen?
- fast in ganz Deutschland oder
- in fünf großen Rufzonen, den Quix-Regionen 2 (Nordrhein-Westfalen), 3 (neue Bundesländer), 4/5 (Niedersachsen, Hamburg, Bremen, Schleswig-Holstein), 6/7 (Baden-Württemberg, Hessen, Rheinland-Pfalz und Saarland) und 8/9 (Bayern). Der Standort wird per Telefon eingegeben und geändert.

Praxis

Wie können Sie eine Nachricht mit Quix senden?

Zum Quixen brauchen Sie
1. einen Quix-Empfänger und
2. möglichst viele Leute, die wissen, daß Sie einen Quix-Empfänger haben.

Sie übermitteln eine Mitteilung an einen Empfänger von verschiedenen Medien aus:
- per Operator ohne Partnerpaket: Hierbei teilen Sie Ihre Botschaft per Telefon einem Fräulein vom Amt mit, das sie dann an den Quix-Empfänger weiterleitet. Das kostet Sie 2,40 DM pro Nachricht.
- per Operator mit Partnerpaket: Die Prozedur ist dieselbe wie ohne Partnerpaket mit der Ausnahme, daß Sie eine andere Vorwahl wählen müssen und Sie je Botschaft 96 Pfennig beispielsweise in der Hauptgeschäftszeit werktags zwischen 9 und 18 Uhr und 1,20 DM in der verbleibenden Zeit zahlen.
- per Sprachcomputer: für Zahlennachrichten (Spracheingabe oder Tonwahl) oder Sprachbotschaften. Sie zahlen als Anrufer dieselben Preise wie beim Operator-Partnerpaket.
- per PC und Modem mit einer Zusatz-Software zu denselben Preisen wie beim Operator-Partner-Paket. Die Software gibt es übrigens kostenlos im Internet.

- per T-Online, PC und Modem.
- per Internet derzeit im kostenlosen Testbetrieb oder direkt per E-Mail.
- per Telefon direkt: Um eins von zwei Tonsignalen zu senden, müssen Sie nach der Quix-Vorwahl und Quix-Nummer eine 1 oder 2 wählen; Kosten: 24 Pfennig.

Es zahlt immer der Absender, nicht der Empfänger! Und zwar unabhängig von der Länge der Nachricht. Monatsgebühren fallen nicht an.

9.3 Spartips beim Umgang mit Pagern

Viele Zusatzpakete sollen Ihnen kleine, aber dafür um so beständigere Beträge aus dem Geldbeutel ziehen. Überprüfen Sie Ihren Funkrufanbieter auf kostenlose Dienste. Oft reichen sie zur Nutzung völlig aus. Auch scheinbar billige Zusatzpakete bringen wenig, laufen automatisch weiter, wenn Sie nicht daran denken, sie zu kündigen, und – Kleinvieh macht auch Mist – kosten in der Summe doch recht erkleckliche Beträge.

Wir haben am Beispiel von Quix ein paar Tips zusammengetragen, die Sie so oder so bei näherem Hinsehen auch bei den beiden anderen Netzbetreibern T-Mobil und TelMI finden werden.

Kosten

Intelligente Nutzung hilft sparen

Bei Quix beispielsweise können Sie im Monat fast 40 DM, das sind im Jahr immerhin fast 500 DM, sparen, wenn Sie sich folgende Zügel bei der Nutzung des Funkrufdienstes anlegen:

- Trainieren Sie Ihr eigenes Gedächtnis und schalten Sie von Hand um, wenn Sie die Quix-Zone wechseln. Das spart Ihnen 9,90 DM im Monat für eine bundesweite Rufzonengebühr, die Sie vielleicht gar nicht ausnutzen müssen.
- Verzichten Sie auf die Profi-Mailbox. Sie speichert 30 Nachrichten von bis zu fünf Minuten für drei Wochen. Sie sparen 4,90 DM im Monat, wenn Ihnen die Standard-Mailbox reicht (siehe unten).
- Sie sparen noch mal 4,90 DM, wenn Sie auf den Gruppenruf verzichten können. Der eignet sich eigentlich nur, wenn Sie Ihre Beleg-

schaft mit Quixen ausgestattet haben und per Quix auch mit einem einzigen Anruf erreichen müssen. Doch müssen Sie das wirklich in der Regelmäßigkeit, daß Sie gleich ganze Monatsaufträge dafür der Quix-Organisation zukommen lassen?

- Und noch einmal 19,90 DM können Sie für andere, möglicherweise wichtigere Dinge ausgeben, als sich im Quix-Partnerpaket den Vorzug reduzierter Auftragsdienstrufpreise (1,20 DM tagsüber, 96 Pfennig abends statt 2,40 DM) plus nationale Rufzone sichern zu lassen. Manchmal ist es eben besser, einen einmaligen Preis in der verlangten Höhe zu zahlen, als sich für einen Dauerauftrag einen – meist nur geringfügig – niedrigeren Preis einzuhandeln. In jedem Fall ist ein einmaliger Preis überschaubarer als ein Dauerauftrag, den Sie dann erst kündigen müssen!

Beschränken Sie lieber die Inanspruchnahme von Quix-Mehrwertdiensten auf folgende kostenlos angebotene Dienste:

Sekretariatsdienst
Sie können Ihre Anrufer vom Quix-Auftragsdienst in Ihrem Namen begrüßen lassen. Beispiel: „Hallo bei Quix. Welche Nachricht möchten Sie Max Müller senden?“ (wenn Sie Max Müller heißen).

Message Resend
Alle Nachrichten werden durchnumeriert. Als Empfänger merken Sie, daß Sie eine Nachricht verpaßt haben (z. B. wenn nach der Nr. 2 die Nr. 4 folgt). Über einen Anruf beim Quix-Service-Menü können Sie sich fehlende Nachrichten innerhalb von 72 Stunden nochmals zuschicken lassen.

Terminruf
Sie können jede Nachricht für ein bestimmtes Datum und eine genau definierte Tages- oder Nachtzeit per Auftragsdienst oder PC-Modem absetzen. Terminrufe können Sie bis zu einen Monat im voraus festlegen. Mit ihnen können Sie andere oder sich selbst an wichtige Termine erinnern lassen.

Teilnehmerauskunft
24 Stunden am Tag, sieben Tage die Woche suchen Quix-Mitarbeiter für Sie gewünschte Quix-Nummern heraus, vorausgesetzt, der Teilnehmer möchte nicht anonym bleiben. Im gleichen Arbeitsgang nimmt die Auskunft für Sie auch die Nachricht entgegen und setzt sie für Sie ab.

E-Mail-Weiterleitung aus internen Mailsystemen
Wenn Sie Nutzer eines E-Mail-Systems wie Lotus Notes, MS-Mail oder Microsoft Exchange sind, erhalten Sie Ihre Mails auch bei Abwesenheit vom Arbeitsplatz. Über ein entsprechendes Gateway wird die Mail an Ihren Quix-Empfänger weitergeleitet. Filterfunktionen sorgen bei Bedarf dafür, daß nur wichtige Mails an Sie weitergeleitet werden.

E-Mail-Weiterleitung aus Online-Diensten und dem Internet
Ihr Quix-Empfänger erhält eine eigene E-Mail-Adresse. Derzeit wird die Betreffzeile der E-Mail an den Quix-Empfänger weitergeleitet. Zusätzlich ist eine Benachrichtigung über den Eingang einer Test-E-Mail in der Mailbox durch Quix möglich. Hierzu muß der Absender lediglich eine Kopie der E-Mail an die Quix-Adresse senden. Dieser Dienst wird derzeit für Sie kostenlos getestet. Über eventuelle Preise wurde noch nichts mitgeteilt.

Faxzugang für Hörgeschädigte
Hörgeschädigte können Quix-Botschaften per Fax an den Quix-Auftragsdienst schicken. Sie erhalten außerdem die bundesweite Rufzone ohne Monatsgebühr.

Standard-Mailbox
Speichert 8 Nachrichten von bis zu 20 Sekunden für 3 Tage; der Quix-Empfänger meldet sich, wenn eine Sprachbotschaft auf der Mailbox empfangen wurde. Die können Sie dann von jedem Telefon aus abhören.

10
Datenfunk

Vielleicht haben Sie Ende der 80er Jahre den Begriff Temex einmal gehört. Das war ein Dienst, den die Deutsche Bundespost Telekom damals mit nur wenig Erfolg anbot, später dann ganz einstellte, der aber eigentlich die Idee von Datenfunk vorwegnahm: die Übertragung von Daten, um von fern etwas zu bewirken, zu messen oder zu steuern. Beispiel: An den Fenstern Ihres Betriebes wurden Sensoren angebracht, die über Draht an einen Computer meldeten, wenn an einer Glasscheibe eine Veränderung auftrat, beispielsweise das Glas zu Bruch ging – ein Einbruchwarnsystem.

Daß Temex von der Bildfläche verschwand, lag wohl im wesentlichen daran, daß es ein drahtgebundener Dienst war. Die Fortentwicklung konnte nur bedeuten, daß man die Daten nicht mehr über eine Leitung schicken durfte, sondern durch die Luft, das heißt per Funk. In Zusammenarbeit mit dem internationalen Telekommunikationshersteller Ascom in Bern entwickelte die Bundespost Telekom dann den ersten Datenfunkdienst Modacom.

Parallel dazu wurde Datenfunk aber auch über andere Funknetze fortentwickelt. Typische Netze hierfür sind die Mobilfunknetze oder die Bündelfunknetze. Vom Bündelfunk unterscheidet sich der professionelle Datenfunk eigentlich nur technisch, nämlich dadurch, daß beim Datenfunk die Frequenzbereiche – anders als im Bündelfunk – nicht alternativ, sondern in einem Block bereitgestellt werden.

Tip

Wenn Sie eine Datenfunkanwendung planen, sollten Sie nicht nur Angebote der beiden Datenfunknetzbetreiber Modacom (DeTeMobil) und RegioKom Datenfunk, sondern auch der anderen Mobilfunknetzbetreiber – das sind Betreiber der C-, D- oder E-Netze sowie der Betreiber von Bündelfunknetzen – einholen.

Je nach Anwendung, die Sie vorhaben, könnten sich durchaus Unterschiede ergeben, die vom Kosten-Nutzen-Verhältnis her gesehen die Realisierung auf einem alternativen Netz wesentlich günstiger erscheinen lassen.

Angesichts einer potenten Konkurrenz verwundert es denn auch wenig, daß sich bislang nur ein reiner Datenfunknetzbetreiber, die Telekom-Tochter DeTeMobil, mit ihrem Modacom-Netz am Markt behauptet hat. Ihr bis September 1996 einziger Mitbewerber, die Gesellschaft für Datenfunk (GfD) jedenfalls mußte nach kurzem Überlebenskampf ihren Betrieb einstellen und die erste Telekom-unabhängige Datenfunklizenz zurückgeben.

Sie blieb vakant, bis der Berliner Bündelfunknetzbetreiber RegioKom sie ein Jahr später im September 1997 vom Bundespostministerium zugesprochen bekam. Eine logische Entscheidung, war doch RegioKom im regionalen Bündelfunk bereits seit längerem mit Datenfunklösungen hervorgetreten. Schon im Sommer 1997 zählte RegioKom im Bündelfunk weit mehr als 2000 Datenfunk-Anwender.

Das Unternehmen hatte sich trotzdem um die Lizenz beworben. Man sah darin laut Auskunft von RegioKom-Chef Dr. Dietmar Gollnick einen wichtigen Basisstein des Angebots an die Kundschaft. Datenfunk- und integrierte Lösungen seien immer stärker nachgefragt worden.

RegioKoms Zielgruppen für Datenfunk sind denn auch im wesentlichen deckungsgleich mit denen, die man auch im Bündelfunk bedient: gewerbliche Kunden, Betriebe und Kommunen. Um den eigenständigen Datenfunk vom Bündelfunk abzusetzen, will das Unternehmen allerdings noch eins draufsetzen und weit mehr noch als beim Bündelfunk Software, kundenorientierten Zuschnitt und die Zusammenarbeit mit Lösungshäusern in den Vordergrund seines Angebots stellen.

Hier nur kurz einige Beispiele aus der Praxis, wie Sie Datenfunk sinnvoll auch in Ihrem Unternehmen einsetzen können:

- Altglascontainer: über RegioKom-Bündelfunk Füllstandsmessung der Altglascontainer der Berliner Stadtreinigungsbetriebe.
- Die Speditions- und Entsorgungsfirma Nenn ortet ihre Fahrzeuge und überträgt Daten über RegioKom-Bündelfunk.
- Sicherheit Bodensee: Warnung des Schiffsverkehrs auf dem Bodensee vor Unwetter mit Sturmwarnleuchten über RegioKom-Bündelfunk.

10.1 Bedarfsgerechte Entsorgung

Im verstärkten Maße werden alle Verpackungen, die wiederverwertbar sind, getrennt vom Hausmüll gesammelt, damit sie als Rohstoffe neue Verwendung finden können und die örtliche Abfallentsorgung nicht mehr belasten. Für die jeweiligen Materialgruppen werden überall in den Siedlungsgebieten die verschiedenen Behälterkonstruktionen mit unterschiedlichem Volumen aufgestellt. Weiterhin schwankt je nach Standort die Anzahl der Behälter. Daraus folgt, daß nach sehr verschiedenen Zeiten die Behälter der jeweiligen Materialgruppen ihren höchsten Füllstand erreicht haben. Es kommt entweder zu unansehnlichen Überfüllungen, oder die Entleerungsfahrzeuge treffen nur auf teilweise gefüllte Einheiten.

Wenn Ihr Unternehmen im Bereich dieser Entsorgung tätig ist, bietet Ihnen das Krone Container Monitoring System (CMS) eine weitgehend zukunftssichere und zuverlässige Methode zur Füllstandsmessung und -meldung. Damit können Sie von Ihrer Einsatzzentrale aus rechtzeitig die Füllstände in den einzelnen Sammelbehältern erkennen. Das System berücksichtigt dabei den Containertyp, die Art des Sammelgutes und die Behälterzahl je Aufstellungsort.

Das CMS ermittelt ständig in jedem Container mit Ultraschall die aktuellen Füllstände. Diese werden per Funk an Ihr Entsorgungsunternehmen nachts kostengünstig übertragen. Sie erhalten Füllstände und Aufstellungsorte automatisch sortiert ausgedruckt. Ihr Dispatcher weiß somit jeden Morgen, wo er welche Behälter abholen lassen muß und welches Sammelvolumen zu erwarten ist. Wird die Kapazität eines Ihrer Container im Laufe des Tages einmal überschritten, so wird Ihr Dispatcher automatisch per Funkmeldung darauf aufmerksam gemacht und kann eine Entleerung außer der Reihe noch am selben Tag veranlassen.

Als kommunale Verwaltungsbehörde werden Sie bei der Füllstandsmessung über Datenfunk etwa durch das CMS laufend über alles Entscheidende informiert, was Sie an Daten für die betriebswirtschaftliche Optimierung benötigen, z. B. über:

- Füllstände
- Standorte der Container
- Sammel- und Kippmengen
- Fahrstrecken
- Füllstandsentwicklungen getrennt nach Fraktion und Entsorger
- Planwerte für Behälterkapazitäten und Stellplatzausstattungen.

Das CMS ist modular aufgebaut, so daß Sie Ihr System schnell neuen Anforderungen anpassen können. Es besteht aus:

- Füllstandsmeßgerät
- Datenfunkkomponenten mit Funkmodem
- PC-Ausstattung in Ihrer Einsatzzentrale
- schrittweise ausbaufähiger Software.

Ein Mikrocontroller

- steuert die gesamte Einheit,
- weckt für die Ultraschallmessung die Elektronik,

- wertet die Ultraschallsignale aus und
- speichert die Daten.
- Erst zur vorgewählten Zeit schaltet er das Funkgerät zur Datenübertragung an Ihre Einsatzzentrale ein.
- Ein Modem im Hauptcontainer (Master) reicht aus, um am Stellplatz bis zu 7 angeschlossene Container (Slaves) über gebührenfreien Kurzstrekkenfunk zu steuern. Vom Master werden die gesammelten Daten per Funk an die Zentrale weitergereicht, mit Ausnahme von Akutmeldungen zu verkehrsarmen Zeiten. Das reduziert die Kosten der Funkgeräte und Gebühren.

10.2 Wie man eine Flotte flott macht

Wenn Sie Datenfunk zur Steuerung Ihrer Fahrzeugflotte einsetzen, können Sie Fahrzeuge oder auch Personen von einer zentralen Stelle aus lenken. Ihnen bietet sich hierbei eine sehr breite Fächerung an Möglichkeiten.

So erlauben es übertragene Statusrufe Ihrem Dispatcher, den Zustand der Flotte am Bildschirm zu überblicken. Wenn Sie beispielsweise ein Transportbetonunternehmen haben, können dort Meldungen wie „Beim Beladen", „Beim Kunden", „Beim Entladen", „Rückfahrt" abgelesen werden. Diese wiederum können Sie als Information über die Wartezeiten speichern und später weiterverarbeiten. Dadurch kennt Ihr Dispatcher den Zustand Ihrer Fahrzeugflotte genauer und schneller, Ihr Abrechnungswesen wird darüber hinaus konkreter und einfacher.

Zudem können Sie die Verwaltung der Sprachrufe und Statusmeldungen in einer Flottensteuerung vereinigen. Das heißt, Ihr Dispatcher ruft die Teilnehmer über Mausklick und spricht dann mit ihnen wie gewohnt. Er erhält die Signalisation von Anrufen auf dem Bildschirm und ist durch die Statusmeldungen über den Zustand der Fahrzeugflotte informiert.

Mit Hilfe der Flottensteuerung können Sie nun auch kurze Mitteilungen an Ihre Mitarbeiter senden. Das können z. B. neue Lieferanschriften sein. Oder Ihre Fahrer können über einen kleinen Drucker im Fahrzeug den geänderten Tourenplan empfangen.

10.3 Der elektronische Wachhund

Einige Anbieter haben in ihre Systeme die automatische Kontrolle von Meldezeiträumen eingebaut. Diese Technik kommt vor allem bei Wachschutzunternehmen oder Speditionen zum Einsatz. Meldet sich ein Teilnehmer nicht in einem bestimmten Zeitintervall, signalisiert dies das System. Sie können damit die Sicherheit allein arbeitender Mitarbeiter beträchtlich erhöhen.

Beispiele der Anbindung an betriebliche Rechnersysteme sind u.a. die Erfassung von Kontroll-, Arbeits- und Entladezeiten, die in das betriebliche Rechnungswesen eingebunden werden. Eine andere Lösung ist die Einbindung des Systems in die Tourenplanung von Speditionen.

Sie können Ihren Fuhrpark oder Ihre mobilen Mitarbeiter besonders wirksam mit dem Global Positioning System (GPS) steuern und/oder überwachen. *Vorsicht*: Erläutern Sie Ihren Mitarbeitern beim Einsatz von Überwachungssystemen, daß diese nicht zu deren Bespitzelung eingesetzt werden. Sie können dies einleuchtend tun, indem Sie auf die Vorteile der Überwachung für Ihre Mitarbeiter hinweisen:

- Die Position von Fahrzeugen und Personen kann sehr genau festgestellt und auf dem Monitor auf Landkarten und Stadtplänen oder einem selbst erstellten Lageplan dargestellt werden.
- Der Dispatcher ist so immer über die exakte Position Ihrer Fahrzeuge und Ihrer Mitarbeiter jederzeit genau informiert.
- So können Fahrwege nachverfolgt werden und darüber Aufschluß geben, daß Ihrem jeweiligen Fahrer etwa aufgrund von Staus oder anderer unvorhersehbarer Ereignisse keine Schuld trifft, wenn bestimmte Zielvorgaben nicht geschafft wurden.

Ein eher klassisches Beispiel für die Anwendung des Systems stellen Alarmanlagen dar. Bei ihnen bietet sich eine Reihe von Lösungen, die von der Ergänzung der telefonischen Alarmmeldung bis zu ausgefeilten komplexen Systemen reichen. Eine einfach zu installierende Lösung bietet sich Ihnen besonders dann, wenn Sie leerstehende Gebäude (Abrißhäuser oder noch unbewohnte oder zum Teil unbewohnte Neubauten) oder auch Baucontainer überwachen lassen müssen, besonders an den Stellen und Orten, wo Ihnen kein Stromanschluß zur Verfügung steht.

Analog dazu können gefährliche Arbeitsplätze per Tastendruck durch ein im Ernstfall gesendetes Signal gesichert oder Arbeiter gewarnt werden – in Sekunden wird in Ihrer Zentrale oder Ihrem Wachschutzunternehmen der Alarm ausgelöst. Die Ergänzung telefongestützter Alarmanlagen durch Anlagen etwa mit Bündelfunk bietet Ihnen vor allem dann eine sinnvolle Variante, wenn Sie hohe Sicherheit gewährleisten müssen; denn die Alarmmeldung wird auch ausgelöst, wenn die Stromversorgung unterbrochen und die Telefonleitungen gekappt werden.

Wenn dagegen beispielsweise ein Neubau nur teilweise bezogen ist, können Sie die noch unvermieteten Räume durch Kontrollgänge sichern lassen. Oder Sie installieren eine Alarmanlage, die einfach anzubringen ist und die nur diese Räume überwacht, eventuelle Alarmmeldungen an Ihr Wachschutzunternehmen überträgt.

Tip

- Klären Sie gemeinsam mit Ihrem Funkfachhändler und möglicherweise Ihrem Softwareanbieter vorher ab, welche Informationen Sie wirklich übertragen wollen.
- Lassen Sie die Lösung für Ihre ganz speziellen Anforderungen maßschneidern. Das spart Zeit und Geld.

Kosten

Ein (fast) kostenloser Service

Die Gebühr für eine Statusmeldung etwa im RegioKom-Netz liegt bei zwei Pfennig; je Teilnehmer und Monat haben Sie 144 solcher Meldungen frei oder 7 je Arbeitstag.

Beispiel Flottensteuerung

- Das Handling der Gespräche kostet Sie z. B. bei RegioKom keinerlei zusätzliche Gebühren.
- Sie können dazu pro Teilnehmer zusätzlich zur Sprache täglich 7 kostenlose Meldungen übertragen.
- Jede weitere Meldung kostet pro Statusmeldung weitere 2 Pfennig, Kurzmeldungen 6 Pfennig. Mit einer Kurzmeldung können Sie Ihrem Fahrer schon eine neue Lieferadresse mitteilen.

Vergleich: Setzen Sie die 6 Pfennig ins Verhältnis zu den Kosten, die Sie tragen müßten, wenn Sie nur wegen eines Übertragungsirrtums beispielsweise 10 Kilometer Umweg fahren müßten.

Beispiel Alarm

Bei Alarmanlagen kann es durchaus sein, daß Sie für Datenübertragung gar nichts bezahlen müssen. Die Anlage sendet ein- oder zweimal täglich eine Meldung über die Bereitschaft und meldet sich sonst nur bei Alarm. Im allgemeinen dürften die dafür nötigen Datenübertragungen mit den 144 Freieinheiten weitgehend abgedeckt sein, es sei denn, täglich werden mehrere Alarme ausgelöst. Hier wäre dann nur der monatliche Datentarif von 18 Mark je Sendegerät zu zahlen.

Beispiel Positionsverfolgung
Bei der Positionsverfolgung hängen die Kosten von den Anforderungen ab, die Sie stellen. Eine reine Positionsübertragung kostet lediglich 6 Pfennig. RegioKom bietet 144 kostenlose Dateneinheiten = 40 Positionsmeldungen je Teilnehmer und Monat.

Beispiel Überwachen und Steuern entfernter Anlagen
Klären Sie vorab, welche Angaben Sie für Ihre Entscheidungen und Handlungen benötigen. Eine Dateneinheit (= eine Statusmeldung) kostet Sie untertags 2 Pfennig, 144 solcher Meldungen haben Sie je Gerät im Monat frei. Je Arbeitstag können Sie also 7 kostenlose Dateneinheiten übertragen.

Tip

- Überlegen Sie beim Erarbeiten Ihres Systems, wie viele Meldungen wirklich benötigt werden.
- Passen Sie die Softwarelösungen Ihren Bedingungen an, nicht umgekehrt!

11
Telefax

Auf derzeit rund 9 Millionen schätzt die Fachgruppe Telefax im Verband Deutscher Maschinen- und Anlagenbauer (VDMA) die Zahl installierter Telefaxgeräte und faxfähiger PCs in Deutschland. Hierüber werden mehr als 20 Millionen Faxsendungen pro Tag (!) verschickt. Diese Zahlen sollten Sie sich auf der Zunge zergehen lassen. Gehen Sie getrost davon aus, daß nur ein kleiner Bruchteil davon zur privaten Benachrichtigung von Freunden, Bekannten oder Verwandten dient. In der großen Mehrzahl geht es ums Geschäft.

Was ist also dran an dem Marktinstrument Telefax, und wie können Sie es für Ihr Geschäft nutzen?

„Mailings per Fax", so wurde im August 1997 Dr. Norbert Posch, Geschäftsführer von Deutschlands größtem Faxdienstleister, Xpedite Systems in München, im Magazin „Sales Profi" zitiert, „sind ein ausgesprochen mächtiges Verkaufstool." Das Blatt attestiert dem „powervollen Verkaufsmedium Fax", zwölfmal billiger und wesentlich schneller als der klassische Werbebrief per Post zu sein – bei achtmal höherem Response.

Erstmals hat die Faxspezialistin Anja Gutacker, selbst Marketingchefin der Nummer 2 im Faxdienstleistergeschäft, GTC in Stuttgart, in dem Standardwerk „Faxdienstleistung – Der direkte Draht auf den Schreibtisch Ihres Kunden" die ganze Vielfalt von Telefax als Marketinginstrument unter die Lupe genommen. Sie unterscheidet im wesentlichen vier Grundformen des kommerziellen Telefaxes:

- Massenfaxversand
- Faxabruf
- Fax-in oder Receive-Fax
- Einzelfax.

11.1 Massenfaxversand

Wenn Sie Rundsendungen per Telefax an einen beliebig großen Empfängerkreis zu versenden haben, dann bedienen Sie sich des Massenfaxversands oder auch Faxbroadcastings, wie es oft genannt wird. Diese Methode hat sich in den vergangenen Jahren zu einem nicht mehr wegzudenkenden Marketingmedium entwickelt. Dabei haben Sie grundsätzlich drei Möglichkeiten der Vorlagengestaltung:

- normales Telefax: Sie schicken jedem Empfänger exakt dasselbe Telefax, und zwar ohne jeglichen Zusatz.
- teilpersonalisiertes Telefax: Hierbei schicken Sie zwar auch jedem Empfänger grundsätzlich exakt dasselbe Telefax. Auf jedem Telefax lassen Sie aber zusätzlich eine individuelle Kopfzeile hinzufügen. Wenn Sie es wünschen, kann sie jeweils z. B. den Namen des Empfängers enthalten.
- vollpersonalisiertes Telefax: Hier ist der Grundaufbau jedes Telefax derselbe, allerdings enthält der Text individuelle Zusätze wie Adresse und persönliche Anrede des Empfängers – wenn Sie so wollen, ein Serienbrief per Telefax.

Im Vergleich zur herkömmlichen Briefpost bringt Ihnen das Telefax dabei allerdings eine Vielzahl von Vorteilen wie Kosten- und Zeiteinsparung sowie vor allem den weit höheren Aufmerksamkeitswert (Response).

Kosten

Vorteile Fax gegenüber Brief

1. Kosteneinsparungen

- *Zustellgebühren:* Durch ein Telefaxmailing können Sie nach Berechnungen Gutackers im Vergleich zum Postversand zunächst an den reinen Zustellgebühren sparen (z. B.: bei Aussendung von 1000 Telefaxen mit 1 Seite Umfang je Fax: 0,30 DM. Vergleich: 1000 Infobriefe: 0,80 DM/Stück). Vor allem im Rahmen jüngster Posterhöhungen ein nicht zu vernachlässigender Kostenfaktor!
- *Materialkosten:* Es entstehen Ihnen keine Kosten durch Papier, Druck oder Briefumschläge.
- *Personalkosten:* Ihr Mitarbeiter, der die Vorlage erstellt, kann diese direkt vom eigenen PC aus an Ihren Faxdienstleister übermitteln. Ihre Mitarbeiter müssen sich nicht mit dem Ausdruck von Serienbriefen, Etikettierungen oder organisatorischen Arbeiten zur Durchführung großer Briefaussendungen kümmern, sondern können sich ganz Ihren Kernaktivitäten widmen.
- *Lettershop-Arbeiten:* Hierfür sonst anfallende Kosten für Falzen, Kuvertieren, Frankieren und Postaufliefern sparen Sie ganz.

2. Zeiteinsparungen

- *Vorlaufzeiten:* Druck, Falzen, Kuvertieren, Frankieren nehmen im Vorfeld zu Ihren Aussendungen viel Zeit in Anspruch – alle diese Arbeiten entfallen bei einem Faxmailing. Am PC erstellt, können

Sie Ihr Faxmailing somit innerhalb weniger Minuten an Ihren gewünschten Empfängerkreis zustellen lassen.

- *Zustellzeiten:* Sie sind im Vergleich zur Briefpost minimal.
- *Reaktionsmöglichkeit:* Der Empfänger Ihrer Mailings hat eine weit schnellere Möglichkeit zur Reaktion. Rückfaxe auf einer Massenfaxaussendung können direkt am Telefaxgerät ausgefüllt und zurückgefaxt werden. Dies reduziert die Responsezeit erheblich.

3. Response

Erfahrungsgemäß erhält ein Telefax mehr Aufmerksamkeit als ein Briefmailing, aus folgenden Gründen:

- *Direkte Erreichbarkeit:* Das Fax muß beim Empfänger nicht erst den Weg durch die Hauspost finden, sondern erreicht ihn direkt am Abteilungsfaxgerät oder sogar am Faxgerät in unmittelbarer Nähe seines Schreibtisches.
- *Keine frühzeitige Enttarnung als Werbung:* Im Gegensatz zu einem Brief, der sich durch die Minderfrankierung (z.B. als Infopost) gleich als Werbebrief enttarnt, kann beim Telefax anhand des Äußeren nicht erkannt werden, ob es sich um eine Rundsendung oder ein einzelnes (vielleicht angefordertes) Telefax handelt.
- *Akzeptanzerhöhung durch Personalisierung:* Durch direkte Ansprache des Empfängers in der Kopfzeile oder als Serientelefax mit individualisierter Adressierung, Anrede etc. läßt sich dieser Effekt noch erhöhen.

Für viele Unternehmen ist der Massenfaxversand heute nicht mehr eine reine Kostenersparnis im Vergleich zur Briefpost, sondern ein eigenständiges Medium, mit dem sie Aktionen durchführen können, die auf herkömmlichem Wege nicht denkbar waren. Wegen der Schnellebigkeit von Informationen müssen diese innerhalb kürzester Zeit vertrieben werden, um Wettbewerbsvorteile gegenüber der Konkurrenz schaffen und ausnutzen zu können. Gutacker kann man deshalb nur beipflichten, wenn sie schreibt: „Das Telefax ist ein Medium, das die Vorteile eines modernen Kommunikationsmediums mit der papiernen Tradition vereint."

Für wen ist Massenfaxversand interessant?

Doch nicht jeder, der eine Reise tun will, muß deshalb gleich einen Jumbo-Jet besteigen. Und wenn Sie nur Ihrem Skatclub mitteilen wollen, daß Sie am nächsten Skatabend nicht teilnehmen können, brauchen Sie nicht gleich einen

Massenfaxdienst zu engagieren. Der Massenfaxversand eignet sich grundsätzlich für Ihr Unternehmen, wenn Sie Informationen an einen Kreis in einer Größenordnung von 100 Empfängern und mehr versenden wollen.

Sie werden mit einer Massenfaxaktion vor allem dann gut bedient sein, wenn Sie die schnelle Zustellung quasi ohne Vorlauf ausnützen, die Ihnen dieses Medium bietet. Besonders wenn Sie etwa zeitkritische Informationen wie Preislisten mit begrenzter Gültigkeit, Erinnerungen für einen Messetermin oder anderes versenden wollen.

Auch sollten Sie überlegen, inwiefern Ihrer Aussendung die überaus kostengünstige Zustellmöglichkeit bei Telefax nützen kann. Mehr und mehr kommt diese Eigenschaft von Telefax überall da zum Zuge, wo Rundsendungen versandt werden, bei denen es auf den Inhalt ankommt und nicht auf Hochglanzprospekte. Viele Unternehmen sehen laut Gutacker aus diesem Grund das Telefax nicht grundsätzlich als Ersatz für das Briefmailing. Wenn Sie dennoch Hochglanzprospekte zu versenden haben, müssen Sie darauf nicht gänzlich verzichten. Sie können diesen Versand aber einschränken und durch regelmäßige Faxaussendungen z. T. ersetzen oder auch unterstützen.

11.1.1 Die rechtliche Situation

Lehrgeld, sagt man, ist die beste Investition. Wir haben in Sachen rechtlicher Rahmen für Telefaxmassenversand einige Investitionen getätigt beim Aufbau des Telefaxmagazins „getfax", die ich Ihnen nicht vorenthalten will.

Als wir uns Anfang der 90er Jahre überlegten, daß man bei der bereits spürbar anwachsenden Gemeinde von Telefaxbesitzern dieses Netz auch kommerziell nutzen müßte, war ein Problem – wie bei jeder Produkteinführung –, wie wir es am wirksamsten bewerben konnten. Wir probierten so ziemlich das gesamte Einmaleins moderner Werbemixer aus, von Werbung in Fachzeitschriften bis hin zu Direct-Mail-Aktionen mit Massendrucksachen, heute würde man sagen: Infopost. Nichts half. Eine Zeitung über Telefax, das kaufte uns damals niemand ab.

Schließlich meinte einer aus dem Team, wenn man schon ein Produkt, das Telefax zentral nutzt, herstellt, dann könnte man Telefax doch auch nutzen. Nicht um zu werben – das war auch damals schon verboten –, aber um interessierten Kunden ein Probeexemplar zukommen zu lassen. Und da es sich ja um ein Telefaxprodukt handelte, so unsere Argumentation vor uns selbst, also kein Waschmittel oder sonst ein typisches Produkt der Werbung angepriesen wurde, sondern lediglich redaktionelle Informationen über den Markt der

Telekommunikation firmenunabhängig in „getfax" zu lesen sind, hielten wir die Idee für durchführbar und rechtlich unangreifbar.

Ein Trugschluß, wie sich ziemlich schnell herausstellen sollte. Wir hatten nicht einmal ein paar Dutzend Probeexemplare von „getfax" an Teilnehmer versandt, von denen wir annahmen, es könnte sie interessieren, da flatterte uns auch schon die erste Abmahnung ins Haus. Und nur wenige Abmahnungen später erhielten wir dann auch einen richterlichen Beschluß nachgereicht, derlei Aussendungen per Telefax zu unterlassen, sonst könnten wir uns auf eine Strafe von 500 000 Mark ersatzweise Gefängnis gefaßt machen.

Ich rief damals den zuständigen Richter an und erläuterte ihm unsere Beweggründe. Die ließ er aber alle nicht gelten, sondern setzte mich mit einer Frage schachmatt: „Wollen Sie mir tatsächlich erzählen, daß Sie die Aussendungen über Telefax nur gemacht haben, um die Empfänger neutral über irgendwelche Vorgänge in der Telekommunikation zu informieren, und Ihr Nachrichtenmagazin ‚getfax' hernach nicht verkaufen?" Ich mußte zugeben, daß wir „getfax" nicht ganz uneigennützig versandten: Dies aber stellt den Tatbestand der Werbung dar, die über Telefax und ohne vorheriges Einverständnis des Empfängers in Deutschland nun einmal verboten ist.

Wir merken uns also als Hauptregel, die jeder Überlegung einer Werbeaussendung per Telefax zugrunde liegen muß: Sie dürfen Werbung per Telefax nur dann versenden, wenn Ihnen das Einverständnis des Empfängers vorliegt.

Hintergrund

Das meint Justitia zum Massenfax

Aus rechtlicher Sicht gilt grundsätzlich:

Sie dürfen Werbung per Telefax nur dann versenden, wenn Ihnen das Einverständnis des Empfängers vorliegt.

Dies bedeutet für Sie, daß Sie beim Einsatz des Massenfaxversandes folgendes berücksichtigen müssen:

- Rechtlich unbedenklich können Sie das Telefax gegenüber solchen Empfängern einsetzen, zu denen Sie bereits Geschäftsbeziehungen unterhalten wie festen Kunden oder Lieferanten.
- Ist dies nicht der Fall, so müssen Sie entweder auf eine Zusendung an einen Adressaten verzichten oder aber sich dessen Einverständnis holen.

- Am einfachsten holen Sie sich ein solches Einverständnis im Rahmen eines Briefmailings. Sie sollten den Empfänger in einem solchen Schreiben auf den Einsatz des neuen Mediums hinweisen. Wollen Sie ihm beispielsweise monatlich ein Telefax mit Ihrer Preisliste zusenden, so weisen Sie ihn mit einem Exklusivitätshinweis darauf hin, daß er „nur hier die aktuellsten und günstigsten Sonderangebote“ erhält.
- Achten Sie darauf, daß er Ihnen sein Einverständnis mitteilt. Das Anschreiben genügt nicht, er muß darauf mit seinem Einverständnis antworten. Die Erlaubnis zum Faxversand sollten Sie sich auch nicht nur telefonisch, sondern mindestens per Rücktelefax geben lassen, z.B. durch Zustimmung: „Ja, informieren Sie mich regelmäßig über Ihre aktuellen Sonderangebote per Telefax.“
- Wenn ein Empfänger nicht mehr an Ihren Telefaxen interessiert ist, dürfen Sie diesen Empfänger nicht mehr anfaxen. Auch wenn Sie Geschäftsbeziehungen zu ihm oder eine Einverständniserklärung zum Zufaxen von Werbemitteilungen und ähnlichen Informationen haben.

11.1.2 Im Zweifelsfalle „Robinson“

Einen wenn auch nicht umfassenden, so doch einigermaßen verläßlichen Schutz davor, werbefaxabgeneigte Telefaxanschlußinhaber anzufaxen, bietet Ihnen übrigens die Robinsonliste des VDMA. Fragen Sie deshalb den von Ihnen für eine Massenaussendung ausersehenen Faxdienstleister danach, ob er Mitglied der Arbeitsgemeinschaft Faxdienstleistung im VDMA ist. In der Regel faxt ein solcher Dienstleister automatisch schon keine gesperrten Faxanschlüsse an. Um Empfänger, die grundsätzlich keine Telefaxrundsendungen erhalten möchten, vor unerwünschter Information zu schützen, wurde von dieser firmenübergreifenden und unabhängigen Institution im August 1997 eine solche Liste eingeführt.

Jeder Telefaxbesitzer in Deutschland, der keine Faxrundsendungen erhalten möchte, kann sich in diese Liste eintragen lassen. Die hier eingetragenen Nummern werden von den Faxdienstleistern im VDMA nicht angefaxt. Die Liste unterliegt laut Auskunft des VDMA den gesetzlichen Bestimmungen zum Datenschutz und wurde mit der Arbeitsgemeinschaft der Verbraucherverbände abgestimmt. Der Eintrag ist kostenlos.

Die Aufnahme in die Robinsonliste erfolgt unter Servicenummer 01 80/ 5 23 56 29. Dort können Sie als Besitzer eines Telefaxgerätes per Faxabruf ein Antragsformular sowie ein Informationsblatt anfordern. Der Eintrag wird umgehend vorgenommen, die Robinsonliste wird werktäglich aktualisiert. Auf dem gleichen Weg ist jederzeit die kostenlose Löschung des Sperreintrags möglich.

Doch Vorsicht: Leider ist eine Reihe von Anbietern bislang noch nicht bereit, diese offene Initiative zur Verbesserung von Dienstleistungsqualität und Verbraucherschutz zu unterstützen. Deshalb kann der Sperreintrag augenblicklich nicht jede unerwünschte Telefaxsendung verhindern. Die nicht in der Fachgruppe Telefaxmehrwertdienste vertretenen Unternehmen können sich an der Robinsonliste jedoch über eine befristete Subskription beteiligen.

11.1.3 Was können Sie versenden?

Die Liste der Informationen, die Sie per Telefax verbreiten können, ist immens groß – Ihrer Phantasie sind kaum Grenzen gesetzt. Grundsätzlich eignen sich hierfür Informationsinhalte mit Aktualitätsbezug oder solche, die die Befassung des Empfängers als passiven Rezipienten erfordert. So kann es etwa bei einer Telefaxpublikation, einer Kundenzeitung oder ähnlichem sehr wichtig sein, daß der Empfänger regelmäßig automatisch damit beliefert wird, um die Leser-Blatt-Bindung zu stärken.

Hier einige Beispiele, die nach Erfahrung Anja Gutackers besonders häufig genutzt werden und für die sich das Medium Telefax als besonders geeignet herausgestellt hat:

- *Preislisten:* mit begrenzter Gültigkeit, am besten gleich mit Bestellschein, um dem Kunden die sofortige Reaktion zu ermöglichen.
- *Listen mit Sonderangeboten:* auch hier am besten gleich mit Bestellschein. Hier können Sie kurzfristig auf Überschüsse reagieren und Ladenhüter von vornherein vermeiden.
- *Bestellscheine für Kataloge:* Sie können zusätzlich Kosten einsparen, wenn Sie weniger aktiven Kunden nicht gleich den ganzen teuren Katalog übersenden, sondern zunächst ein Faxmailing vorschalten.
- *Anmeldeformulare für Veranstaltungen:* So können Sie auch kurzfristig die letzten freien Plätze Ihrer Veranstaltung anbieten.
- *Neueste Produktinformationen:* Durch regelmäßige Information Ihrer Kunden über aktuelle Entwicklungen schaffen Sie eine engere Bindung zum Kunden.

- *Erinnerungstelefaxe:* Faxen Sie z.B., wenn Sie Anmeldefristen, Messetermine und Veranstaltungen in Erinnerung rufen möchten. So gehen Sie sicher, daß Ihr Kunde auch einen Besuch auf Ihrem Messestand miteinplant.
- *Kundenfaxzeitungen:* Mit den neuesten Informationen aus der Branche und der Produktpalette schaffen Sie ein neutrales Medium und vertiefen dadurch die Bindung zu Ihren Kunden. Achten Sie dabei aber darauf, daß Ihre Kundenfaxzeitung möglichst journalistisch, professionell und mediumspezifisch aufbereitet wird. Sie können dadurch den Werbecharakter weitgehend in den Hintergrund drängen, was wiederum die Akzeptanz beim Faxleser erhöht.
- *Anschriftänderungen, Zuständigkeitswechsel:* Organisatorische Informationen lassen sich schnell, kostengünstig und zuverlässig unter Ihren Geschäftspartnern verbreiten.
- *Kundenbefragungen:* Sie können sie ohne großen Aufwand direkt vom eigenen PC aus durchführen – unabhängig von der Größe des Kundenstamms.
- *Pressemitteilungen:* Journalisten benötigen für ihre Arbeit möglichst frische Informationen. Setzen Sie sie deshalb über neue Entwicklungen in Ihrem Unternehmen auf möglichst kurzem Wege in Kenntnis – und das ist eben Telefax. Ihren Presseverteiler informieren Sie so in wenigen Minuten über die wichtigsten Neuentwicklungen.

Vor allem durch die Möglichkeiten moderner Computertechnologien haben Sie die Qual der Wahl, entweder Ihren Massenfaxversand vom heimischen PC zu erledigen oder aber einen Faxdienstleister zu beauftragen.

11.1.4 Eigenversand oder Dienstleister?

Die Einrichtung eines eigenen Systems lohnt sich in der Regel vor allem:

1. Wenn Sie nur kleine (unter 200) und unregelmäßige Aussendevolumina zu bewältigen haben. Das Aussendevolumen richtet sich u.a. auch danach, was Ihr Faxgerät in der billigsten Tarifzeit des Telefonnetzbetreibers (also der Deutschen Telekom) versenden kann (siehe Punkt 2).
2. Wenn Sie zeitunabhängige Aussendungen vornehmen wollen. Dann können Sie Ihren Faxversand z.B. auf die zur Zeit günstigste Tarifzeit zwischen 2 und 5 Uhr morgens an Werktagen (nicht sonnabends und sonntags) verlegen.
3. Überlegen Sie auch, ob Sie bei Empfängern, die zum Citytarif der Telekom erreicht werden können, den Versand selbst übernehmen können.

4. Wenn Sie einen nicht unwichtigen Teil Ihrer Unternehmensdaten Dritten nicht anvertrauen möchten. Beim Selbstversand bleiben Sie selbstverständlich Herr Ihrer Daten.

Praxis

Worauf ist bei Eigenversand zu achten?

- Achten Sie darauf, daß Sie von jedem für die Faxaussendung vorgesehenen Empfänger eine Einverständniserklärung vorliegen haben, soweit nicht bereits ausreichend Geschäftsbeziehungen bestehen, die die Annahme gerechtfertigt erscheinen lassen, daß eine Massenzusendung mit Werbeinhalten willkommen ist.
- Wählen Sie die günstigste Versandzeit aus, zur Zeit bei der Deutschen Telekom Montag bis Freitag im Nachtfenster zwischen 2 und 5 Uhr für alle Telefaxe, die nicht zum Citytarif versandt werden können; Telefaxe zum Citytarif können dagegen zeitunabhängig versandt werden.
- Wählen Sie eine geeignete Versandsoft- und -hardware aus. Sie sollte über ein umfassendes Versand- und Empfangsmanagement verfügen, Archivfunktion und Telefonbuchfunktionen besitzen. Achten Sie aber auch darauf, daß PC-Software und Modem kompatibel sind.
- Richten Sie eine ausreichende Anzahl von Leitungen ein. Haben Sie beispielsweise als Kleinunternehmen einen einfachen ISDN-Anschluß mit zwei Leitungen und eine entsprechende Faxsoftware (es gibt hier Produkte, die zwei Leitungen auf einmal bedienen können), so schaffen Sie etwa 100 bis 200 Telefaxe beispielsweise im Nachtfenster.

  Eine kleine Faustregel: Pro Leitung inklusive Anwahl können ca. 100 Standardtelefaxseiten bearbeitet werden. Standardtelefaxseiten sind nicht eng beschrieben und haben in etwa den Umfang eines kurzen Geschäftsbriefes.
- Lassen Sie Ihre Mitarbeiter gründlich einweisen und mit Ausführung, Nachbearbeitung und Systemwartung betrauen.
- Um die Aussendung sicherzustellen, sollten Sie Ihre Faxversandanlage an eine Notstromversorgung anschließen lassen.

Vorteile eines Faxdienstleisters

- *Quasi keine Kapazitätsgrenzen:* Auch große Versandmengen können Sie innerhalb kürzester Zeit versenden lassen und sind dadurch in Ihren Aktivitäten völlig flexibel.
- *Automatische Wahl des günstigsten Versandweges* – vor allem im ausländischen Faxverkehr interessant.
- *Automatische Abwicklung von Wiederwahl* durch den Dienstleister ohne Belastung des eigenen Faxanschlusses.
- *Lohnender Einsatz* schon ab monatlichen Telefaxkosten über 100 DM; vor allem bei häufigem Auslandsfaxverkehr.
- *Tag- und Nachtversand:* Seriöse Faxdienstleister verfügen über ein eigenes Netz, welches sie weitgehend unabhängig von bestimmten Billigtarifzeiten der Deutschen Telekom macht. Dies gibt Ihnen die Möglichkeit sowohl des Tag- als auch des Nachtversandes.
- *Keine Investitionskosten*: Sie sparen die Anschaffung von Soft- und Hardware und zusätzliche Leitungen.
- *Keine Wartungskosten.*
- *Keine Grund- und Monatsgebühren.*
- *Berechnung nur erfolgreich versandter Telefaxe:* Gebühren durch Fehlverbindungen in Folge falscher Telefonnummern, Abbrüche bei Übertragungsfehlern etc. werden bei seriösen Faxdienstleistern nicht weiterberechnet (ganz im Gegensatz zur Briefpost, bei der unzustellbare Briefe sogar doppelt berechnet werden – einmal für den fehlgeschlagenen Hintransport, ein zweites Mal für den Rücktransport zu Ihnen!)
- *Servicehotline* bei technischen Problemen.
- *Rundumberatung:* Organisation, Optik, Versandzeitpunkt und dergleichen mehr.
- *Nachsendung* an alle Nummern, für die zwar ein funktionierender Anschluß besteht, die aber aus anderen Gründen wie Papiermangel, Geräteabschaltung etc. nicht erreicht werden konnten. Die Nachsendung erfolgt automatisch in der nächsten Nacht und ist bei seriösen Faxdienstleistern Standard.
- *Abwicklung* durch eigene Versandsoftware, die von seriösen Dienstleistern kostenlos zur Verfügung gestellt wird.
- *Ausfallsicherheit:* Ihre Aussendung wird vom Dienstleister sichergestellt. Er sorgt deshalb durch Notstromversorgung und redun-

dante Leitungen für eine garantierte Abwicklung Ihres Faxauftrags.

- *Einschaltung der Robinsonliste:* Seriöse Faxdienstleister sind Mitglied der Arbeitsgruppe Telefax im VDMA und damit automatisch an deren Robinsonliste angeschlossen. Dies vermeidet größtenteils Verärgerung von Empfängern, die grundsätzlich keine Rundsendungen per Telefax erhalten möchten und sich in die Robinsonliste haben eintragen lassen.

Checkliste

Wie wir gesehen haben, bietet die Beauftragung eines Faxdienstleisters eine Reihe von Vorteilen gegenüber dem hausgemachten Eigenversand. Es sind allerdings damit auch ein paar Schutzmaßnahmen verbunden, die Sie unbedingt beachten sollten:

- Meiden Sie Angebote mit Kapazitätsbegrenzungen etwa nach dem Motto „solange der Vorrat reicht". Einige Anbieter arbeiten mit Kontingenten, die nicht immer zur Verfügung stehen, so daß z. B. bei großer Nachfrage der Versand Ihrer Faxe nicht garantiert ist. Wenn Sie zudem erst am Abend erfahren, ob Ihr Auftrag angenommen wird, haben Sie einen Wettbewerbsnachteil gegenüber Ihrem Konkurrenten, der sofort sendet.
- Lassen Sie sich ein detailliertes Protokoll erstellen! Nur so haben Sie die Möglichkeit einer lückenlosen Kontrolle über Ihre Faxtätigkeit.
- Lassen Sie sich den Datenschutz vertraglich zusichern! Nur so wahren Sie Ihr Interesse, daß Ihre Daten Ihnen gehören und nicht der Konkurrenz zur Verfügung gestellt werden. Gerade Faxadressen werden heute zu hohen Preisen gehandelt.
- Bestehen Sie auf einer angemessenen Servicehotline zu Geschäftszeiten. Achten Sie aber darauf, daß die Hotlinenummer nicht mit der Ziffernfolge 01 90 … beginnt. Hier sind Abzocker am Werk, die pro Minute Hotlineberatung von Ihnen 1,20 DM und mehr abkassieren wollen.
- Für den bequemen Versand wird von seriösen Faxdienstleistern eine eigene kostenlose Versandsoftware geboten. Sie sollten sich keine Software gegen Bares aufschwatzen lassen.

- Meiden Sie Faxdienstleister, die von Ihnen Grund-, Einricht- und Monatsgebühren verlangen wollen.
- Gehen Sie auch keine langen vertraglichen Bindungen ein: Der Markt ist noch dermaßen in Bewegung, daß Sie bei jedem neuen Auftrag neue Preisnachlässe heraushandeln können.
- Behalten Sie sich das letzte Wort über Ihre Aussendung vor. Der Faxdienstleister soll nur das Telefax für Sie an eine Vielzahl von Empfängern verschicken. Die Möglichkeit der Arbeit mit eigenem PC zum Erstellen der Datei und der eigenen Datenbank muß bei Ihnen verbleiben. Ihr Faxdienstleister sollte deswegen über geeignete Export- und Importmöglichkeiten Ihrer Fax- und Adreßdateien verfügen, damit bei ihm kein Medienbruch mehr entsteht und womöglich noch menschliche Eingriffe erfolgen müssen.

11.2 Der Faxabruf

Auf Faxabrufsystemen können Sie ähnlich anderen Interaktivsystemen wie Internet oder Bildschirmtext Informationen hinterlegen. Der Interessent kann diese dann zu einem beliebigen Zeitpunkt abrufen und auf seinem Telefaxgerät empfangen. Grundsätzlich könnte der Faxabruf für Ihr Unternehmen interessant werden, wenn Sie Informationen für Ihre Kunden, Interessenten und Geschäftspartner zur Verfügung halten wollen. Von besonderem Interesse sind dabei Informationen mit häufig wechselndem Inhalt und Kurzzeitarchiv-, Katalog- oder ähnlichem Charakter, wie z. B. aktuellen Preislisten oder Veranstaltungskalender u. v. m..
Gutacker unterscheidet drei Arten von Faxabrufsystemen:

- Faxpolling
- Fax-on-Demand und
- Fax-Back.

11.2.1 Faxpolling

Beim Faxpolling hinterlegen Sie als Anbieter von Faxinformationen Ihr Dokument – meistens umfaßt es bis zu neun Seiten – auf einer individuellen Rufnummer, die der Faxteilnehmer, der sich für Ihre Informationen interessiert, direkt von seinem Faxgerät aus anrufen kann. Dazu schaltet er sein Faxgerät auf Polling, Abruf oder manuellen Empfang um, wählt die Rufnummer des Dokuments und drückt die Starttaste. Bei einigen wenigen Gerätetypen variiert diese Vorgehensweise etwas. Im Zweifelsfall sollte Ihr Faxinteressent sich im Handbuch seines Faxgerätes näher über das Leistungsmerkmal Faxpolling informieren.

Kaum ist die Starttaste betätigt, werden die gewünschten Informationen auf das abrufende Faxgerät gefaxt und ausgedruckt.

Um die Übersichtlichkeit zu erhöhen, sollten Sie auf einer Übersichtseite, die Sie in anderen Medien publizieren lassen, eine Aufstellung aller verfügbaren Dokumente mit ihrer jeweiligen individuellen Rufnummer abdrucken.

Praxis

Faxpolling auf dem Schüttelrost

Vorteile:

- Relativ einfache Handhabung.
- Von den meisten Faxgeräten und von vielen PC-Faxprogrammen aus abrufbar.
- Für Sie als Anbieter von Polling fallen keine Faxübertragungsgebühren an. Wenn Sie den Abruf unter eine gebührenbewehrte Servicenummer wie 0190... legen, können Sie daran sogar noch verdienen.

Nachteile:

- Einige alte Faxgeräte verfügen über keine Abruffunktion.
- Kein Abruf mehrerer Dokumente gleichzeitig möglich.
- Sie müssen bei einer Vielzahl von Dokumenten eine entsprechende Menge von Pollingnummern publizieren, was höhere Anforderungen an die Merkfähigkeit beim Abrufer stellt.
- Teilweise übersteigt der Faxabruf schon bei dem relativ einfachen Pollingverfahren die Auffassungsgabe vieler Abrufer.

11.2.2 Fax-on-Demand

Im Gegensatz zum Faxpollingsystem ruft der Interessent eine von Ihnen als Fax-on-Demand-Anbieter angegebene Nummer nicht vom Telefaxgerät, sondern per Telefon mit Tonwahl an, oft auch Mehrfrequenzwahl genannt. Sie erkennen ein Tonwahltelefon daran, daß Sie jedesmal, wenn Sie eine Taste drücken, einen Ton zu hören bekommen.

Am Hörer wird er nach Zustandekommen der Verbindung von einem Sprecher durch ein Menü geführt, das ihm verschiedene Informationsangebote jeweils im Zusammenhang mit einer oder mehreren Ziffern eröffnet. Der Abrufer wählt die von ihm gewünschten Informationsteile durch Betätigen der entsprechenden Ziffernfolgen aus. Daraufhin wird er vom Sprecher im Telefon aufgefordert, sein Faxgerät für den Abruf zu starten. Er startet es beispielsweise durch Betätigen der Starttaste am Faxgerät und erhält auf diesem die gewünschten Informationen ausgedruckt.

Fax-on-Demand geht es wie der Mona Lisa im Louvre: Ihr Ruf ist weit besser als das Produkt selbst. Sie können der nachstehenden Auflistung entnehmen, daß die Nachteile bei dieser Faxabrufart die Vorteile weit überwiegen.

Vorteile:

- Relativ kundenfreundlich durch Sprachmenüführung.
- Für Sie als Anbieter fallen wie beim Faxpolling keine Faxübertragungsgebühren an. Wenn Sie den Abruf unter eine gebührenbewehrte Servicenummer wie 0190 … legen, können Sie auch hieran verdienen.

Nachteile:

- Was zunächst als Vorteil erscheint, kann sich auch schnell in einen Nachteil verkehren: Abrufer können sich nämlich durch eine komplizierte Sprachmenüführung und zu viele Auswahlmöglichkeiten schnell verwirren und abschrecken lassen.
- Nicht alle Telefone verfügen über Tonwahl. Um dem vorzubeugen, müssen Sie in der Ankündigung Ihres Angebots auf nicht einfache Erklärungen zurückgreifen, wie auch ein älteres Telefon, das nach dem antiquierten Impulswahlverfahren arbeitet, auf Tonwahl umgestellt werden kann.

Praxis

Tonwahl trotz Impulswahl

Dies ist entweder durch einen Tonwahlgeber (im Handel erhältlich) oder durch Betätigung der Tastenfolge - * - bei den meisten Telefonen möglich, was aber wiederum nicht jeder in der gewünschten Schnelligkeit begreifen kann.

Hier ist viel Überzeugungs- und Bildungsarbeit nötig, was wiederum die Kosten in die Höhe treiben kann (beispielsweise, wenn Sie eigens hierfür eine Hotline einrichten müßten!).

Tip

Vorsicht Technik!

- Manche Fax-on-Demand-Systeme modernerer Bauart verfügen auch schon über eine sprachgesteuerte Auswahlmöglichkeit bei der der Abrufer seinen gewünschten Menüpunkt durch Ansage auswählt. Diesen Verfahren sind aber leider noch enge Grenzen aufgrund sprachlicher Verschiedenartigkeit der Abrufer wie Dialekt und undeutliche Aussprache gesetzt. Bei beiden Wahlverfahren – Tonwahl oder Sprachwahl – sollten Sie bedenken, daß die Geduld des Interessenten nicht unbegrenzt ist. Funktioniert das eine oder das andere Verfahren nicht und wird dadurch die Zeit bis zum Erhalt der gewünschten Informationen zu sehr gedehnt, gibt er auf. Fünf Minuten können hier schon eine Ewigkeit bedeuten – und Sie hatten einmal einen Interessenten.
- Eine weitere Bruchstelle in der Verbindung von Abrufinteresse zu Abruferfolg ist das mangelnde technische Verständnis beim Abrufer für seine Telefaxgerätschaft. Viele Abbrüche kommen deshalb durch mangelnde Kenntnis der Verbindungsmöglichkeit zum Telefaxgerät zustande. Selbst bei einer ziemlich deutlichen Aufforderung durch die Fax-on-Demand-Stimme wie „Bitte betätigen Sie jetzt die Abruftaste" wissen viele Abrufer nicht oder wenigstens nicht sogleich, was jetzt als nächstes zu tun ist. Eine dadurch entstandene Verzögerung – und macht sie auch nur eine Sekunde aus – schon bricht der Abrufversuch ab. Das geschieht höchstens noch ein zweites Mal – und Sie hatten einmal einen Interessenten für Ihre Informationen.
- Die Verbindung zwischen Telefon und Telefaxgerät muß zudem beim Abrufer sichergestellt sein. Ob dies der Fall ist, darüber herrscht bei den meisten Abrufern weitgehend Unklarheit. Das heißt, selbst wenn Sie es mit einem mit Geduld gesegneten Abrufer zu tun haben, der sich die Zeit nimmt, Ihren Erklärungen an der Hotline zuzuhören, müssen Sie vorsichtig sein. Kommt es nämlich dazu, daß Sie ihn bitten müssen, die Verbindung zwischen Telefon und Faxgerät zu prüfen, dann kommt es in den meisten Fällen auch zum Supergau des Fax-on-Demand: Ihr Abrufinteressent kennt sich damit nicht aus – und Sie hatten einmal mehr einen Interessenten für Ihre Informationen.
- Fax-on-Demand-Angebote sind nur schwerlich vom Computer aus

abrufbar. Hierzu bedarf es gewisser Voraussetzungen beim Abrufer, sowohl was dessen technisches Verständnis als auch was die Programmiermöglichkeit von Abruf-PC und Abrufsoftware angeht. Hier dürfte ein großer Kreis Ihrer potentiellen Klientel von vornherein ausfallen.

- Fax-on-Demand-Angebote erfordern lange Verbindungsdauern. Sie gehen, ob von Ihnen erwünscht (etwa weil mit einer gebührenpflichtigen 0190-Nummer verbunden) oder nicht, zu Lasten Ihres Kunden. Das Abhören der Sprachmenüs vor allem bei mehrmaligem Abruf hält diesen oft vom Abruf ab oder verzögert die Zeit bis dahin. Verzögert es länger, als die Geduld Ihres Kunden reicht – so haben Sie auch in solch einem Fall einmal einen Interessenten für Ihre Informationen gehabt.
- Müssen Sie einmal Ihre Informationsbereitstellung ändern, so dürfen Sie auf keinen Fall vergessen, auch das Sprachmenü zu ändern. Sonst ...

11.2.3 Fax-Back

Ihr Informationsinteressent wählt beim Fax-Back-Verfahren die gewünschten Informationen wie beim Fax-on-Demand-System aus – anstatt dann aber zu seinem Faxgerät zu verbinden, nennt er entweder über Tonwahl oder Stimmansage seine Telefaxnummer, an die er das Dokument übertragen haben will. Ihr Fax-Back-System ruft dann direkt die gewünschte Telefaxnummer an und überträgt das gewünschte Dokument.

11.3 Fax-in

Unter Fax-in versteht man die Entgegennahme großer Mengen an Rückläufern mit hoher Leitungskapazität, deren Speicherung und gegebenenfalls deren Auswertung. Bei diesem Verfahren können Sie große Mengen an Rückläufern innerhalb kürzester Zeit für sich entgegennehmen lassen. Die Möglichkeit der Faxantwort mindert die Hemmschwelle beim Interessenten, die üblicherweise durch den Gang zum Briefkasten hervorgerufen wird. Auch ist die Übersendung der Rückantwort des Interessenten per Telefax billiger als per Brief und in kürzerer Zeit möglich.

11.4 Einzelfaxversand

Auch beim Einzelfaxversand können Sie wenn schon kein Geld dazuverdienen, so zumindest welches sparen. Und zwar vor allem, wenn Sie sich angewöhnen, Schreiben, die Sie bislang per Briefpost verschickten, künftig per Telefax zu senden. Sie können beispielsweise alle Ein- bis Zweiseiter selbst tagsüber günstiger faxen als per Brief versenden. Wenn Sie Ihre Korrespondenz auf einem PC erstellen, bietet sich zudem eine weitere Möglichkeit zum Sparen, indem Sie sie zeitversetzt zwischen 2 bis 5 Uhr versenden. Gutacker hat errechnet, daß Sie so bis zu 18 Seiten noch immer günstiger per Telefax verschicken als per Post (die Zeitersparnis mal ganz außer acht gelassen).

Doch Achtung: Dokumente, die aus rechtlichen Gründen der Schriftform bedürfen, müssen nach wie vor per Briefpost übersandt werden. Beachten Sie dabei insbesondere, daß laut BGH-Urteil Ihr Faxprotokoll kein Beweis dafür ist, daß Ihr Fax beim Empfänger angekommen ist, sondern allenfalls dafür, daß Sie es abgeschickt haben. In einem solchen Fall also Hände weg vom Fax und das Schreiben per Einschreibebrief *mit Rückschein* abschicken (da auch die Einschreibebestätigung wie das Faxprotokoll nur eine Bestätigung dafür ist, daß Sie das Schreiben abgeschickt haben, nicht aber dafür, daß es beim Empfänger angekommen ist.

Das Einzelfax bietet zudem eine oft nicht beachtete Möglichkeit, Telefonkosten zu sparen. Deswegen ein Tip: Wann immer der Umfang der Information es zuläßt, faxen Sie! Gutacker hat wieder gerechnet und ist zum Ergebnis gekommen, daß eine Faxseite ca. 60 Sekunden dauert, ein Ferngespräch in der Regel aber mindestens die dreifache Zeit.

Kosten

Durch Rückruf Geld gespart

Wenn möglich, bitten Sie Ihre Telefonpartner per Telefax um Rückruf – das spart Telefongebühren. Sie brauchen es ja nicht zu auffällig zu machen. Ein unverbindliches „Ich habe gehört, Herrn X geht es schlecht, rufen Sie mich doch bitte kurz an, damit ich Ihnen Näheres dazu mitteilen kann" wirkt da schon wie ein kleines Wunder, ohne daß Sie zu offensichtlich den Anschein erwecken, auf Ersparnisse beim Telefonieren angewiesen zu sein.

Tip

Tips und Tricks für das Einzelfax

- Faxen sie zeitversetzt in den günstigen Tarifzonen der Telekom, vor allem wochentags zwischen 2 und 5 Uhr. Die Kosten für ein Telefax, das zum Ferntarif versandt werden muß, lassen sich z. B. im Vergleich zum Vormittagtarif um 90 Prozent senken. (Vormittagtarif: 12 Sek. eine Einheit zu 12 Pfennig – Nachttarif: 120 Sek. eine Einheit zu 12 Pfennig!)
- Vermeiden Sie Grafiken, Grauflächen, aufwendige Logos – diese benötigen eine längere Übertragungszeit und stellen somit einen gegebenenfalls nicht unerheblichen Kostenfaktor dar.
- Faxen Sie in Normalauflösung; vermeiden Sie, wenn möglich, Fein- oder Superfeinauflösung, da diese die Übertragungszeit verdoppeln bzw. verdreifachen und somit Ihre Faxkosten in die Höhe schnellen lassen.
- Vermeiden Sie Faxdeckblätter: Auch sie kosten Übertragungszeit und benutzen/verschwenden gleichzeitig das Faxpapier des Empfängers.
- Fassen Sie sich kurz! Je weniger Text und Grafiken, desto kürzer und günstiger ist die Übertragungszeit – aufgrund der Benutzung seines Faxpapiers wird Ihnen auch der Empfänger für weniger Faxseiten dankbar sein.
- Achten Sie auf die Sauberkeit Ihres Faxgerätes: Schwarze Flecken und Schlieren werden jedes Mal mitübertragen und kosten somit Ihre Übertragungszeit. Obendrein erhält der Empfänger Ihr Telefax mit unschönen Flecken.

Auch beim Versand einzelner Telefaxe sind Sie nicht mehr nur allein auf Telekom-Leistungen angewiesen. Über einen Dienstleister können Sie Ihren Faxversand innerhalb Deutschlands und vor allem in das Ausland meist günstiger erledigen. Der Versand erfolgt in der Regel wie gehabt über Faxgerät oder -Server – die Software des Dienstleisters ermittelt eigenständig den günstigsten Versandweg über die Telekom oder andere Wege.

12 Internet

Mit doppeltem Boden

Alles redet in letzter Zeit über Telefon per Internet. Doch mal ganz schlicht betrachtet: Wo genau läßt sich denn nun damit Geld sparen?

Telefonieren übers Internet soll, so wird uns erzählt, billiger werden als über das gute, alte Kupferkabel. Sogar beträchtlich billiger, da ein Anruf zur nächsten Auffahrt auf die Internet-Autobahn Sie bei T-Online etwa nur ein Ortsgespräch kosten soll.

Dabei beißt sich die Katze sehr schnell in den Schwanz, wenn sich nämlich diese Möglichkeit herumspricht. Dann wollen plötzlich Massen von Telefonierern quasi zum Nulltarif über das Internet sprechen, und es wäre überlastet, ehe man sich versieht. Die Folge: Das Netz müßte aufgestockt werden. Das wiederum würde immense Kosten verursachen, und die müßten wieder eingespielt werden. Bei wem? Bei Ihnen, dem Telefonierer. Der Nulltarifeffekt ginge schnell verloren. Und dann können Sie auch gleich beim Kupferkabeltelefon bleiben.

Was dabei herauskommt, sehen Sie an dem Modell NetCall der Deutschen Telekom. Als zunehmend wichtiger für ihr Online-Geschäft hat deren Vorstandschef Ron Sommer das Internet bezeichnet. Man investiere in Internet-Telefonie, um die sich bietenden „enormen Wachstumschancen" wahrzunehmen. Sommer: „Wenn die Internet-Telefonie eines Tages ein Geschäft wird, dann profitiert die Deutsche Telekom als Europas größter Internet-Provider in besonderem Maße davon."

12.1 Was ist Internet-Telefonie?

Bei der Internet-Telefonie wird die Sprache zu digitalisierten Informationsabschnitten – auch Pakete genannt – zusammengeschnürt. Diese zusammengepreßten Informationsabschnitte werden transportiert und beim Empfänger wieder zusammengesetzt. Um im Bild zu bleiben: Die Informationspakete werden paketvermittelt, so der Fachausdruck, übertragen und beim Empfänger aufgeschnürt und ihr Inhalt wieder in der richtigen Reihenfolge zusammengesetzt. Das Ganze läuft nach strengen technischen Vorschriften für die beteiligten Computer ab, den Internet-Protokollen, kurz IP.

Die gegenwärtigen IP-Protokolle des Internet gewährleisten keine festen Transportgeschwindigkeiten. Im Internet werden alle Informationspäckchen gleichberechtigt versandt – nach dem Prinzip „wer zuerst kommt, mahlt zuerst". Die Folge: Je mehr Nutzer im Netz sind, desto größer werden die Abstände zwischen den Paketen einer zusammengehörigen Sendung, in der Internet-Telefonie also zwischen den Wortbrocken einer zusammengehörigen Sprachübermittlung. Dies kann dazu führen, daß in Spitzennutzungszeiten Ihre Sprachübertragung nur stark verzerrt und schwer verständlich bei Ihrem Gesprächspartner ankommt.

Neben der Gewährleistung bester Bandbreite auf den Übertragungsstrekken kommt der Gatewaytechnologie als der eigentlichen Internet-Technologie eine besondere Bedeutung für die Ausgestaltung hochwertiger Telefoniedienste im Internet zu. Aus diesem Grund testet die Deutsche Telekom während des Pilotprojekts verschiedene Gatewaytechnologien für ein späteres Angebot.

Hintergrund

Das Netz der Netze

Das Internet gilt als einer der am stärksten wachsenden Bereiche der gesamten Informations- und Kommunikationsbranche.

- Ende 1996 gab es nach Schätzungen des European Information Technology Observatory (EITO) weltweit rund 68 Millionen Menschen, die Online-Services und insbesondere das Internet nutzten.
- Bis zum Jahr 2000 rechnen die EITO-Experten mit fast 200 Millionen Online- und Internet-Nutzern weltweit.
- Andere Quellen wie das Fraunhofer Institut für Arbeitswirtschaft und Organisation (IAO) schätzen die Zahl der Internet-Benutzer allein auf 40 Millionen. In den nächsten Jahren soll die Menge gar auf 1 Milliarde anwachsen.

Unter dem Namen „T-NetCall" testet Telekom zusammen mit rund 1000 ausgewählten Kunden und vorerst noch begrenzten Zielrufnummern in Deutschland, Japan, Kanada und den USA Internet-Telefonie (u. a. in Berlin, Hamburg, München, Frankfurt, Köln/Bonn, Tokio, New York, Washington und Toronto).

Während die Konkurrenz Internet-Telefonie nur von PC zu PC anbietet, benötigt man bei T-NetCall nur ein Telefon. Damit sieht sich Telekom als „ersten global tätigen" Netzbetreiber, der einen Telefondienst über das Internet testet, der diese Bezeichnung auch einigermaßen verdient. Ziel des Tests sei es zudem, Technologien zu untersuchen, Nutzerverhalten zu analysieren und auszuloten, ob Internet-Telefonie preiswerter angeboten werden kann als herkömmliche Telefonie.

12.1.1 Preisvorstellungen im Trüben

Sie ahnen es schon: Hier beginnen die Sorgen, daß Internet-Telefonie auch bei der Telekom eher teuer denn billig werden könnte. Derzeit sehen die Preisvorstellungen ungefähr so aus. Grundsätzlich müßten Sie danach beim Internet-Telefonat über Telekom mit Kosten rechnen für:

- Einwahl in den Gateway,
- Bereitstellungskosten für genutzte Internet-Anteile und
- Terminierung des Anrufs im Zielland.

Teilnehmer der Pilotversuche brauchten zwar nur die Einwahlkosten zu tragen, aber schon hier fallen 12 Pfennig pro angefangene 30 Sekunden der 01 803-Rufnummer an.

Ob es dabei bleibt, halte ich für fraglich. Die Konkurrenz schläft nicht. Auch sie testet – am lebenden Markt zum Ortstarif. Als Beispiel läßt sich der Online-Buchhändler ABC in Regensburg anführen, der eine erste Hotline per Internet-Telefon in die USA geschaltet hat. Dort gehen Berater auch nach 18 Uhr mitteleuropäischer Zeit an den Apparat, wenn deutsche Kunden nicht mehr weiterwissen. Damit nicht genug, läßt ABC alle Gespräche zwischen den USA und Deutschland mit Hilfe moderner Least-Cost-Router-Technologie über die Internet-Strecke statt über teure Telekom-Leitungen leiten. Allerdings wird auch ABC bei zunehmender Nutzung seiner Leitungen kaum umhinkommen, sich diese von ihren Kunden bezahlen zu lassen.

12.1.2 Alte Dienste im neuen Kleid

Die Suche nach der Antwort zur Frage, wo Sie bei der Internet-Telefonie eigentlich sparen können, führt uns zu dem Telekommunikationsberater Dieter Riegelhof nach Friedrichsdorf am Taunus. Er ist gleichzeitig Chefberater eines der wichtigsten Anbieter von Netztechnologie, ComTel, ebenfalls mit Sitz in Friedrichsdorf. Er sieht in der Internet-Telefonie, die technisch als *Voice over IP* (Sprache über das Internet-Protokoll*)* bezeichnet wird, ein Paradebeispiel dafür, wie unser Kommunikationsbedarf sich ständig ändert und alte Dienste wie die Telefonie sich im neuen Kleid präsentieren.

Riegelhof zufolge bricht das Internet klar mit der klassischen distanzabhängigen Tarifierung. Eine Verbindung auf dem Internet wird den Teilnehmer künftig nicht mehr distanzabhängig oder diensteabhängig tarifieren. Das bedeutet: Telefongespräche werden nicht mehr danach berechnet, wie weit die Gesprächspartner voneinander entfernt sind, ob sie auf der Telefonleitung nur sprechen oder einen Datendienst in Anspruch nehmen. Als Grundlage zur Tarifierung wird vielmehr das übertragene Datenvolumen herangezogen, also wie lange Sie mit jemandem sprechen oder wie groß das Datenkontingent ist, daß Sie durch Ihre Kommunikation verursachen. Vergessen Sie nicht, daß Internet-Telefonie – auch die Übertragung von Sprache – in erster Linie ein Problem der Datenübertragung ist.

12.1.3 Neue Tarifmodelle sind absehbar

Betrachtet man also ein Telefonat von Deutschland in die USA, so wird auf dem klassischen, leitungsvermittelten Weg nach Distanz und Zeit tarifiert. Das gleiche Telefonat als *Voice over IP* auf dem Internet würde höchstens nach Volumen tarifiert, was letztlich wieder in den Faktor Zeit mündet, aber auf keinen Fall mehr in den Faktor Distanz.

Das sieht zwar nach Einsparpotential aus. Aber auch Riegelhof räumt ein, daß die banale Aussage, daß Internet-Telefonie quasi gratis ist, in der Dimension Zeit bzw. Datenmenge revidiert werden muß.

Schwieriger wird es, wenn Sie die Tarife der Internet Service Provider (ISPs) mit in Betracht ziehen. Auch hier stoßen Sie auf eine Flut von unterschiedlichen Tarifmodellen, mit einer großen Anzahl an Variablen.

Eine weitere Eigenart der Tarifmodelle war schon immer die zeitabhängige Einstufung der Kosten für einen Dienst. Sie kennen aus der Telefonie das Schlagwort Mondscheintarif. Diese zeitabhängigen Sondertarife werden von den Carriern immer häufiger dazu benutzt, Ihnen als Kunden ein attraktiveres und damit kostengünstigeres Angebot zu unterbreiten.

Sie müssen also den Faktor Zeit in die Wahl Ihres Diensteanbieters einbeziehen. Wenn zum Beispiel Netzbetreiber A Sondertarife zu einem bestimmten Ziel zeitlich gesehen früher anbietet als ein anderer Netzbetreiber, dann ziehen Sie Carrier A dem anderen vor – gleiche Qualität vorausgesetzt.

Technisch betrachtet sind nur noch wenige Schritte zu vollziehen, um einen Dienst – z. B. Telefax – über beliebige Wege, also klassisch leitungsvermittelt oder Internet-IP-vermittelt in Anspruch zu nehmen. Die wesentlich komplexere Aufgabe gestaltet sich bei der Nutzung anhand von Kosten in Abhängigkeit zur Zeit.

12.1.4 Alte Technik ist überfordert

Der klassische *Least Cost Router* bzw. die wiederholte Erweiterung der Software auf der Telekommunikationsanlage kann nach Einschätzung Riegelhofs diesen Ansprüchen nicht mehr gerecht werden. Die Zukunft verlangt hier nach einem speziellen Gerät, einem Access-Server, das auf der einen Seite die mangelnde Internet-Protokoll-Funktionalität der Telekommunikationsanlage ausgleichen kann und auf der anderen Seite in der Lage ist, die angebotenen Tarifmodelle auf ihre Kosteneffektivität zu untersuchen.

Letztlich entscheiden muß jedoch wieder der Mensch; denn die Beurteilung der Faktoren Service und Kundenbetreuung des jeweiligen Anbieters kann die Maschine dem Tarifdatenmodell nicht entnehmen – zumindest heute noch nicht.

12.1.5 Endgeräte im Umfeld der IP-Telefonie

Eigentlich müßte die Internet-Industrie klüger sein. Seit fast 20 Jahren besteht schon die Idee, als Terminal für die Datenkommunikation bereits im Haushalt vorhandene technische bzw. elektronische Geräte mitzunutzen. So wurden immer wieder Versuche unternommen, den Zugang zu Bildschirmtext (Btx), dem Vorläufer von Internet, zu öffnen über:

- Telefon,
- Fernseher und
- Computer.

Keiner der Versuche fruchtete bei Bildschirmtext. Das lag weniger an der Technik; die gab es relativ frühzeitig. Das lag auch nicht einmal so sehr an den Kosten; sie wurden bis zur Dumpinggrenze gedrückt. Es lag vor allem daran, daß die bisherigen Nutzer der einzelnen Geräte sie für den Zweck nutzen wollten, zu dem sie sie einst gekauft hatten. Ein mögliches Beispiel hierzu:

- die Hausfrau das Telefon zur Kommunikation,
- die Kinder den Fernseher, um sich Comics, MTV und „Lindenstraße reinzuziehen" und
- Papa den Computer für die Steuerabrechnung, Computerspiele und andere Anwendungen.

Durch das Internet wird nun allerdings – im Unterschied zu Bildschirmtext – eine Entwicklung vorangetrieben, die eine Kombination der drei Gerätewelten in greifbare Nähe rückt. Der Vormarsch des PC als Multimediainstrument zur täglichen Kommunikation, verbunden mit dem drastischen Kostenverfall auf der Hardwareseite, unterzieht etablierte Lösungen, wie die Telefonanlage, einer harten Prüfung. Es waren die PCs, die in der Geburtsstunde der Internet-Telefonie das Endgerät Telefon in Frage stellten. Im Stile des CB-Funks – also halbduplex – begann das Abenteuer Internet-Telefonie, wobei Sie und Ihr Gesprächspartner damals absolute Sprachdisziplin einhalten mußten.

Doch der Angriff auf das Endgerät Telefon kam etwas verfrüht. Die weltweit über Jahrzehnte etablierte TK-Anlagen-Infrastruktur – ausgeprägte Funktionalität bei gleichzeitiger Betriebssicherheit – wird dieser Attacke noch einige Zeit standhalten können, meint Riegelhof. Allerdings könnten Widerstände dieser Art den Trend zur Kostensenkung mittels Internet-Telefonie nicht aufhalten.

Der Schwenk kam quasi über Nacht. Statt den PC mittels Multimediasoundkarte und Software in ein Telefonieendgerät zu verwandeln, haben die Hersteller kurzerhand die IP-Telefonie-Gateway-Strategie erdacht. Hierbei kann Ihre TK-Anlage weiterhin ihren angestammten Platz behalten, lediglich der Übertragungsweg – also die Umsetzung der Sprachsignale in IP und umgekehrt – wird wahlweise zur klassischen Leitungsvermittlung neu gewählt. Diese Möglichkeit, gekoppelt mit intelligenten Routingmechanismen auf der Seite der Endgeräte (Teilnehmer), bietet nach Überzeugung Riegelhofs den Garant für die Ausnutzung dieser kostengünstigen Übertragungswege.

Der eigentliche Sinn von *Voice-over-IP*-Anwendungen zeigt sich erst bei näherer Betrachtungsweise des heutigen Internet-Booms. Das Zusammenwachsen von Sprache, Daten und Bildern multimedial an einem einzigen Endgerät mit einem einheitlichen Transportmedium trifft die Anforderungen unserer modernen Informationsgesellschaft. Millionen von Informationssuchenden wird durch diese Kombination das Bindeglied zwischen dem derzeitigen rein visuellen Informationsfluß beim Surfen der Webpages geliefert. Durch einen *Call-me*-Knopf auf der Webpage wird Ihnen die verbale Kommunikation mit dem Anbieter eröffnet. Das Endgerät – letztlich der PC oder vielleicht das daneben stehende Telefon – ermöglicht die weiterführende Konversation zum Produkt oder zur angebotenen Information und bildet die Brücke auf dem Weg in ein neues Zeitalter des Marketings und der Kommunikation.

12.2 EDI und Electronic Commerce im Internet

Auch der Handel Ihres Unternehmens mit Gütern, Dienstleistungen und Informationen wird durch Internet revolutioniert. Ähnlich durchgreifend, wie es im traditionellen Handel durch die Einführung des Supermarktkonzepts geschah. Diese Auffassung vertritt Dietmar Kratzer von dem Internet-Systemhersteller Digital Equipment GmbH in München.

Sie werden um direkte Kommunikation mit Ihren Kunden sowie Ihren Produzenten und Lieferanten nicht mehr umhinkommen, wollen Sie Ihren Geschäftserfolg in der und für die Zukunft absichern. Verbindungen zum Datenaustausch mit formalisierten Austauschformaten auf Basis von Electronic Data Interchange (EDI) gehören dabei heute zum Standard. Neben diesen Normen wie UN/Edifact, X.12, Odette etc. etablieren sich neue Industriestandards, die aus der Verlagerung von Geschäftsprozessen in die Welt der Internet-Anwendungen entstehen.

12.2.1 Electronic Data Interchange

Den ungefähr 100000 internationalen Handelspartnern, die ihre Handelsbeziehungen heute mit traditionellen EDI-Verbindungen abwickeln, stehen Millionen von potentiellen Partnern im Internet gegenüber, die mit der Online-Anbindung die Voraussetzung für den elektronischen Handel haben. Electronic Commerce – im Sinne einer elektronischen Verkettung aller Geschäftsprozesse von der Anfrage über die Bestellung bis hin zur Lieferung sowie der Anforderung von Dienstleistungen – wird dadurch erst möglich. Jede Unterbrechung der Kommunikation zu Ihren Kunden, Lieferanten, Produzenten und zur Logistik kann Sie Marktanteile kosten.

Je konsequenter Sie die einzelnen Glieder der Kette integrieren, desto größer Ihre Chance auf unternehmerischen Erfolg. Dabei können Sie EDI heute in Bereichen einsetzen, die wie *Just-in-time*-Produktion oder Teleselling über das Internet überproportionale Wachstumsraten verzeichnen.

Tip

Grundregeln für Handel im Internet

- Konsumenten wünschen eine schnelle Befriedigung ihrer Kaufwünsche.
- Die Präsentation muß dem Markenwert der Ware entsprechen.
- Die Bestellung sollte so einfach wie der Griff ins Ladenregal sein.
- Die Rechnungsstellung über verschiedene Warengruppen sollte durch einen Anbieter erfolgen.

(Quelle: Dietmar Kratzer, Digital Equipment GmbH)

Sie können Ihr Angebot in virtuellen Kaufhäusern anbieten, die derzeit wie Pilze aus dem Internet-Boden schießen. Sie lösen mit immer raffinierteren Präsentationstechniken den Kaufreiz aus. Die Gestaltung der Benutzerschnittstelle wird durch die Globalisierung der Märkte und die Internationalisierung der adressierten Zielgruppen bestimmt. Anpaßbare Anwendungen gestatten es Ihnen, mit einem Aufwand, der mit der Umdekoration eines Schaufensters verglichen werden kann, neue Angebote zu etablieren. Zahlungsverkehr und Logistik werden integriert, das Angebot des elektronischen Kaufhauses zunehmend vervollständigt. Durch die Verbindung von Anwendungen mit kommerzieller Software werden dabei die internen Geschäftsprozesse immer weiter verbessert.

Mit der Verbreitung von Angeboten im Internet steigt auch beim Anbieter der Druck, seine Lieferantenbeziehungen zu automatisieren. EDI nach internationalen Standards ist dabei die Grundlage, um diesen Prozeß schnell und sicher zu unterstützen. Sie ist aber auch unabdingbare Voraussetzung, um den Bestellwünschen einer millionenfach existierenden Kundschaft eine entsprechende Lieferbereitschaft entgegenzusetzen.

Weltweit operierende Interessenvereinigungen versuchen mit Regierungen und Industrieverbänden, diese Märkte zu adressieren und für Electronic Commerce aufzubereiten. Dabei sind die Interessen von Kleinen und Mittelständischen Unternehmen (KMU) von besonderem Interesse. Eine Kunden-Lieferanten-Beziehung beinhaltet hier allein aufgrund der Anzahl der möglichen Geschäftsverbindungen ein enormes Potential. Die Voraussetzungen, um diese Geschäftspartner in EDI und Electronic Commerce einzubinden, verändern sich daher zur Zeit in besonderem Maße. Der Zugang zu Anwendungen via Internet-Browser-Technologie und die Verteilung von Diensten mittels Servern in die Client-Umgebung erlauben es, dynamisch die Sicherheit, Verläßlichkeit und Kundenfreundlichkeit der Anwendungen zu gestalten. Der Aufwand liegt dabei nicht mehr beim Kunden eines Dienstes, sondern beim Anbieter. Dies führt dazu, daß der Wettbewerbsfaktor zum Motor einer Partnerschaft im Electronic Commerce wird. Im Zusammenspiel der Technologien und mit Hilfe der Marktkräfte einer millionenfachen Klientel steht dem Electronic Commerce ein rasantes Wachstum bevor.

12.2.2 Shopping im E-Kaufhaus

Wenn Sie ein elektronisches Kaufhaus im Internet einrichten wollen, können Sie bereits auf entsprechende Dienstleistungen von Internet-Service-Providern zugreifen. Die PSINet Germany GmbH (München) beispielsweise bietet einen sicheren E-Commerce-Service an, bei dem Sie in über 110 verschiedenen Währungen bezahlen können. Zielgruppe sind vor allem innovative mittelständische Unternehmen, die ihr Geschäft im „Cyberspace" ausbauen wollen.

Durch den neuen Dienst „PSIWeb eCommerce" werden die Identität von Käufer und Verkäufer, die manipulationsfreie Abwicklung des Rechtsgeschäfts (Kaufvertrag) und die Sicherheit des Zahlungsvorgangs sichergestellt, behauptet PSINet-Chef Helmut Blank. Die Datenströme fließen dazu in einem eigens für den elektronischen Handel bereitgestellten weltweiten Extranet.

Um das heikle Problem der Sicherheit im Netz ausreichend zu lösen, werden alle Transaktionen mehrfach abgesichert: mit Kommunikations- und Verschlüsselungsprotokollen zum Schutz vor unbefugtem Mitlesen und Manipulationen, mit einer Art digitalem Fingerabdruck zur eindeutigen Identifizierung von Käufer und Verkäufer, mit verschiedenen internationalen Sicherheitsstandards wie der von MasterCard und Visa entwickelten SET-Norm (Secure Electronic Transaction) und dem internationalen Zertifizierungsstandard X.5090 zur Gewährleistung der Transaktionssicherheit. Alle Transaktionen werden laut Anbieter lückenlos protokolliert, damit Sie sie möglichst genau nachvollziehen können und sie möglichst rechtssicher sind.

Hintergrund

Das Extranet

Das Extranet ist ein Subnetz des Internet, für das eine eigene Infrastruktur aufgebaut und kontrolliert wird. Dadurch ist es schneller, sicherer und zuverlässiger als das öffentliche Internet, mit dem es über gesicherte Gateways verbunden ist. Extranets gehören heute zum Standardangebot eines Internet Service Providers. PSINet z. B. hat das deutsche Netz eng mit dem europäischen und dem amerikanischen PSINet-Extranet verknüpft, das 57 Großstädte mit Glasfaserkabeln verbindet.

Für den Zahlungsvorgang offeriert PSINet einen eigenen Service mit der Bezeichnung „PSIWeb Worldpay", der gemeinsam mit der britischen National Westminster Bank entwickelt wurde. Zur E-Commerce-Lösung gehört zudem die Handelsumgebung SoftCart des Softwareherstellers Mercantec, die in Worldpay integriert wurde.

Beim PSIWeb-E-Commerce können Sie wahlweise mit Kreditkarte oder elektronischem Geld (Cybercash) bezahlen, wobei Micro-Payments unterstützt werden. Das bedeutet, daß auch kleine Beträge von unter einer Mark wirtschaftlich sinnvoll eingezogen werden können. Als erste Kunden setzen diese Komplettlösung das britische Verlagshaus Mirror Group und die Werbeagentur Ogilvy & Mather ein.

Um die mehrfache Sicherheit zu gewährleisten, werden die Internet-Kaufhäuser auf Hochsicherheitsservern betrieben.

PSINet garantiert für das Netz eine Verfügbarkeit von über 99 Prozent. Der Zugang zum Extranet erfolgt über rund 350 mehrfach gesicherte Hochgeschwindigkeits-POPs (Points of Presence), die PSINet in Europa, Nordamerika und Asien betreibt.

Hintergrund

Die digitale Banknote

Eine digitale Banknote ist eine Nummer, die von einem speziellen Algorithmus erzeugt wird. Diese computergenerierte Zahl ist ebenso einmalig wie die Seriennummer eines Geldscheins. Nur Banken, die den geheimen Algorithmus kennen, können gültiges Cybergeld erzeugen.

Daneben gibt es einen zweiten öffentlichen Algorithmus, um festzustellen, ob eine Nummer tatsächlich ordnungsgemäß mit dem Geheimverfahren generiert wurde. Fachleute sprechen von der Authentizitätsprüfung, mit der sich digitales Falschgeld erkennen läßt. Wenn der Generierungsalgorithmus in unbefugte Hände geriete, ließe sich damit nach Belieben elektronisches Falschgeld herstellen, das selbst Experten nicht von echtem Cybergeld unterscheiden könnten. Spezialpapier, Wasserzeichen und Metallstreifen, mit denen Banknoten ansonsten fälschungssicher gemacht werden, gibt es nämlich in der Welt des virtuellen Geldes nicht.

12.3 Mit dem Intranet gewinnen

Während das massive Wachstum des Internet-Marktes einen wesentlichen Fortschritt für die Übermittlung von Wissen bedeutet, hat sich die Entwicklung auf die Geschäftswelt noch nicht besonders positiv ausgewirkt. „Gegenwärtig fehlt dem Internet immer noch die kommerzielle Anwendbarkeit", wie es in einem Positionspapier des Netzwerkdienstleisters Equant unlängst hieß. Interessant ist dieses Medium für die Allgemeinheit. Eine Allgemeinheit aber, der irgendwelche Sicherheitsbedenken fremd sind. Gerade dieser Aspekt ist für die kommerziellen Nutzer von immens großer Bedeutung. Von daher wird auch verständlich, daß erst etwa fünf Prozent der Unternehmen in Deutschland Internet nutzen.

Der Schlüssel könnte in der Internet-Variante für firmeninterne Nutzung liegen, dem Intranet. Führende Anbieter von Unternehmensnetzwerken gehen deshalb nicht von ungefähr mehr und mehr dazu über, nun auch erste Produkte für unternehmensweite Intranet-Lösungen anzubieten. Dabei handelt es sich um eine Palette hochrangiger Dienste für Unternehmen, die Intranets aufbauen wollen.

Hintergrund

Intranet – was ist das?

Im Gegensatz zum Internet wird beim sogenannten Intranet das Konzept des schnellen und permanenten Zugriffs auf Informationen für jedermann kommerziell angewendet. Intranets werden von privaten Anwendern mit einem gemeinsamen kommerziellen Ziel genutzt. Sie bieten ihren Nutzern ein Forum, um Informationen weltweit und sicher zu übermitteln. Deswegen erlebt der Intranet-Markt ein derart rasantes Wachstum. Den Intranets wird eine blühende Zukunft vorausgesagt:

- Nach Angaben der Marktforschungsgesellschaft Input wird der Markt für Internet und Intranet von 12 Milliarden Dollar (1995) auf 208 Milliarden Dollar im Jahr 2000 anwachsen.
- Laut Forrester Research verfügen zwei Drittel der 1000 größten Unternehmen (nach dem amerikanischen Fortune-Magazin) über ein Intranet in der einen oder anderen Form.
- Nach Aussagen von Zona Research wird im Jahr 1998 der Intranet-Sektor 80 Prozent des Marktes für Web-Technologies ausmachen, der des Public Internet dagegen nur 20 Prozent.
- Die Yankee Group schätzt, daß Intranet-Mehrwertdienstleistungen 40 Prozent des Marktvolumens im Jahr 2000 ausmachen werden.

Zur Zeit werden die meisten Intranets nur aufgebaut, um statisch verfügbare Informationen leichter zugänglich zu machen. Aber gegen Ende des Jahrzehnts werden hochwertigere Mehrwertdienste entstehen – besonders für Electronic Commerce, Systemintegration, Informationsmanagement und die Entstehung von Handelspartnerschaften über ein einziges Intranet.

Intranets eröffnen internationalen Organisationen und Unternehmen neue Möglichkeiten im Informationsaustausch rund um die Welt und zwischen den eigenen Standorten. Da sie offen, aber auch sicher sind, können sie von Geschäftsreisenden, Geschäftspartnern und Kunden als Kommunikations- und Informationsmedium auch an den entlegensten Standorten genutzt werden. Dabei ist es wichtig, daß die geschäftlichen Nutzer Zugang zu einem Netzwerk haben, das flexibel genug ist, um auf ihre Bedürfnisse als Kunden zu reagieren.

13 Videokonferenzen

„Reisespesen nicht gewesen“

Der amerikanische Unternehmensberater Gil Gordon führte auf einem Kongreß des angesehenen „Münchener Kreises“ vor einiger Zeit eine appetitanregende Vision vor: Auf der Projektorwand war eine Gesellschaftsrunde bei einem Geschäftsessen zu sehen. Man speiste an einem langen, mit Kerzen geschmückten und mit Gedecken für mehrere Gänge fürstlich hergerichteten Tisch. Das Besondere: In der Mitte des Tisches war eine Leinwand aufgebaut. Und auf dieser war die zweite, hintere Hälfte des Tisches mit dem anderen Teil der Dinerparty zu sehen, in gleichem Dekor, mit gleichen Gedecken, senkrechten Servietten, Gedecken für mehrere Gänge, Kerzen etc. Nur der Standort jener Tischhälfte war ein anderer. Man hatte sich zum Geschäftsessen per Videokonferenz getroffen. Ein Teil der Teilnehmer saß – nehmen wir an – im Pariser „Le Gourmet“, die anderen im „Waldorf-Astoria“ in New York. Sie waren per Videokonferenz zugeschaltet.

Pure Science-fiction, sagen Sie? Warten Sie's ab.

Teamarbeit wird inzwischen in jeder Branche großgeschrieben, und wahrscheinlich werden auch Sie in Ihrem Unternehmen nicht umhinkommen,

- Ideen in der Teamarbeit auszutauschen,
- Konzepte gemeinsam zu erarbeiten oder
- neue Strategien mit Ihrem Stab zu entwickeln.

Um zu marktfähigen Ergebnissen zu gelangen, müssen Sie das Potential Ihrer Mitarbeiter in Teams bündeln. Schwierig wird es, wenn Ihre Mitarbeiter an verschiedenen Standorten sitzen. Dann entstehen Ihnen Reisekosten, und häufig müssen Sie auf den einen oder anderen Mitarbeiter im Team verzichten. Die zwangsläufige Folge: Das Team kann sich nicht voll entfalten, optimale Ergebnisse werden nicht erzielt. Mit dem Einsatz der modernen Technologien von Videokonferenzsystemen können Sie dieses Problem zeitsparend und kostengünstig lösen.

Ähnliches gilt übrigens auch für Ihre Geschäftspartner, Kunden, Freunde. Wann immer die Kommunikation stockt, gerät auch Ihr Geschäft ins Stocken. Das muß nicht immer in eine Beendigung der Geschäftskontakte münden, kann es aber, denn Gefahrenmomente dafür gibt es unendlich viele.

13.1 Kontakt mit der Kamera

Die Videokonferenz ist ein innovatives audiovisuelles Kommunikationsmedium, das Menschen weltweit verbindet, damit die Zusammenarbeit fördert und das Gefahrenpotential senkt, daß durch das Nichtzusammenkommen von geschäftsentscheidenden oder beitragenden Leuten ein Geschäft nicht zustande kommt. In Ländern wie den USA oder Japan bereits eine Selbstverständlichkeit, hält die Videokonferenztechnik auch in Europa Einzug.

Mit einem Videokonferenzsystem, bestehend aus Kamera, Mikrofon, Monitor, Lautsprecher und PC samt Software können Sie weitgehend unabhängig von Raum und Zeit Verbindungen zu Gesprächspartnern in Ihrer Nähe oder mehrere tausend Kilometer von Ihnen entfernt pflegen, wie Sie es seit jeher von Ihrem Telefon her gewohnt sind.

Immer öfter werden Videokonferenzen eingesetzt, um Wege, Zeit und Geld zu sparen. Galten Videokonferenzen vor einigen Jahren noch als teuer und allenfalls als Spielerei für eitle Manager, verstummen mittlerweile die Skeptiker. Tatsächlich nimmt der Trend zur Kommunikation zu. Marktbeobachter sprechen von einer jährlichen Verdoppelung der installierten Systembasis bis ins Jahr 2000. Eine stetig wachsende installierte Basis von derzeit weltweit ca. 100 000 Systemen sorgt für immer mehr Gesprächspartner bei sinkenden Kosten.

Hauptgrund für die wachsende Zahl installierter Videokonferenzsysteme ist die Verbreitung von ISDN in marktfähigen Dimensionen. „Eine Stunde Videokommunikation innerhalb Deutschlands liegt bei ca. 80 DM, mit den USA bei ca. 240 DM", erläutert Werner L. Kuhnert, Deutschland-Chef des US-Herstellers solcher Videokonferenzsysteme, PictureTel, den Preisvorteil, den ISDN heute schon für diese wichtige Telekommunikationsform bringt. Das entspreche rund den doppelten Kosten eines vergleichbaren Telefongesprächs, hingegen nur einem Bruchteil der Kosten, die Sie aufwenden müßten, wenn Sie die gleiche Gesprächsrunde von Angesicht zu Angesicht abwickeln wollten.

Nicht nur international tätige Großkonzerne wie etwa Autobauer Ford, der per Videokonferenz schon mal ganze Modellreihen weltweit plant, setzen auf Videokommunikation. Auch vielen kleinen Unternehmen steht diese Technologie zur Verfügung.

Auge in Auge
Die Comgroup Gesellschaft für Systemintegration mbH in Bad Homburg ist ein mittelständisches Systemhaus für SAP-Entwicklungen. Sie beschäftigt

mehr als 100 Angestellte bundesweit in zehn Niederlassungen. Doch das ist nur die halbe Wahrheit: Die Mehrzahl der Mitarbeiter arbeitet daheim in seinem Home Office, untereinander verbunden mit Fax, PC und ISDN-Anschluß, wie Johannes Buhr, Geschäftsstellenleiter der Bad Homburger Comgroup-Niederlassung, feststellt. Bei der Betreuung der Kundenprojekte sind die Comgroup-Mannschaften weitgehend eigenständig, wobei die Firma nur noch als Dachorganisation fungiert. Einmal im Monat treffen sich alle Comgroup-Angestellten in der Zentrale, freitags wird im Büro gearbeitet.

Jedoch wäre das bei so anspruchsvollen Projekten, wie sie die Comgroup zu bearbeiten hat, kaum ausreichend, um letzte Qualität, letzten Schliff in die Arbeit zu bringen, wenn die Mitarbeiter sich darüber hinaus nicht treffen und gemeinsam Problemfälle bearbeiten könnten. Fax, E-Mail, Telefon sind da vorsintflutliche Hilfsmittel, eine unablässige Shuttle-Geschäftigkeit wäre unausweichlich. Der Comgroup kommen hierfür die Möglichkeiten der modernen Videokommunikation gerade recht. Sämtliche Geschäftsstellen des Unternehmens wurden mit ISDN-Videokonferenzsystemen ausgerüstet, für die Laufzeit einzelner Projekte wird zudem dem Kunden ein solches System zur Verfügung gestellt, berichtet Buhr.

In Videokonferenzen können auf direktem Wege zwischen der zuständigen Comgroup-Niederlassung und dem Systemberater, der für die Projektdauer über längere Zeit im Kundenunternehmen tätig sein muß, wichtige Besprechungen stattfinden, Probleme erörtert und Lösungen vorbereitet werden – ohne daß jedesmal eine geschäftige Reisetätigkeit einsetzen muß. Und dies nicht nur bidirektional – ganze Konferenzen zwischen verschiedenen Stellen von Auftragnehmer und Kunden können auf diese Weise effizient und kostensparend per Video geschaltet werden. Buhr: „Wir realisieren damit eine Art Consulting on demand."

Videoconferencing meint nicht das häufig zitierte Bildtelefon für alle. Untersuchungen haben ergeben, daß es keinen dramatischen Informationsgewinn bringt, den am Telefon hörbaren Gesprächspartner auch noch auf einem Winzigbildschirm sehen zu können. Das Bild, das mehr sagt als tausend Worte, entfaltet seine Wirkung an ganz anderer Stelle: als Abbildung eines gemeinsam bearbeiteten Dokuments, einer elektronischen Baugruppe oder eines Anschauungsobjekts, etwa eines dreidimensionalen Demonstrationsmodells. Videokonferenzen rücken die Schreibtische von Entwicklungsingenieuren über Tausende von Kilometern zusammen oder verbinden Besprechungsräume von Projektteams.

Aufwendige Festverbindungen über Breitbandkabel und Satellit können bereits seit längerem hochspezialisierte Videokonferenzstudios in größeren

Städten verbinden – allerdings zu inzwischen nicht mehr wettbewerbsfähigen Kosten von mehreren tausend DM pro Stunde.

Hier können Sie mittlerweile dank technischer Weiterentwicklung zu gleichen Resultaten, aber zu weit geringeren Kosten gelangen. Bildkomoression und Digitalisierung ermöglichen Ihnen heute Bildqualitätsstufen nach Wahl auf einer oder mehreren normalen ISDN-Telefonleitungen. Eine Videokonferenzverbindung können Sie so auch auf eine Nebenstelle Ihres Telekommunikationssystems, z. B. eines varix content 840 von DeTeWe, aufschalten.

In allen Fällen profitieren Ihre Konferenzteilnehmer vom höheren Recall-Effekt: Was Sie und Ihre Konferenzpartner hören und sehen, werden sie dreimal besser behalten als nur einmal Gehörtes.

Videokonferenzsysteme und ihre Anwendung sind mittlerweile zu einem regelrechten Boom ausgewachsen. Auf diesem Gebiet ist die Marktforschung intensiv vorangetrieben worden und hat beim Marktführer PictureTel zu einer dynamischen Firmenphilosophie geführt. Darüber hinaus aber auch zu einer ausgefeilten Produktpalette, die aus Hard- und Softwarebausteinen von High-end-Geräten über Low-end-Lösungen bis zur Desktop-Konfiguration für jeweils klar abgegrenzte Nutzergruppen besteht.

Hintergrund

Varianten der Videokonferenz

Drei Größenordnungen von Videokonferenzinstallationen kommen oberhalb eines einfachen Bildtelefons in Betracht:

- Die größte und komfortabelste Installation sind festinstallierte oder bewegliche Systeme, auch „Roll-abouts" genannt. Sie eignen sich besonders, wenn Sie Raumkonferenzen veranstalten wollen. Ihnen sollte dabei für Ihre Videokonferenz ein großer Bildschirm, eine schwenkbare Zoom-Kamera und eine hochwertige Tonübertragung zur Verfügung stehen. Diese Ausstattung schaltet mit der Summe ihrer optischen und akustischen Wirkungen tatsächlich Besprechungsräume zusammen.
  Die Geschäftsstelle Dresden des Elektronikherstellers DeTeWe beispielsweise unterhält im dortigen Business Park ein solches Videokonferenzstudio mit „Concorde"-Ausrüstung von PictureTel. Sie können es stundenweise mieten.
- Schon eher für eine alltäglichere Nutzung geeignet dürften für Sie

unterhalb dieser „Luxusklasse“ einfach zu benutzende Systeme mittlerer Preislage sein, darunter erstaunlich leistungsfähige Desktop-Systeme wie varix videotel von DeTeWe – eine echte Abrundung für das Videoconferencing an Ihrem Schreibtisch. Zumal wenn Sie mit spitzem Bleistift den Kostenvergleich zwischen der Anreise zu einem Meeting und der Alternative Videokonferenz anstellen müssen. Hier kommen Sie zu guten Ergebnissen, insbesondere dann, wenn Sie die indirekten Kosten durch Reise und Wartezeiten einbeziehen.

- PC-Systeme wie die Produktreihe „Live100“ von PictureTel mit vielfältigen Möglichkeiten des Application Sharing und Document Sharing.

Kosten

München – Hamburg im Vergleich

Bei einem Stundensatz von 100 DM je Person kostet die Flugreise zweier Personen von München nach Hamburg zu einer dreistündigen Besprechung insgesamt 2700 DM, während eine Videokonferenz mit Raumsystem nur 675 DM, mit Desktopverbindung sogar nur 225 DM gekostet hätte.

Folgende Merkpunkte müssen Sie berücksichtigen:

- Die Verkürzung von Wartezeiten bringt Ihnen nur dann einen Vorteil, wenn Sie die gewonnene Zeit tatsächlich anderweitig produktiv nutzen.
- Bereiten Sie Ihre Videokonferenz gründlich vor! Nur dann ist Ihnen während der Konferenz ein konzentriertes Arbeiten möglich.

13.2 Vom verwaisten Studio an den Konferenz-PC

Der Düsseldorfer Waschmittelkonzern Henkel arbeitet bereits seit 1989 mit Videokonferenzsystemen. Damals wurde ein Videokonferenzstudio auf Basis des Vermittelten Breitbandnetzes (VBN) in Düsseldorf eingerichtet. Trotz der guten Übertragungsqualität nutzten die Führungskräfte das Studio aber vor allem aus mehreren Gründen nur selten:

1. Es war zu teuer. Pro Videokonferenzstunde mußten je nach Zielort meh-

rere tausend DM dafür bezahlt werden. Zudem mußte während der Konferenzen ein Techniker zur Bedienung des Systems anwesend sein, der pro Stunde weitere 800 bis 900 DM kostete.

2. Das System war zu unflexibel. Die Konferenzen mußten mit langen Vorlaufzeiten bei der Deutschen Bundespost Telekom angemeldet und gebucht werden.
3. Die Partner in den verbundenen Unternehmen mußten in externe Studios oftmals selbst wieder über längere Strecken anreisen, vor allem wenn sich die Einrichtung eines eigenen Studios für kleine Unternehmen nicht lohnte.

Der Umschwung kam erst durch neuere Videoconferencing-Techniken, die einerseits durch den weltweiten Stand H.320, andererseits durch den marktfähigen Ausbau von ISDN, Geräte und damit Preisgrößen ins Wanken brachten. Die Henkel-Gruppe setzt seit vier Jahren Videoconferencing für ihre internationale Kommunikation ein. Man erreicht damit eine Vereinfachung des Gedankenaustausches und eine Vertiefung der Zusammenarbeit.

1992 ging man daran, die Rechenzentren mehrerer europäischer Henkel-Firmen zu einem Rechenzentrum in der Konzernzentrale in Düsseldorf zusammenzuführen. Damals beruhte die Kommunikation noch auf traditionellen Mitteln wie Telefon, Telefax, einem einfachen E-Mail-System (bis 1993 „Memo" von Verimation, seither das PC-gestützte Lotus-Notes), Briefpost sowie Konferenzen, zu denen die abgesandten Mitarbeiter teuere und langwierige Reisen auf sich nehmen mußten.

Untersuchungen der technischen Möglichkeiten für kosteneffektive Videokommunikation führten 1993 dazu, daß in Düsseldorf und in sieben großen verbundenen Unternehmen Videokonferenzsysteme von PictureTel installiert wurden.

Praxis

Standard bei Systemen

Standard von Videokonferenzsystemen etwa des Herstellers PictureTel:

- Teilnehmerzahl: Gruppen von bis zu acht Teilnehmern auf jeder Seite
- beidseitige Kamerasteuerung
- Übertragung von Dokumenten in hoher Qualität
- Ansicht der Dokumente auf zweitem Monitor
- hohe Tonqualität bei 7-kHz-Tonbandbreite

- Kompatibilität zu Raumsystemen und Lösungen anderer Hersteller nach H.320-Standard
- Dokumentenkamera, die praktisch die Funktion des Overheadprojektors übernimmt. Sie ist wichtig, da Sie bei Ihrer Arbeit mit den Videokonferenzsystemen ja nicht nur das reine Videobild betrachten, sondern möglichst auch Charts oder Dokumente übertragen oder gemeinsam bearbeiten wollen. Achten Sie vor dem Kauf darauf, daß die Dokumente absolut scharf übertragen werden. Eine niedrige Qualität dürfte im Unterschied zum Videobild von Ihren Partnern nicht akzeptiert werden.
- Application Sharing. Die PC-Systeme bieten darüber hinaus die Möglichkeit, gespeicherte Dokumente direkt zu übertragen und sogar gemeinsam zu bearbeiten. Obwohl dieses „Application Sharing" von den Anbietern als eine der wesentlichsten Funktionen herausgestellt wird, nutzen sie viele Anwender (noch) nicht. Im Management wird, so die Erfahrungen in großen Konzernen, Application Sharing so gut wie nicht genutzt; dafür wird es wesentlich häufiger im technischen Bereich verwendet.
- Multipoint-Brücken. Sie können sie bei Herstellern oder Netzbetreibern auch für einzelne Konferenzen mieten. Machbar sind damit Mehrpunktkonferenzen zwischen bis zu 28 Standorten. Bei Konferenzen mit Sprachsteuerung wird jeweils der Standort für alle anderen ins Bild gebracht, an dem gerade gesprochen wird. Nachteil: Bei lebhaften Diskussionen kann das Bild zu häufig hin- und herspringen – manchmal sogar bei Nebengeräuschen wie Klappern mit Kaffeetassen. Bei „Quartersplit"-Steuerung wird das Videobild in vier Bildschirmvierteln mit unterschiedlichen Standorten dargestellt. Nachteil: ziemlich kleine Bilder, je nach Bildschirmgröße und Abstand zum System. Die häufigen Nachfragen der Anwender bei Henkel zeigen, daß der Bedarf für Multipoint-Konferenzen sehr hoch ist.

Ergänzend zu diesen Raumsystemen werden seit 1994 auch PC-Systeme vom Typ PictureTel Livel 00 eingesetzt. Diese sind inzwischen an mehr als 20 Standorten der Henkel-Gruppe installiert und werden vorrangig von Gruppen bis zu drei Teilnehmern genutzt. Häufige Anfragen bei Henkel zeigen, daß zudem der Bedarf für Multipoint-Konferenzen sehr hoch ist.

13.3 Wo macht Videoconferencing Sinn?

Wie der Leiter Kommunikationsanwendungen bei Henkel, Reiner Gratzfeld, in einem Beitrag für das „PC Magazin" berichtet, stellt die neue Technik in vielen Fällen eine sinnvolle Alternative zu zeitaufwendigen Reisen dar, wenn sie diese auch nicht immer voll ersetzen kann. Wenig Sinn macht sie z. B.

- bei einem Erstkontakt,
- einem Personalgespräch oder
- einem mehrtägigen Workshop.

Hier sollten Sie nach wie vor auf die persönliche Begegnung setzen.

Sinn macht es dagegen,

- wenn Sie Mitarbeiter Ihres Unternehmens per Videokonferenz zusammenkommen lassen, statt sie eine längere Dienstreise unternehmen zu lassen. Sie vermindern dadurch die Kosten für Ihr Unternehmen. Da in der Regel an einer Videokonferenz mehr Mitarbeiter teilnehmen können, erhöhen Sie zudem die Kompetenz und damit die Entscheidungssicherheit der Konferenz.
- Sollten Sie in Ihrem Unternehmen Telearbeiter beschäftigen, so wird es sich nicht vermeiden lassen, daß diese häufig die Firma aufsuchen. Hier können Sie nicht unbeträchtliche Einsparungen bei Spesenkosten und Ausfallzeiten am Arbeitsplatz durch Einsatz von Videokonferenztechnik erzielen und den ohnehin schon preiswerten Telearbeitsplatz noch weiter rationalisieren.
- Routinetreffen mit Geschäftspartnern, Mitarbeitern, in bestimmten Fällen auch mit Kunden sollten Sie ebenfalls in Videokonferenzen absolvieren. Sie reduzieren so den konkreten Output einer solchen Konferenz. Was das Verhältnis zu Ihren Kunden angeht, wäre allerdings eine Entscheidung für oder gegen Videokonferenz vom bestehenden Verhältnis zum Kunden abhängig. Neukunden kurz per Videokonferenz abzufertigen, ist möglicherweise nicht unbedingt ratsam.
- Entscheiden Sie sich unter Umständen auch für eine Videokonferenz, wenn die äußeren Bedingungen (Wetter, Gesundheit, Verfügbarkeit von Verkehrsmitteln) gegen einen Reiseantritt sprechen. Manchmal kann es auch bei wichtigen Besprechungen durchaus ratsam sein, statt einer Absage eine Videokonferenz zu schalten, zumal wenn die Verhinderung zum Reiseantritt voraussichtlich länger andauern wird.
- Sparen Sie Schulungsräume durch den Einsatz von Videokonferenztechnik. Im Videokonferenzraum für den Referenten können Sie beispielsweise einen Videokonferenz-Overheadprojektor, wie ihn beispielsweise die

Firma PictureTel anbietet, installieren; das Auditorium wird per Videokonferenz von daheim zugeschaltet.

Bei Henkel will man in den nächsten Jahren die Arbeit mit Videokommunikation noch verstärken. Application Sharing, besonders im Zusammenspiel mit Lotus Notes, soll stärker genutzt werden. Multipoint-Konferenzen, die heute aufgrund der technischen Restriktionen noch relativ selten durchgeführt werden, sollen künftig eine noch größere Bedeutung erhalten.

Fortschritte sind auch bei der Netztechnologie abzusehen. So soll es demnächst möglich sein, Videokonferenzen innerhalb des bei Henkel vorhandenen lokalen Netzes oder über Internet-Verbindungen durchzuführen.

Nach inzwischen dreijähriger Erfahrung mit diesen Systemen ist Videoconferencing eine etablierte Kommunikationsform in der Henkel-Gruppe geworden, die von allen Unternehmensbereichen und nahezu sämtlichen Hierarchieebenen immer intensiver genutzt wird.

Praxis

Einfach und billig

Als Hauptgründe für die sehr gute Akzeptanz werden von den Nutzern in der Henkel-Gruppe im wesentlichen angegeben:

- die einfache Bedienung, die es auch dem ungeübten Anwender ermöglicht, eine Videokonferenz durchzuführen, ohne daß ein Techniker anwesend sein muß;
- Nutzung bei Bedarf, weil keine Anmeldefristen wie früher beachtet werden müssen;
- geringe Kosten;
- Geschäftsreisen entfallen. Allein diese Zeitersparnis rechtfertigt sehr schnell den Einsatz von Videokonferenzsystemen, auch wenn sie in der Anfangsphase noch nicht voll ausgelastet werden.
- Selbst die häufig als Nachteil genannte schlechte Bildqualität der ISDN-Systeme im Vergleich zu Fernsehbildern wird von den meisten Nutzern als unbedeutend empfunden. „Ich muß nicht unbedingt jede einzelne Falte im Gesicht meines Gegenübers klar erkennen. Wichtig ist, daß die Körpersprache und damit Stimmungen und Emotionen übertragen werden", formuliert es ein Henkel-Manager.

13.4 Konferenz unter Druck

Eine besondere Anwendung von Videokonferenzen können Sie dem Beispiel entnehmen, das kürzlich in der Druckindustrie entwickelt wurde. Die Web-Press-Division der Heidelberger Druckmaschinen AG führte am Rande der offiziellen Inbetriebnahme des neuen Kunden- und Servicezentrums in Montataire (Frankreich) den „Web-Press-Service-Desk“ vor.

Durch das Windows-System kann das Bedienpersonal von Rollenoffsetmaschinen per Telefon und Videokamera in Kontakt mit dem Heidelberg-Serviceteam treten. Im Dialog können Bilder von defekten Maschinenteilen oder Maschinenzeichnungen zum Lokalisieren von Problemstellen via ISDN ausgetauscht werden.

Mit Hilfe eines Online-Kommunikationssystems, das in Zusammenarbeit mit dem Spezialisten PictureTel entwickelt wurde, können Fehler einerseits schnell vom Bedienpersonal behoben werden. Der Heidelberg-Service kann andererseits einen Serviceeinsatz besser vorbereiten. Die Service-Ansprechpartner stehen rund um die Uhr zur Verfügung: in verschiedenen Sprachen einschließlich Deutsch. 8000 Stunden jährlich beraten sie per Telefon und Modem Druckereien in vielen Teilen der Welt; dies könnte sich jedoch bald ändern.

13.5 Frühstück bei Tiffany's – Videokonferenz zur Miete

Videokonferenzsysteme, das ist etwas für die Möchtegerne und ganz Großen, werden Sie sagen. Doch da unterliegen Sie einem Vorurteil, das immer weniger zutrifft. Pfiffige Unternehmen nutzen moderne Videokonferenzsysteme, ohne sie zu kaufen; das sollten Sie auch tun. Mieten Sie eins, wann und wo Sie es benötigen!

Das Prinzip ist einfach: Statt in ein 80000 DM oder noch teureres System zu investieren, nutzt man die Technik eines Vermieters wie des europäischen Regus Business Center oder der Frankfurter Miet-Videokonferenzspezialisten MVC (Mobile VideoCommunication) Deutschland GmbH, Frankfurt, die als erste den neuen Service anbieten.

Für 250 DM pro Stunde kann Ihr Unternehmen beispielsweise bei MVC mieten. Dafür erhalten Sie den Raum, werden in die Nutzung des Systems ausführlich eingewiesen und können es dann für die angemietete Zeit nutzen. Zusätzlich anfallende Leitungsgebühren halten sich – wie wir gesehen haben – dank des preiswerten ISDN in erträglichem Rahmen.

Bevor MVC seine Videokonferenz-Mietidee in die Realität umsetzte, wurde die Technik aller möglichen Hersteller ausgiebig getestet. Nachfrage und Auslastung stellten dabei die neue Technik vor einige Anforderungen. MVC-Chef Claus Schneider: „Im ersten Monat hatten wir in London genau fünf Vermietungen. Heute sind wir mit 60 Vermietungen permanent und voll ausgebucht."

Auch im Berliner Regus Center nehmen die Buchungen stetig zu, seit Berliner Unternehmen Zeit- und Kostenvorteile der Kommunikation über Bildschirm erkannt haben. Irene Anspach von Regus Berlin kann zufrieden sein: „Unsere Kunden treffen sich lieber in einer Videokonferenz, als für ein Zwei- bis Dreistundenmeeting in der Welt herumzufliegen und dabei viele Stunden nutzlos zu vergeuden."

Videokonferenzen an Ort und Stelle

Wenn Ihnen der Gang in einen externen Videokonferenzraum zu aufwendig ist, können Sie sich Ihr persönliches Videokonferenzsystem gleich im Büro installieren lassen – auch zur Miete. Per 01 30-Nummer können Sie gebührenfrei und relativ kurzfristig bei MVC ein System anmieten. Sie geben Datum und Uhrzeit für Ihr gewünschtes Videomeeting sowie Adressen samt Telefonnummern der Teilnehmer an. MVC sucht daraufhin im mittlerweile ziemlich dichten weltweiten Netz den von Ihnen und Ihren Gesprächspartnern aus nächstgelegenen Vertragspartner in den jeweiligen Städten aus und koordiniert die notwendigen Aktivitäten.

Zur vereinbarten Zeit sind dann die Konferenzsysteme betriebsbereit für Sie angeschlossen, Sie können mit Ihrem Videomeeting beginnen. Ist alles vorbei, werden die angemieteten Gerätschaften von MVC-Leuten bzw. ihren Partnern wieder bei Ihnen oder Ihren Gesprächspartnern abgeholt.

MVC hat zu diesem Zweck ein deutschlandweites Netz von Partnerunternehmen wie beispielsweise die BTI Business TV International GmbH in Hamburg aufgebaut. Der MVC-Partner-Pool besteht aus eingeführten Systemhäusern, unter anderem in Aachen/Köln, Berlin, Düsseldorf, Frankfurt, Freiburg, Hamburg, Karlsruhe, Leipzig, Mannheim, München und Stuttgart.

Schneider: „Gerade für kleine und mittlere Unternehmen ist unser Angebot von Nutzen. Die Abwesenheit eines Managers hier hat ja viel größere Auswirkungen auf den Geschäftsablauf als in einem Konzern." Schneider sieht denn auch in seinem Angebot die Möglichkeit, die Lücke zwischen Fax und Geschäftsreise zu schließen. Schneider: „Die alte Ausrede ‚Ich kann ja nicht überall sein!' gilt nicht mehr. Manager müssen sich etwas Neues einfallen lassen; denn mit gemieteter Videokonferenzanlage können sie eben überall präsent sein – wenn sie wollen."

Videokonferenzen mit bis zu 28 und Audiokonferenzen mit 1000 Teilnehmern versprechen die Marktstrategen der Global Conferencing Services (GCS), einem Gemeinschaftsdienst der Sauerwein Multimedia GmbH (Rödermark) und WorldCom Telecommunication Services GmbH (Frankfurt am Main). Dieser Service schaltet Sie mit Konferenzteilnehmern an „jedem Punkt der Erde und zu jeder Tages- und Nachtzeit über Telefonleitungen" zusammen. Der Service kann kurzfristig per Fax oder Telefon gebucht werden – sogar „bis eine Stunde vor Konferenzbeginn".

Das Besondere hieran: Sie können wählen zwischen einer Video- und einer Audiokonferenz. Während für Videokonferenzen ein ISDN-Anschluß benötigt wird, nehmen Sie an Audiokonferenzen vom Telefon oder Handy aus teil. Über ISDN-Leitungen können Sie jedoch auch bei der Audiokonferenz zusätzliche Funktionen nutzen, die GCS zur Verfügung stellt, z. B. die Anmeldung von Fragen an Referenten oder die Abstimmung über Telefontastatur. Die Betreiber von GCS sehen Anwendungen dieser Art der Audiokonferenz u. a. bei Marktforschung und Vertrieb. Die Grundgebühr beträgt bei Videokommunikation 10 DM pro Teilnehmer, bei Audiokonferenzen 5 DM.

Checkliste

Worauf Sie bei der Anmietung eines Videokonferenzsystems achten sollten

- Das Videokonferenzsystem sollte standardisiert sein, damit Verbindungen zu Fremdsystemen möglich sind. Fragen Sie nach Standard H.320. Ihr System sollte hierzu konform sein.
- Ihr System sollte zudem multipointfähig sein. Das heißt, der Vermieter sollte eine Multipoint-Brücke mit anbieten können, damit auch gegebenenfalls mehrere Standorte miteinander kommunizieren können.
- Ihr Vermieter sollte externe Anschlüsse für Dokumentenkameras usw. mit anbieten, um größtmöglichen Nutzen aus Ihrer Videokonferenz herauszuholen.
- Seriöse Anbieter berechnen Aufbau, Einweisung und Abbau nicht separat. Diese Leistungen gehören zum Standard und sollten im Endpreis enthalten sein.
- Der Vermieter sollte auch Leasing oder Kauf nach Probe anbieten. Bei häufiger Anmietung ist eventuell der Kauf dann preiswerter.
- Der Vermieter sollte über Auslandskontakte verfügen, damit er weltweite Partnerstudios vermitteln kann. Lassen Sie sich in jedem

Fall auch für das Inland das Partnernetz anhand einer Karte zeigen, um böse Überraschungen zu vermeiden, wenn plötzlich die Anfahrt zum Videokonferenzstudio Ihrer Konferenzteilnehmer zu teuer wird.

Tip

Videokonferenz-Lounge in der Hotellerie

Die Videokonferenztechnik wird Ihnen wahrscheinlich ein Dorn im Auge sein, wenn Sie ein Unternehmen für Hotellerie oder Gastronomie betreiben. Das muß es aber nicht. Drehen Sie doch einfach den Spieß um! Einige Gastbetriebe haben den Zug der Zeit erkannt und bieten ihren Gästen mittlerweile Videokonferenz als exklusive Zusatzleistung an.

Erst kürzlich zur Gemeinde von Hotels mit Videokonferenzangebot dazugestoßen ist beispielsweise das Lindner Congress Hotel Frankfurt. Zusammen mit MVC bietet das als „Multimedia-Hotel" bekannte Haus Videokonferenzstudios zur Miete und einen umfassenden Service für Videokommunikation an. Die Herberge gehört damit zum weltweit ausgebauten MVC-Netzwerk mit Partnern in über 50 Ländern.

Wie Lindner können auch Sie auf diese Weise den gestiegenen Kommunikationsansprüchen der Geschäftsreisenden und Tagungsgäste Rechnung tragen. Neben Videoconferencing bietet das Haus bereits ein Auditorium für Multimediaproduktionen sowie ISDN-Anschlüsse, Fax und Modem in den Zimmern.

Umdenken tut in der Branche not. Der zunehmend ausgereiften Videokonferenztechnik, damit einhergehende Serienproduktion und fallende Preise stehen einer immer mehr darbenden Hotellerie gegenüber. Lindner-Direktor Klaus Elftmann: „Die meisten Tagungsräume sind in ihrer technischen Ausstattung noch auf dem Stand von vor über 15 Jahren."

Business Center wie das Regus in Berlin verzeichnen mittlerweile steigende Umsätze im Videokonferenz-Vermietgeschäft. Insgesamt erlebte die Branche im vergangenen Jahr eine Verdoppelung der Vermietzahlen auf insgesamt fast 40 pro Monat. Der Trend, so schätzen Experten, dürfte sich fortsetzen.

Gerade für Hotels ergeben sich laut „Gastgewerbe aktuell" durch die Videokonferenztechnik neue Chancen, ihre Serviceleistungen zu verbessern und so für den Gast noch attraktiver zu sein. Die einfache Formel, Videokonferenzen gleich weniger Geschäftsreisen gleich weniger Übernachtungen, gehe so nicht auf.

Vorstellbar ist etwa folgendes Szenario: In einem großen Hotel treffen sich jeden Montag um neun Uhr die Vertriebsleiter eines mittelständischen Unternehmens zu ihrem Wochenmeeting. Statt wie bisher um sechs Uhr mit Taxi und Flugzeug an den Treffpunkt zu gelangen, geht ein Teil der Kollegen wie immer morgens in ihre Büros und wählt sich von dort in die Mehrplatz-Videokonferenz ein. Der andere Teil von ihnen setzt sich daheim vor den Videokonferenzbildschirm an seinen Telearbeitsplatz.

Auch der Vertriebsdirektor, der eine Außendiensttagung besucht, kann an der Arbeitsbesprechung teilnehmen. In seinem Hotelzimmer ist ein mobiles Bildtelefon installiert. Als Monitor dient das Fernsehgerät, zum Videotelefon umfunktioniert durch das neu von PictureTel entwikkelte „SwiftSite"-System, das in Verbindung mit einem ISDN-Anschluß Videokonferenzen über jeden handelsüblichen Fernseher ermöglicht.

Einen solchen Mietservice können Sie als Zusatzleistung Ihres Hotels anbieten. Bereits nach knapp einer Stunde sind alle Planungen besprochen, und die Vertriebsleiter können sich wieder dem Tagesgeschäft widmen.

Kosten

Wie rechnet sich Videokonferenz?

Egal, wofür Sie sich entscheiden: Sowohl Desktop- als auch Gruppensysteme machen sich schnell bezahlt. Dazu nachfolgend jeweils ein Rechenbeispiel:

- Beispiel 1: Angenommen, je ein Mitarbeiter Ihres Unternehmens aus Frankfurt und München bilden eine Arbeitsgruppe und müssen sich einmal pro Woche zu einer zweistündigen Besprechung zusammenfinden. Eine solche Tagesreise kostet Ihr Unternehmen dann ca. 1600 DM (Quelle: BMW).
  Eine zweistündige Videokonferenz mit 128 kbit/s Übertragungsrate tagsüber kostet dagegen nur etwa 144 DM (ca. 72 DM je Stunde).

Nimmt man die Grundgebühr für beide ISDN-Basisanschlüsse von je 46 DM pro Monat anteilig hinzu (vier Videokonferenzen pro Monat), so würde eine solche zweistündige Videokonferenz Kosten in Höhe von 163 DM verursachen. Ihr Unternehmen hätte also pro Monat rund 5750 DM eingespart. Für diesen Betrag bekommen Sie bereits ein hochwertiges Videokonferenzsystem zum Einbau in einen vorhandenen PC. Folglich hätte sich die Investition für die zwei erforderlichen PC-Systeme schon nach zwei Monaten amortisiert.

- Angenommen, drei Mitarbeiter Ihrer Firma aus Frankfurt müssen zweimal pro Monat zu einer vierstündigen Besprechung nach München reisen. Bei ca. 1600 DM Kosten pro Mitarbeiter bedeutet dies 4800 DM für die dreiköpfige Gruppe. Eine vierstündige Videokonferenz mit 128 kbit/s Übertragungsrate tagsüber kostet dagegen ca. 288 DM (ca. 72 DM je Stunde). Nimmt man die Grundgebühr für beide ISDN-Basisanschlüsse von je 46 DM pro Monat anteilig hinzu (zwei Videokonferenzen pro Monat), so würde diese Videokonferenz Kosten in Höhe von 334 DM verursachen. Pro Monat spart Ihr Unternehmen hierbei also ca. 8900 DM, im Jahr bereits ca. 106 800 DM. Ihre Investition in zwei hochwertige Gruppensysteme hätten Sie somit bereits in weniger als zwei Jahren wieder herausgeholt. Dabei ist die Nutzung der Systeme durch weitere Mitarbeiter in diese Rechnung noch gar nicht mit einbezogen. Wieviel Sie dadurch einsparen würden und wie schnell dadurch die Anschaffung wieder wettgemacht wäre, können Sie sich selbst ausrechnen.

Praxis

Auf allen Ebenen ...

Die Zeiten, in denen Videokonferenzen nur etwas für die oberste Chefetage waren, sind vorbei. Heute sind Videokonferenzen auf allen Hierarchieebenen und in allen Bereichen Ihres Unternehmens einsetzbar. Hier einige Beispiele der vielfältigen Einsatzmöglichkeiten (Quelle: Business TV International):

- Bekanntgabe und Erläuterungen von Geschäftsbeschlüssen,
- Berichte der Niederlassungen an die Geschäftsführung,
- standortübergreifende Arbeitsgruppen,
- Durchführung von Fernschulungen,

- Besprechung und Ausführung von Ferndiagnosen und Wartungen,
- Heimarbeit und Telearbeit.

Das, was eine Videokonferenz von einem Telefonat unterscheidet, ist eigentlich nicht die Möglichkeit, jemanden von Angesicht zu Angesicht auf Entfernung sehen zu können. Dazu genügte das gegenseitige Versenden eines VHS-Videobandes.

Das Wesentliche ist die Möglichkeit, daß Sie gemeinsam Dokumente bearbeiten, Dateien austauschen und Computeranwendungen nutzen können. Außerdem haben Sie die Möglichkeit, auch andere Bilder zu übermitteln:

- Mit einer zusätzlichen Kamera können Sie Geräte oder Maschinen vorführen und erklären sowie Flip-Charts oder ähnliche Präsentationshilfen zeigen.
- Mit Hilfe eines Videorecorders können Sie zuvor aufgezeichnete Filme vorführen oder gar die komplette Konferenz aufzeichnen.
- Mittels Dokumentenkamera/Scanner können Sie Texte, Grafiken oder technische Zeichnungen übertragen und mit Hilfe eines angeschlossenen Zeichentableaus gemeinsam bearbeiten. Diese Dokumente legen Sie anschließend in einen digitalen Bildspeicher ab und drucken sie bei Bedarf aus.
- Über Ihren mit der Videokonferenzanlage angeschlossenen PC bearbeiten Sie Dokumente und nutzen Anwendungen aus einem anderen Netz.

Hintergrund

Vorteile auf einen Blick

- *Reisekostenersparnis:* Vergleichen Sie doch einmal die Kosten für eine Videokonferenz mit denen von Dienstreisen. Was müssen Sie zahlen für Übernachtungen, Flugreisen, Taxikosten (von den kleinen, aber deswegen nicht zu vernachlässigenden Gefälligkeitskosten ganz zu schweigen)?
- *Zeitersparnis:* Die Videokonferenz beschleunigt Ihre Kommunikation. Der Zeitvorteil läßt sich zwar nur schwer in bare Münze umrechnen; wenn Sie dadurch jedoch beispielsweise im Rahmen einer zweijährigen Produktentwicklung einen ganzen Monat einsparen

und Ihr Unternehmen somit ein Produkt einen Monat früher einführen kann, so werden Sie diesen Wettbewerbsvorteil wohl kaum von der Hand weisen.

- *Zeitnahe Entscheidungen:* Ihre Meetings finden dann statt, wenn sie erforderlich sind – und nicht zu einem späteren Zeitpunkt. Reisezeiten und -vorbereitungen entfallen. Problemlösungen können sofort gefunden werden.
- *Effizientes Management:* Die Videokonferenz ermöglicht Ihnen als Entscheidungsträger, längere Abwesenheit vom Unternehmen zu vermeiden. Unproduktivzeiten, wie sie beim Reisen trotz Büroabteilen im ICE und ähnlichem entstehen, können Sie auf ein Mindestmaß reduzieren. Sie stehen als Chef Ihrem Unternehmen und Ihren Mitarbeitern öfter zur Verfügung, Ihr Management wird dadurch effizienter.
- *Einbeziehung von Spezialisten:* Spezialisten – aber auch andere Mitarbeiter, die an einer Geschäftsreise nicht hätten beteiligt werden können – haben die Möglichkeit, an der Videokonferenz teilzunehmen, ohne das Unternehmen zu verlassen.
- *Teamarbeit:* Die Videokonferenztechnik ermöglicht es Ihnen, Teams zu bilden, die aufgrund großer Distanzen und des damit verbundenen Aufwandes sonst nicht zustande kommen könnten. Das Engagement und die Produktivität Ihrer Mitarbeiter werden somit deutlich gefördert.
- *Vermeidung von Mißverständnissen:* Was bisher nur am Telefon oder per Fax erörtert werden konnte und möglicherweise zu Mißverständnissen geführt hat, kann in einer Videokonferenz effektiver behandelt werden.

14
Corporate Network

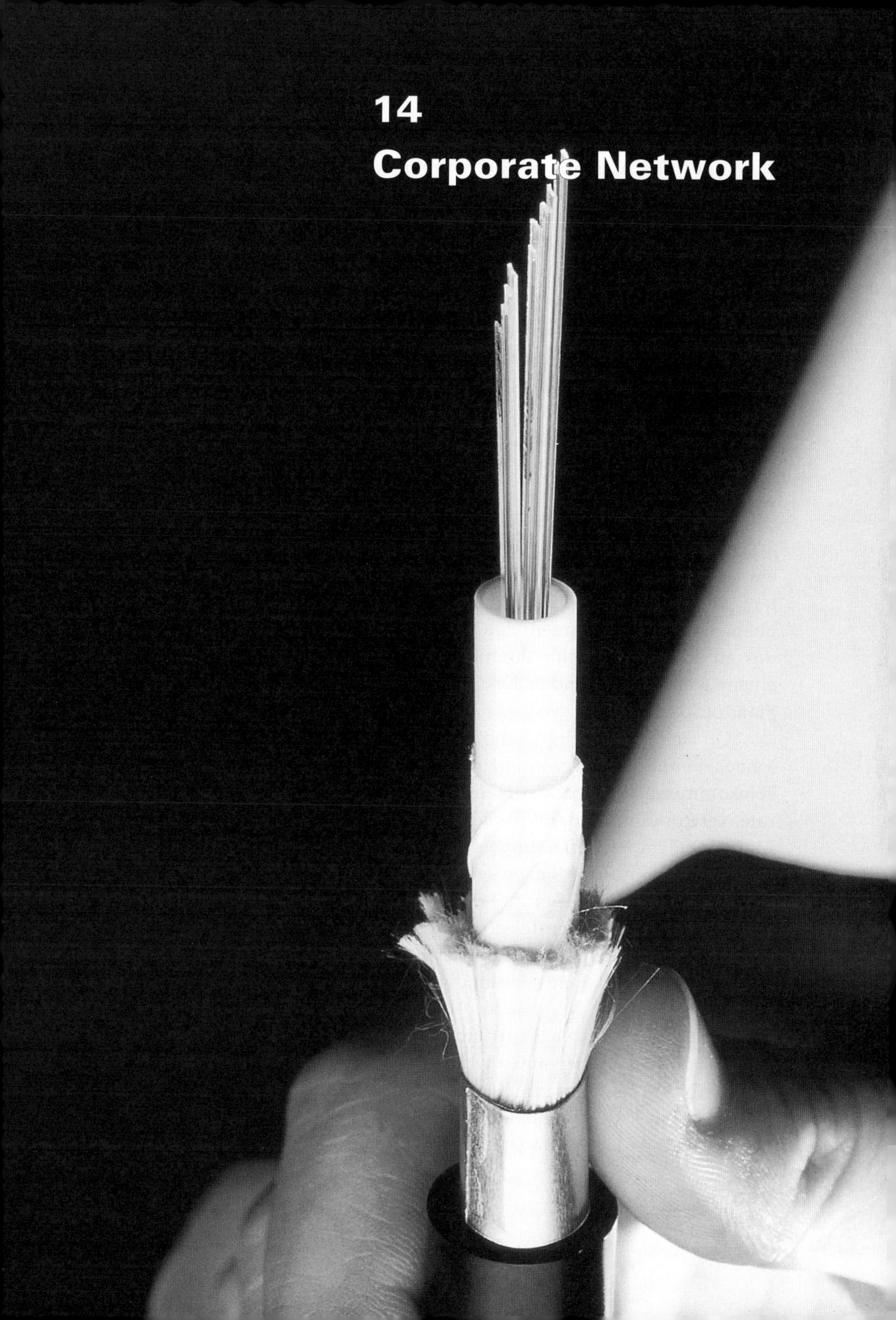

„Eigenes Netz ist Goldes wert"

Sie sind ein mittelständischer Unternehmer, weltweit tätig und zur Verbindung mit Ihren Außenposten auf teure nationale und internationale Telefonleitungen öffentlicher Netzanbieter angewiesen. Sie wären damit mittlerweile schon fast ein krasser Außenseiter. Längst sind solche Firmen dazu übergegangen, sich ein *Corporate Network* (CN) zuzulegen, ihr unternehmenseigenes Kommunikationsnetz. Dabei haben Sie grundsätzlich die Wahl zwischen dem Eigenbetrieb oder der Nutzung des Netzes eines Dienstebetreibers.

Im Zuge des zunehmenden Wettbewerbs der privaten Netzbetreiber und Serviceunternehmen sollten Sie auch für Ihr Unternehmen die Überlegung anstellen, inwieweit es für Sie wirtschaftlich sein kann, Ihre Sprach-, Daten- und sogar Bild-/Videokommunikation in einem diensteintegrierten, firmeneigenen Kommunikationsnetz, einem Corporate Network zusammenzufassen. Es aufzubauen ist allerdings nicht billig und kann unter Umständen einige Zeit in Anspruch nehmen, Faustregel neun Monate. Tausende Kilometer Stand- oder Mietleitungen müssen beantragt, installiert und freigeschaltet werden – in der schnellebigen Geschäftswelt von heute eigentlich ein Unding. Doch steht das Netz einmal, bietet es interessante Möglichkeiten, wie Sie selbst weltumspannende Kommunikationsströme Ihres Unternehmens so raffen können, daß die Welt auf die Größe Ihres Betriebsgeländes zu schrumpfen oder Ihr mittelständisches oder Kleinunternehmen zu einem weltumspannenden Konzern erhoben zu werden scheint – je nach Standpunkt.

Ob sich für Ihr Unternehmen der Aufbau eines eigenen Firmennetzes lohnen könnte, hängt von einer ersten Beurteilung ab. Der Hannoveraner Telekommunikationsberater Hans-Ingo Zücker hält grundsätzlich ein Corporate Network immer dann für sinnvoll, wenn Ihre Firma bundesweit mit ca. fünf oder mehr Niederlassungen arbeitet. Zücker berät neben einer Reihe privater Telekommunikationsprovider wie die Festnetzanbieter „Tele2" oder „RSLCOM" (ehemals „Sprint") das Hamburger Systemhaus Info AG, an der bis Ende 1996 die France Télécom Transpac S.A., Paris, mehrheitlich beteiligt war. Seit Januar 1997 ist das Unternehmen nach Übernahme durch die Geschäftsleitung wieder ein selbständiges und neutrales Unternehmen.

Als 1988 in einem ersten Schritt mit der Liberalisierung der Telekommunikation in Deutschland begonnen wurde, baute die Info AG mit dem Netzwerk-Service (NWS) als erstes privates Unternehmen ein bundesweites privates Datennetz mit weltweiter Anbindung auf. Heute ist die Info AG einer der führenden privaten Anbieter von Datenkommunikationsleistungen in Deutschland.

Auf Grundlage eines flächendeckenden Weitverkehrsnetzes mit Zugängen zu modernen Netztechniken wie Frame Relay bietet sie Ihnen als Geschäftskunden das gesamte Spektrum moderner Telekommunikationsleistungen.

Das Unternehmen hat mit der „Techniker Krankenkasse" und der Kaufhauskette „Peek & Cloppenburg" für zwei Kunden aus dem mittelständischen Bereich Corporate Networks maßgeschneidert.

14.1 Wann lohnt sich ein Corporate Network?

Wenn Sie sich schon bei den vorbereitenden Überlegungen mit entscheidenden Details befassen, können Sie später viel Zeit und Kosten sparen:

- Lassen Sie bei Ihren Überlegungen über den Einsatz eines Corporate Network nicht nur Kostenaspekte einfließen. Sie sollten auch auf die mögliche qualitative Verbesserung Ihres Netzes achten.
- Die Kosteneinsparungen ergeben sich durch die bessere Nutzung freier Kapazitäten des Übertragungsnetzes für Sprache und Daten. Die Technik erlaubt im allgemeinen eine bessere Netzauslastung durch dynamische Bandbreitenzuordnung und temporäre Prioritätenvergabe für Sprach- und Datenkommunikation.
- Berücksichtigen Sie die Möglichkeiten des Einsatzes von Least Cost Routing (s. auch Seite 71). Bei dieser Vermittlungstechnik wird ein Ferngespräch so lange durch das Corporate Network übertragen, bis es am Zielort angekommen ist und dort vom Telefonvermittlungssystem in das öffentliche Netz weitergeleitet wird.
- Merke: Je mehr Ferngespräche zwischen Standorten des Corporate Network Ihres Unternehmens geführt werden, desto höher das Einsparpotential.

Sollten Sie nach diesen Aspekten einen grundsätzlichen Bedarf festgestellt haben, wenden Sie sich der exakten Bedarfsanalyse zu:

- An erster Stelle steht die Analyse des gegenwärtigen Sprachaufkommens. Bedingt sind dabei von außen hereinkommende Gespräche mit zu berücksichtigen, wenn sie zum Beispiel an einem Standort mit einer zentralen Nummer in das Netz gelangen und darauf intern zu einem weiter entfernten Partner weitervermittelt werden sollen.
- Unterziehen Sie einer genauen Analyse, inwiefern Sie das Datenaufkommen in einem diensteintegrierenden Netz zumindest teilweise zwischen einzelne Telefongespräche einklinken oder auf verkehrsarme Zeiten – zum Beispiel nachts – verschieben können.

- Lassen Sie das gesamte Telefonaufkommen untersuchen. Entscheidend für die mögliche Rentabilität von Corporate Network ist, wie viele der geführten internen Gespräche außerhalb der Stadtregion anfallen.
- Im Rahmen der Verkehrsanalyse sollten Sie auch prüfen lassen, ob Einsparpotentiale im Bereich des Telekom-Großkundenrabatts zu erzielen sind und inwiefern bei Ihnen zu diesem Zweck über Ihr Corporate Network externe Gespräche an einem Ort gebündelt werden können.
- Bei der Datenübertragung wird zwischen Dialogverkehr und Filetransfer unterschieden. Während der Dialogverkehr unmittelbar, d.h. nur mit Aufschiebungen im Sekundenbereich abgewickelt werden muß, können Sie den Filetransfer auf die verhältnismäßig ruhigen Nachtstunden verschieben.
- Berücksichtigen Sie, daß Ihr Corporate Network sich innerhalb von maximal zwei Jahren amortisieren sollte und nicht länger, weil hier extrem kurze Innovationszyklen vorherrschen und die Tarifpolitik der Anbieter für nicht länger als ein bis zwei Jahre absehbar ist.
- An einmaligen Kosten müssen Sie Projektkosten und Ausgaben für Neuanschaffungen veranschlagen. Während Projektkosten des Netzbetreibers absehbar sind, lassen sich unternehmenseigene Kosten für mögliche Umstrukturierungen, Personal und Schulungen oft nur schwer ein- und abschätzen.

Bei den Kosten für die Errichtung eines Corporate Network müssen Sie mit folgenden einmaligen Aufwendungen rechnen:

- Ein wesentlicher Aspekt ist die vorhandene Infrastruktur. Handelt es sich um mehrere und möglicherweise auch ältere Telefonanlagen, kann es erforderlich sein, daß Sie umfangreiche Schnittstellensoftware oder ganz neue Geräte anschaffen. Wollen Sie neue Techniken wie Call Center oder VoiceMail-Boxen einrichten lassen, so müssen Sie zusätzliche Ausgaben bedenken.
- Ähnliches gilt für die Datenendgeräte. Für die Neubeschaffung müssen Sie erhebliche Investitionen ansetzen.
- Bei den laufenden Kosten stehen Ihnen folgende Faktoren ins Haus: Der Netzbetreiber berechnet Ihnen monatlich feste Servicegebühren. Für den Betrieb eines eigenen Corporate Network müssen Sie zusätzliche Räume für Vermittlungseinheiten mit Strom, Klimatechnik und eventuell Sicherheitseinrichtungen installieren. Auch sollten Sie den Personalaufwand nicht unterschätzen. Die Info AG etwa empfiehlt, je nach Größe Ihres Corporate Network bei Eigenbetrieb mindestens zwei Personen einzukalkulieren.

- Je nachdem, welchen Nutzen Sie mit Ihrem Corporate Network erreichen wollen, sollten Sie den Qualitätsgrad bestimmen, der sowohl intern als auch extern von den Anwendern wahrgenommen wird und die Akzeptanz beeinflußt. Ein Kostensparmodell mit hoher Wirtschaftlichkeit kann die Sprachkompression sein. So können auf einer 64-kbit/s-Leitung zum Beispiel vier Gespräche parallel geführt werden, was allerdings Qualitätseinbußen mit sich bringt. Während Sie diese bei internen Gesprächen noch hinnehmen können, sollten Sie im Kundenkontakt nicht an der Qualität sparen. Schließlich ist die Kommunikation nach außen Teil Ihrer Visitenkarte. Auf Sprachkompression verzichten müssen Sie bei weitervermittelten Gesprächen zum Beispiel für Call Center, da sich Sprache nicht mehrfach komprimieren und dekomprimieren läßt.

Zukunftsplanung:

- Sie sollten versuchen, die weitere Unternehmensentwicklung in Ihre Überlegungen zu einem Corporate Network einzubeziehen: Plant Ihr Unternehmen größere organisatorische oder technische Änderungen? Wollen Sie den Servicebereich zentralisieren oder dezentralisieren? Dies alles könnte wesentliche Auswirkungen auf die Wirtschaftlichkeitsrechnung haben.
- Beobachten Sie dabei die allgemeine Gebührenentwicklung gerade im Fernbereich. Die Entwicklung in den USA, wo Centrex-Lösungen heute den Markt bewegen, zeigt viel Neues für die Zukunft auf. Centrex bedeutet, daß Dienstleister nicht nur die Sprachübertragung, sondern auch die hauseigene Telefonanlage als Funktion anbieten. Der Kunde bezahlt nur noch die Anzahl der internen Anschlüsse nach Nutzung. Die Zukunft wird die unterschiedlichsten Dienste neuer alternativer Anbieter bringen; der Tarifwettstreit bzw. die Kreativität in der Schaffung neuer Tarifstrukturen im Mobilfunk geben davon einen Vorgeschmack. Jede Wirtschaftlichkeitsberechnung auf Basis der heute bekannten Tarife bzw. Strukturen kann in einem Jahr schon überholt sein.
- Beachten Sie generell, daß der Nutzen Ihres Corporate Networks auch im außermonetären Bereich liegen kann, zum Beispiel als Imagegewinn durch besseren Service. Diesen Nutzen können Sie zunächst nur abschätzen und nicht in Mark und Pfennig errechnen. Charakteristisch für ein Corporate Network ist seine Einheitlichkeit über alle Grenzen hinweg. Die Erfahrungen zeigen, daß Servicequalität und Effizienz um so besser sind, je größer der Zentralisierungsgrad ist. Verursachergerechte Kostenzuordnungen durch Übermittlung der Rufnummern und Gebühreninfor-

mationen ermöglichen eine projektgenaue Abrechnung. Diese Vorteile sind vor allem bei der Weiterbelastung an Kunden oder Auftraggeber nicht zu unterschätzen.

14.1.1 Prêt-à-porter aus dem Haute-Couture-Netz

Das Damen- und Herrenbekleidungshaus Peek & Cloppenburg (P & C) ist der erste Kunde der Info AG, der nicht von der Telekom AG, sondern von einem anderen Privatcarrier zu dem Hamburger Netzwerkdienstleister gewechselt hat. Aus Synergiegründen hat P & C zugleich mit seinem Netzwerkvertrag auch den Verfügbarkeitsservice des Anbieters mitgebucht.

Die Info AG testete man drei Monate lang auf Herz und Nieren. Im Mittelpunkt stand die Frage, ob deren Corporate Network auch den hohen Belastungen durch das Prêt-à-porter-Kaufhaus gewachsen sein würde. Immerhin hängen hier 85 Betriebsstandorte in 65 Städten, darunter 59 Geschäfte und 16 regionale Warenlager mit insgesamt etwa 3000 Nutzern am Draht.

Die wesentlichen Anwendungen bei P & C sind die Geschäftsplanung, das Warenwirtschaftssystem, Mailingsysteme, die Personalabrechnung und Zeiterfassung sowie die Autorisierung des bargeldlosen Zahlungsverkehrs.

Vor allem Probleme bei den Autorisierungsvorgängen können P & C bares Geld kosten. Da man bestrebt ist, Kunden an der Kasse nicht warten zu lassen, kam es hier darauf an, die Verfügbarkeit der Leitung konstant zu gewährleisten. Für jeden Standort verlangte P & C aus leidvoller Erfahrung mit anderen Anbietern heraus verschiedene Stufen der Backup-Sicherung, einmal in Leitung über ISDN, zum zweiten zusätzlich am Zugangsknoten.

Ein ziemlich anspruchsvolles Projekt also. Seiner Realisierung durch die Info AG kam zustatten, daß die Hamburger mit ihrem Netzwerkservice auch einen kompletten Verfügbarkeitsservice anbieten konnten in einem der größten Ausweichrechenzentren.

Im März 1996 begann ein sechswöchiger Testbetrieb. Von April bis September wurden daraufhin alle Anschlüsse vom bisherigen Netzbetreiber auf das Netz der Info AG umgestellt. Das Umstellungsprojekt umfaßte die Übernahme des Netzes mit der Zentrale in Düsseldorf. Dort stehen das Produktionsrechenzentrum und ein weiterer Rechner für die EC-Karten-Autorisierung. Beide Rechner sind jeweils an einem Knoten der Info AG in Düsseldorf und zur Sicherheit zusätzlich in Köln mit jeweils 2 x 64 kbit/s-Leitungen an das Weitverkehrsnetz angeschlossen. Die anderen Standorte stehen je nach Größe entweder direkt mit Netzknoten oder über Konzentratoren mit dem Netz der Info AG in Verbindung. Die Geschwindigkeiten variieren nach Bedarf zwischen 9,6 und 19,2 kbit/s. Bei der Umstellung mußte sämtliche carrierspezifische Hardware wie Modems und Konzentratoren ausgetauscht werden.

Die beste Telekommunikationslösung nützt nichts, wenn das Rechenzentrum ausfällt. Für die Verfügbarkeit des Rechenzentrums hatte P & C deshalb gefordert, in zwei Tagen wieder online zu sein. Info AG hatte in Deutschland im Jahr 1983 erstmals ein stationäres Ausweichrechenzentrum, damals für IBM-Systeme, aufgebaut und verfügt nach wie vor über eine der größten Anlagen dieser Art in Europa für Groß- und Mittelrechner.

Zur Funktionsprüfung des DV-Betriebes wurden zwei Tests durchgeführt. Hier waren die Verantwortlichen von P & C zunächst skeptisch, vor allem was den Fernbetrieb anging.

Das Netzwerk wird derzeit auf die Niederlande ausgedehnt. Hier sind bereits eine Niederlassung mit ihrem Rechenzentrum in Zoetermer sowie die Häuser in Arnheim und Bred im Rahmen einer Testanbindung online.

14.1.2 Netzwerk für die Techniker Krankenkasse

Die Techniker Krankenkasse (TK) entschied sich bereits 1995 dazu, ihre Dienststellen in einem lokalen Bereichsnetz (*Local Area Network LAN*) so zu koppeln, daß verschiedene Netzprotokolle quasi als Multiprotokollnetzwerk nebeneinander benutzt werden können.

Die lokalen Netze der TK-Dienststellen wurden mit Routern gekoppelt. Dabei ist es möglich, Kommunikationsbeziehungen zwischen der Hauptverwaltung in Hamburg und den verschiedenen Dienststellen mit verschiedenen Protokollen (SNA, IP, IPX) aufzubauen. Das Netzwerk der TK stellt die Transportdienste zur Verfügung.

Das Netz ist derzeit für 300 Dienststellenrouter ausgelegt. Jeder ist einem der zehn Postleitzahlengebiete (PLZ) zugeordnet. Dabei ist vorgesehen, daß pro Gebiet maximal 30 Dienststellenrouter betrieben werden. Hohe Verfügbarkeit und Funktionsfähigkeit des Netzwerks sind vertraglich geregelt.

In den Dienststellen setzt die TK IBM-kompatible PCs mit Windows-Oberfläche ein. Sie sind als Clients des Novell-Netware-Betriebssystems 3.x oder 4.x konfiguriert. Die Hauptanwendung des TK-Routernetzwerks ist die 3270-Terminalemulation. Kommunikationsbeziehungen bestehen sternförmig für die Hauptanwendung zwischen den Dienststellen und der Hauptverwaltung.

Die zu erwartende Ausprägung der Kommunikation zwischen den Dienststellen ist noch nicht bekannt. Daher ging man von der Annahme aus, daß überwiegend innerhalb des eigenen PLZ-Gebietes bzw. mit der Hauptverwaltung kommuniziert wird. Die Kopplung der Router erfolgt über das X.25-Netzwerk der Info AG bzw. über ISDN.

14.1.3 Netzwerk bei der B. Braun Melsungen AG

Die B. Braun Melsungen AG, ein weltweit tätiges Unternehmen im Bereich der medizinischen Versorgung, hat den Anbieter von Sprach- und Datennetzwerkdiensten Equant mit dem Aufbau seines weltweiten Kommunikationsnetzes beauftragt. Equant eignet sich für internationale Netze deswegen gut, weil es sich hierbei um eine Tochterfirma der SITA handelt, die ursprünglich sämtliche Aufgaben der Informations- und Kommunikationstechnik von den in der IATA (International Air Transportation Association) organisierten internationalen Fluggesellschaften abwickelt. Ausschlaggebend war folglich die entsprechende internationale Erfahrung und Präsenz des Unternehmens.

Über ein virtuelles privates Netz (VPN) werden über 23000 Mitarbeiter von Braun Melsungen und deren Standpunkte in 40 Ländern weltweit mit Datenübertragung bedient, darunter auch die Konzernniederlassungen in Osteuropa. Betrieb und Support des Netzwerks wurden vollständig ausgelagert, weil man sich davon Einsparungen in der Kommunikation versprach. Miteinander verbunden wurden alle Geschäftsbereiche, vom Vertrieb über die Produktion und den Einkauf bis hin zur Finanzabteilung. Durch die nationale und internationale Verbindung wurden Geschäftsabläufe und der regelmäßige Informationsaustausch vereinfacht.

Ziel des Netzwerkprojekts der B. Braun Melsungen AG war der zügige Aufbau von internationalen Direktzugangsverbindungen (*Direct Access*), die eine „Any-to-any"-Kommunikation (jeder mit jedem) zwischen einzelnen Standorten ermöglichen und über 20 Lokationen weltweit miteinander verknüpfen. „Im Laufe der Implementierungsphase zeigte sich, daß die Verbindung aller Niederlassungen in einer einzigen Phase möglich war. Deshalb wurde entgegen der ursprünglichen Planung auf die Installation in mehreren Einzelschritten verzichtet", so Peter Doell, Project Manager bei Braun. Vorgesehen sei bereits ein künftiger Ausbau des Netzwerks in den asiatisch-pazifischen Raum sowie in andere entlegene Regionen.

14.1.4 Netzwerk in Froschperspektive

Der mittelständische international operierende Reiseveranstalter Frosch Touristik International (FTI) aus München hat schon seit 1993 seine damals zehn Agenturen in fünf Ländern global vernetzt. Heute sieht die Unternehmensstruktur der FTI-Gruppe durch die Ausdehnung auf neue Geschäftsbereiche wesentlich komplexer aus: Weltweit unterhält die Gruppe 28 Standorte in 22 Ländern. Eine Restrukturierung des Netzwerks wurde dadurch erforderlich. Equant vernetzte daraufhin über sein weltweites Telekommunikationsnetzwerk das Netzwerk von FTI mit neuester Technik der Standards X.25 und Frame Relay.

Der Online-Datenverkehr von Frosch setzt eine funktionierende, zuverlässige und kostengünstige Netzwerkinfrastruktur voraus, die mit den hinzukommenden Reisezielen flexibel ausbaufähig ist. Sämtliche Transaktionen werden über das Rechenzentrum von FTI in München abgewickelt.

Die wichtigsten Standorte wurden mit Breitband-Frame-Relay-Technik ausgestattet, um dem gewachsenen Kommunikationsbedarf der FTI gerecht zu werden und neue Standorte wie Gambia, Cancún, Kapstadt, Anchorage oder Zypern ans Netz anzubinden. Dies wurde nicht zuletzt auch durch die weitreichenden geschäftlichen Verbindungen zu anderen Partnerfirmen nötig. So gehört AirMaritime Seereisen heute ebenso zur FTI wie CA Ferntouristik, UK Touristik, Meridia Reisen und der Vertrieb der Marken Club Valtur und SportScheck Reisen. Bei FTI sind weltweit ca. 700 Mitarbeiter beschäftigt, die rund 13000 Agenturen und Reisebüros bedienen und einen Umsatz von rund 900 Millionen DM erwirtschaften.

„Bisher haben wir ausschließlich mit den lokalen Telekommunikationsanbietern zusammengearbeitet“, erklärt Jürgen Tuffentsammer, Leiter der technischen Organisation bei Frosch Touristik. „Mit steigendem Datenverkehr stellte sich diese Lösung allerdings für uns als zu teuer heraus. Außerdem sind wir durch unsere globale Präsenz darauf angewiesen, auch in den entlegensten Winkeln der Welt unsere IT-Leistungen zu installieren – und das mit einer hohen Zuverlässigkeit.“

Da es in der Vergangenheit häufig zu Ausfällen in der Datenübertragung kam, entschloß sich FTI, den Betrieb des Netzwerks in eine einzige Hand zu legen. So entstand der Kontakt zu Equant, wobei Equant durch die Verbindung mit dem SITA-Netz bereits Erfahrungen im internationalen Tourismusgeschäft vorweisen konnte.

Für FTI war auch die Tatsache wichtig, nur noch einen Ansprechpartner in allen Netzwerkangelegenheiten zu haben. Equant stellt mit seinen flächendeckenden Help-Desks einen weltweiten Support sicher, so daß bei eventuellen Problemen die Auseinandersetzungen mit den einzelnen Telekommunikationsgesellschaften für den Kunden entfallen. „Seitdem wir mit Equant arbeiten, ist unser internationales Netz tatsächlich permanent verfügbar", so Tuffentsammer. „Mittlerweile ist die Anbindung unserer Niederlassung in Rarotonga in der Südsee stabiler als die Standleitung zum lokalen Netzzugang in München." Equant sichert die Leistungsfähigkeit von FTI auch an exotischen Zielen wie dem neu eingerichteten Büro in Gambia.

Durch den weltweiten Zugriff auf die zentralen Daten können die Frosch-Männer von überall (jedenfalls über Wasser) ihre Daten pflegen und brauchen nicht zu befürchten, daß mangels stabiler Leitungen ihre Daten irgendwo auf dem Telefonweg rund um die Welt auf Tauchstation gehen.

Durch die Unternehmenshistorie bedingt – entstanden ist die FTI-Gruppe aus dem Reiseveranstalter LAL, der seit 15 Jahren Sprachreisen für Erwachsene nach Malta anbietet –, sitzen Incomingabwicklung und Kreditorenbuchhaltung von FTI mit 50 Mitarbeitern auf Malta, so daß dieser Verbindung unternehmensrelevante Bedeutung zukommt. Da FTI beispielsweise eine große Niederlassung in Orlando/Florida betreibt, werden die in den USA günstigeren Telekommunikationskosten für fast alle Auslandsfaxe genutzt. Die Daten werden dazu kostengünstig über das Netz nach Orlando geschickt und von dort aus automatisch versandt. Aufgrund der optimalen E-Mail- und Faxmöglichkeiten über das Netzwerk fallen bei FTI nur noch geringe internationale Telefonkosten an.

14.2 Das Internet als virtuelles Privatnetz

Bei aller Würdigung, die wir hiermit dem Corporate Network in seiner konventionellen Ausprägung haben angedeihen lassen wollen, kann eines nicht mehr übersehen werden: Als solches handelt es sich um ein Auslaufmodell. Zu teuer, zu umständlich, zu langsam in Vorbereitung und Aufbau. Equant-Chef Wilfried Röttgers bringt es auf den Punkt: „Vor ein, zwei Jahren hätten wir einem Neukunden noch ein Konzept für ein Corporate Network schneidern können, daß das Moment Internet vollkommen außer acht läßt. Das geht heute nicht mehr."

Doch wie steht es mit der Nutzung von Internet in den Unternehmen, die ein Corporate Network betreiben. Gemeinhin sieht es doch so aus, daß das Internet dort vorwiegend für E-Mail und zum Blättern im WWW benutzt wird, sozusagen als zusätzliches Abfallprodukt des firmeninternen (Corporate) Backbonenetzes.

Was wäre aber, wenn Ihr Unternehmen das Internet selbst als das firmeninterne Backbonenetz einsetzen könnte? Was wäre, wenn anstelle einer festgeschalteten Verbindung oder einer Standleitung zwischen London und Frankfurt ein lokaler Internet-Zugang jeweils vor Ort vorhanden wäre und Sie ein Netz aufbauen könnten, das Ihnen die gleiche Leistung, Zuverlässigkeit und Sicherheit zu viel geringeren Kosten bietet?

Wenn Sie das Internet nicht mehr zusätzlich zu Ihrem firmeninternen Backbonenetz, sondern als das firmeninterne Backbonenetz selbst nutzen, so erhalten Sie durch diese Umstellung ein *Internet Virtual Private Network* (iVPN). Um ein solches iVPN zu realisieren, benötigen Sie ein Höchstmaß an Internet-Sicherheit und ein entsprechendes Netzsicherheitsmanagement.

Hintergrund

Sicherheit wird großgeschrieben

Über 80 Prozent aller Unternehmen in Deutschland mit Internet-Anschluß sind unzureichend auf die Gefahren aus dem globalen Computernetz vorbereitet. Dieses Resümee zieht die Garmhausen AG (Bonn), die auf Firmennetze mit Internet-Technologien (Intranets) spezialisiert ist. Grundlage bildet eine Umfrage bei mehr als 100 vorwiegend mittleren Unternehmen über Sicherheitsvorkehrungen gegen unbefugte Eindringlinge und Computerviren.

Zwar setzen laut eigenen Aussagen alle kontaktierten Unternehmen Firewallsysteme ein, um unberechtigte Zugriffe auf das Firmennetz abzuwehren. Doch auf neuartige Internet-Technologien wie Java, ActiveX und PointCast sei nur etwa ein Fünftel der Firmen vorbereitet. So verzichten 60 Prozent der von Garmhausen kontaktierten Unternehmen gänzlich auf eine Verschlüsselung von Informationen. Ebenso halten 60 Prozent eine sorgfältige Authentifizierung, mit der Benutzer ihre Berechtigung zum Datenzugriff nachweisen müssen, für überflüssig. Digitale Zertifikate zur Bestätigung der Echtheit von Personenangaben, die als besonders sicher gelten, setzen weniger als 5 Prozent der Firmen in Deutschland ein.

Immerhin gaben sich in der Umfrage drei Viertel der Firmen „sehr besorgt" um die Sicherheit ihrer DV-Netze. Mehr als die Hälfte will in spätestens zwei Jahren zumindest die wichtigsten Informationen nur noch verschlüsselt im Netzwerk halten. Etwa ein Viertel will bis dahin mit digitalen Zertifikaten arbeiten. Allerdings: Weniger als 5 Prozent halten eine standardmäßige Überprüfung auf Computerviren bei jedem Internet-Zugriff für erforderlich.

Thomas Garmhausen, Gründer und Vorstand der Garmhausen AG, erklärt: „Noch nie waren in den Computernetzen der Firmen so viele und so wertvolle Informationen gespeichert wie heute. Und noch nie war es für Außenstehende und Unbefugte so leicht, an diese Informationen zu gelangen, wie im Zeitalter des Internet. Es ist zu befürchten, daß viele Unternehmen das Bewußtsein für diese Situation erst nach einer mehr oder minder großen Katastrophe entwickeln werden."

Sicherheit im weltoffenen Netz
Das Internet ist das offenste Netz in der Welt. Internet-Sicherheitsexperten sind sich darüber im klaren, daß im Zuge der Öffnung des firmeninternen Netzes dem Internet Tür und Tor für schwerwiegende Sicherheitsrisiken geöffnet werden. Ein iVPN drängt Sie geradezu, noch einen Schritt weiterzugehen und nicht nur Ihr Netz zu öffnen, sondern auch Ihre Unternehmensressourcen in das Internet zu verlagern. Hierzu benötigen Sie Sicherheitskomponenten, die es Ihnen erlauben, die Umstellung von einem firmeninternen Backbonenetz und des zusätzlichen Internet-Zugangs auf Nutzung des Internets als firmeninternes Backbonenetz zu verwirklichen.

14.3 Das Konzept des virtuellen Privatnetzes

Unter einem VPN für Daten versteht man ein Datennetz, das privat zu sein scheint, dabei aber die Ressourcen des viel größeren Datennetzes nutzt. Das Internet ist eine ideale Plattform, auf der Sie ein VPN erstellen lassen können.

Doch warum sollte Ihr Unternehmen das Risiko eingehen, das bei der Übertragung seiner Daten über das Internet gegeben ist? Der Hauptgrund ist, daß Sie mit einem iVPN Kosten sparen können und Ihnen die Zugangswege in kürzerer Zeit zur Verfügung stehen. Wie es ja überhaupt in erster Linie bei jeder Vernetzung bzw. Netzanbindung darum geht, Kosten einzusparen. Dies aber können Sie mit der Umstellung auf das Internet in bisher kaum bekanntem Maße. Untersuchungen in den USA haben ergeben, daß Sie durch die Umstellung von anderen Netztechniken wie Frame Relay oder von festgeschalteten Verbindungen auf ein iVPN fast die Hälfte der Kommunikationsgebühren sparen können. Riegelhof: „Bei den Anschlüssen für internationale Verbindungen können die Einsparungen sogar noch beträchtlich höher liegen." Allein wegen dieser Einsparungsmöglichkeiten wird die Einführung eines iVPN zu einer strategischen geschäftspolitischen Entscheidung für Ihr Unternehmen. Damit Sie hier jedoch nicht einen Eimer mit Loch kaufen, muß die Sicherheit im Netz einwandfrei gewährleistet sein.

14.3.1 Internet-Sicherheit

Das Internet stellt ein offenes Umfeld dar. Es gibt verschiedene Ansätze, wie Sie Ihr iVPN sicher machen können. Hierfür gibt es eigens von internationalen Internet-Gremien wie der Internet Engineering Task Force (IETF) entwickelte Sicherheitskonzepte, die IP-Sicherheits-Spezifikationen (IPSEC). Wenn Sie an dieser Stelle sparen möchten, gehen Sie ein unverantwortliches Risiko ein – und das könnte dann richtig teuer werden.

Bei einem Internet-VPN sind die kritischsten Punkte:

- Ihre gegenüber dem Internet offenliegenden Unternehmensressourcen,
- die durch das Internet transportierten Daten und
- die Identität der Quelle der Daten.

Innerhalb der Unternehmensorganisation verläßt man sich im allgemeinen auf die angegebene Datenquelle, da es sehr wahrscheinlich ist, daß der die Daten aussendende Mitarbeiter an einem festen Platz im Firmengebäude sitzt. Jedoch können in der Welt des Internet Daten von Quellen aus der ganzen Welt empfangen werden – Sie haben dann in vielen Fällen nicht die geringste Möglichkeit, den Ort festzustellen, von dem die Daten stammen.

Derzeit gibt es mindestens 48 bekannte Angriffsmöglichkeiten:

- Einen der häufigsten Angriffe auf das Internet stellt ein Schwindelangriff dar. Bei ihm wird die Ursprungsadresse der Daten so verändert, daß diese wie Daten aussehen, die von einer anderen Quelle kommen. Sie können sich das in etwa so vorstellen, als wenn ein falscher Absender auf einem Brief angegeben wird.
- Beim Wiederholangriff werden Informationspakete erfaßt und erneut ausgesendet.
- Beim Angriff durch die Hintertür werden die Pakete an das Ende eines gültigen Stroms von Paketen gestellt.
- Bei Fernverwaltungsangriffen wird die Abschottung bedroht.

14.3.2 Abschottungen reichen nicht aus

Wird nach der Internet-Sicherheit gefragt, heißt es oft sehr schnell, daß die Abschottung die erforderliche Lösung ist. Bei iVPNs ist eine reine Abschottungslösung jedoch *unzureichend:*

- Abschottungen bieten keinen Schutz vor Veränderungen der Daten, die auftreten, wenn ein Paket durch das Internet läuft.
- Derzeit sind die meisten auf der Schlüsseltechnik beruhenden Abschottungsrealisierungen entweder keine Standardlösungen oder wirken sich negativ auf die Funktion der Abschottung aus.
- Abschottungen sind für Fernmanagementangriffe anfällig.
- Die meisten Abschottungstechniken beruhen derzeit auf nicht sicheren Betriebssystemen.

Damit Daten sicher über das Internet übertragen werden können, müssen Sie vier grundsätzliche Fragen beantworten:

1. *Wie können Sie die Informationen vertraulich halten?*
   Sie müssen sie verschlüsseln. Dabei sollten Sie darauf achten, daß die Verschlüsselungstechnik schon aus Gründen der Überprüfbarkeit, der Interoperabilität und der Verantwortlichkeit für Ihr iVPN einen internationalen Standard-Verschlüsselungsalgorithmus nutzt.
2. *Wie können Sie feststellen, daß die ausgesandten Daten auch die empfangenen Daten sind?*
   Über das Internet übertragene Informationspakete können leicht herausgegriffen und geändert werden. Wie schon erwähnt, ist die einfachste Veränderung der Schwindelangriff, bei dem die Ursprungsadresse geändert wird. Bei einem aufwendigeren Angriffsverfahren werden die echten Teilnehmerdaten geändert, die sich im Paket befinden. Die Lösung zum Schutz der Daten – gleichgültig, welche Angriffsart benutzt wird – bietet die Paketauthentifikation, d. h. die Berechtigungsprüfung des Informationspakets. Die Internet Engineering Task Force (IETF) hat einen Standard festgelegt, mit dem Pakete beim Durchlauf durch das Internet gesichert werden können. Dieser Standard ist die Encapsulated Security Payload (ESP) – die paketierte Netzsicherheitsnutzlast. Dieser Standard ist zum Schutz des Pakets vor Verfälschung bei der Übertragung im Netz vorgesehen. Alle ESPs sind jedoch nicht gleich, denn einige bestehen nur aus einer Transformation, die anzeigt, daß das Paket verschlüsselt ist. Aufwendigere ESPs enthalten einen Zähler zur Verhinderung von Wiederholangriffen und einen Nachrichtenauthentifizierungscode MAC (Message Authentication Code). Beim MAC wird ein

Verschlüsselungsverfahren zum Erstellen eines Authentifizierungscodes benutzt, durch den ein Hacker daran gehindert wird, Daten im Paket einschließlich des Ursprungsadreßfelds zu ändern.

3. *Wie können Sie die Quelle der Daten feststellen?*
Sie können sich durchaus darauf verlassen, daß die Übertragung der Daten sicher erfolgte und daß die ausgesendeten Daten nicht verändert wurden. Wie aber können Sie die Identität des Absenders feststellen? Das Verfahren hierfür wird als Benutzerauthentifikation oder Benutzerberechtigungsprüfung UA (User Authentication) bezeichnet. Die einfachste Form der Benutzerauthentifikation ist das Paßwort. Sie sind jedoch äußerst leicht zu knacken und bieten nur beschränkte Sicherheit. Die Art der Benutzerauthentifikation wird als Zweifaktorauthentifikation bezeichnet, wo es etwas gibt, das der „Benutzer hat bzw. weiß". Beispiele hierfür sind: Eine Benutzerzugriffsberechtigung (User Token) in Form einer Chipkarte oder eines Zufallsgenerator oder aber die Benutzung einer persönlichen Identifikationsnummer (PIN) oder Geheimnummer. Was für ein sicheres Internet und ein sicheres iVPN benötigt wird, ist gewissermaßen ein „Einmalpaßwortsystem", bei dem das Paßwort nie durch das Internet läuft und der Teilnehmer für jede sichere, über das Internet aufgebaute Sitzung autorisiert wird. Ein Einmalpaßwortsystem, auf der Grundlage von ANSI-Normen realisiert, bietet hier den besten Ansatz.

4. *Wie müssen Sie das System bedienen?*
Die Bedienung ist von ausschlaggebender Bedeutung für den Erfolg des Systems. Eine vollständige Bedienung ist besonders wichtig für die Adaption von Berechtigungen für Benutzer. Verläßt ein Betriebsangehöriger Ihre Firma, so müssen Sie dessen Berechtigungen umgehend rückgängig machen. Das ist eine einfache Aufgabe, wenn sich der Betriebsangehörige am Standort Ihres Unternehmens befindet. Handelt es sich bei diesem Mitarbeiter jedoch um einen Telearbeiter, der eventuell über das Internet von einem beliebigen Platz in der Welt mit Ihrem Unternehmen zu einem beliebigen Zeitpunkt verbunden ist, dann wird dies zu einer aufwendigeren Angelegenheit. In der nachstehenden Tabelle sind diese fünf Problempunkte zusammengefaßt; außerdem ist die technische Lösung zur erfolgreichen Realisierung in groben Zügen dargestellt.

Anforderungen des Teilnehmers	Technische Lösung
Wahrung der Vertraulichkeit der Kommunikation	Industrienorm und bewährte Verschlüsselungstechnik
Daten kommen von berechtigter Quelle an	Paket und Nachrichtenauthentifikation in Echtzeit
Der Benutzer entspricht den gemachten Angaben	Dauernde Benutzerauthentifikation über die Benutzung von Tokens (Berechtigungen) und Einmalpaßwörtern
Das Lokalnetz LAN ist vom Netz geschützt	Abschottungsfunktionalität zum Schutz des LAN vor dem WAN (Weitverkehrsnetz)
Management des Netzes, der Benutzer und der Ressourcen	Zentralisiertes Netzsicherheits- und Schlüsselmanagement auf der Basis von Industrienormen einschließlich ANSI X9.17 und IETF ISAKMP-Oakley

Wenn Sie diese fünf Schritte befolgen, erhalten Sie ein sicheres iVPN. Lassen Sie jedoch einen Schritt aus, dann entsteht eine Sicherheitslücke im System. Weiterhin müssen Sie berücksichtigen, daß diese Schritte speziell für die Realisierung eines iVPN vorgesehen sind.

Ein iVPN beruht auf der sicheren Übertragung sowohl zwischen innerbetrieblichen als auch zwischenbetrieblichen Teilnehmern. Soll eine sichere Übertragung von Daten erfolgen, dann sind zusätzliche Schritte zur Sicherung der Internet-Übertragung zu ergreifen.

Können Sie Lösungen erarbeiten, welche diese Fragen beantworten, dann ist ein iVPN möglich. Können Sie jedoch eine dieser Fragen nicht voll beantworten, Hände weg vom iVPN! Denn dann ist ein Loch vorhanden, wodurch eine erfolgreiche Realisierung unmöglich gemacht wird.

Hintergrund

Gründe für ein iVPN

Eindeutig ist heute das Internet die Welt der Internet-Browser und E-Mail-Benutzer. Jedoch ergibt sich beim Internet als neue Möglichkeit das iVPN. Damit können Sie:

- die wirtschaftliche Leistungsfähigkeit Ihres Unternehmens erhöhen,
- die Kosten senken und
- die globale Wettbewerbsfähigkeit steigern.

Die Realisierung eines erfolgreichen iVPN ist von erfolgreichen und zuverlässigen Sicherheitsmaßnahmen abhängig. Für diese Sicherheitsmaßnahmen stehen bereits heute skalierbare Lösungen zur Verfügung.

15
Citynetz

Die Kommunen machen mobil

Wenn Sie in einer Stadtverwaltung leitend tätig sind und sich vergeblich den Kopf darüber zerbrechen müssen, wie das Stadtsäckel wieder gefüllt werden kann, so haben wir möglicherweise gute Nachrichten für Sie.

Mit der Deregulierung der Telekommunikation in Deutschland drängen nämlich zunehmend Institutionen ins Geschäft, die bislang wenig oder gar nichts damit zu tun hatten. Das sind bislang vor allem Energieversorger und Verkehrsbetreiber gewesen. Doch überlegen Sie einmal, welche Grundausstattung für Telekommunikation nötig ist: Sie brauchen Platz für die Verlegung des Telefonkabels.

15.1 Neue Pfründe für die Rathäuser

Genau hier setzen mittlerweile immer mehr Kommunalverwaltungen an. Die Ausgangslage begünstigt deren Projekte eigener Telekommunikationsunternehmen. Sinn der Liberalisierung der Telekommunikation in Deutschland ist unter anderem, daß nicht nur die frühere Bundespost, heute also die Telekom, an der Telekommunikation verdienen soll. Auch neuen Unternehmen sollen neue Chancen im Zukunftsmarkt eröffnet werden. Alle, die an der Telekommunikation profitieren, sollen über entsprechende Einnahmemöglichkeiten verfügen können – ganz nach dem Motto „ein freier Markt für freie Bürger".

Mit der Liberalisierung müßte mithin, so die Überlegung, auch das alte Wegerecht der früheren Bundespost fallen, das ihr die entgeltfreie Nutzung von Straßen und Plätzen, Fußwegen und Gassen für die Aufnahme ihrer Telefonkabel sicherte. Wenn Sie nun meinen, dieses Wegerecht würde künftig abgeschafft und Sie könnten nun als Kommunalverwaltung von der Deutschen Telekom und ihren künftigen Wettbewerbern nach einem neuen Wegerecht kassieren, so haben Sie sich getäuscht. Denn der Gesetzgeber machte auf seinem Marsch durch die Liberalisierungsinstanzen just halt vor dem althergebrachten Wegerecht. Es soll bleiben, beschlossen sie, und erlegten den Stadtvätern im 1996 erlassenen Telekommunikationsgesetz (TKG) auf, auch künftig den Netzbetreibern Wege, Straßen und Gassen, Plätze und Bürgersteige zum Nulltarif für ihre Drähte zu überlassen.

Pfiffige Gemeinden haben beizeiten auf einen Ausweg gesonnen. Warum, fragten sie sich, nicht selbst ins Telekommunikationsgeschäft einsteigen und so aktiv mitverdienen? Gefragt, getan – kurzentschlossen machte man sich auf, eigene Telekommunikationsfirmen zu gründen.

Auch für Ihre Gemeinde oder Stadtverwaltung vielleicht ein erster Ansatzpunkt, um am lukrativen Zukunftsmarkt Telekommunikation teilzuhaben, z. B. mit dem Betrieb eines eigenen Stadtnetzes.

Die Idee scheint in der Tat ertragreich. Insgesamt rechnen Experten mit einem Umsatzkuchen von mehreren Milliarden DM.

Hintergrund

Marktvoraussetzungen für das Stadtnetz

Aus mehreren Gründen werden der Idee der Stadtnetze große Chancen eingeräumt:

- Städte und Kommunen hatten bisher bereits das Recht, eine eigene Telekommunikationsinfrastruktur zu betreiben. Sie verbindet meistens alle städtischen Standorte und – über die Einrichtungen der Stadtwerke hinaus – zahlreiche wirtschaftlich wichtigen Standorte im Stadtgebiet miteinander. Ein wesentlicher Pfeiler zum Aufspannen des Netzgeschäfts steht also schon bei vielen Kommunen.
- Die Investitionskosten sind relativ niedrig. Allein für Netz- und Infrastruktur schätzt sie der Telekommunikationsberater Karlheinz W. Huber von der KWH-Intercai in Schwalbach am Taunus auf nur ca. 10 Mio. DM für ein Citynetz einer Großstadt ab 100 000 Einwohnern oder etwa 200 Mio. DM für eine Metropole. Damit liegen sie erheblich unter denen anderer bundesweiter Netze, und stehen in Konkurrenz zu nationalen Carriern.
- Das Thema ist interessant für Investoren. Um die Kosten nicht allein tragen zu müssen, könnten sich für die Kommunen ziemlich leicht finanzkräftige Partner vor allem aus dem Ausland finden lassen. Mehr als dort bietet nämlich die dezentrale Wirtschaftsgeographie am Standort Deutschland mit der bundesweiten Verteilung von Unternehmensstandorten und Ballungsräumen die Gewähr, daß in mehr als nur einer zentralen Hauptstadt wie etwa Paris oder in nur wenigen Großstädten wie in Großbritannien oder Italien Bedarf für eigene Telekommunikationsnetze besteht.
- Apropos Investoren: Auch das Ausland will hier mitmischen. Mittlerweile beteiligt sich mit der PTT Schweiz mit 50 Prozent an dem Stuttgarter Kommunalnetzbetreiber CNS ein erster ausländischer Netzbetreiber an einem deutschen Stadtnetz. Die andere Hälfte wird zu gleichen Teilen gehalten von den EVU Badenwerk, Karls-

ruhe, und EVS, Stuttgart. Bislang hatte sich lediglich BT, über seinen deutschen Partner VIAG, an einem deutschen Stadtnetzcarrier, M"Net in München, beteiligt.

Doch nicht überall, wo Erfolg draufsteht, ist auch Erfolg drin. Der Stadtnetzexperte Karlheinz W. Huber warnt: „Stadtnetze eignen sich nicht zur kurzfristigen Auffüllung leerer Stadtsäckel!" Die bisherigen Entwicklungen zeigten interessante Perspektiven für Großstädte und Ballungsräume, aber nur in Ausnahmefällen realistische Chancen für kommunale Versorgungsbetriebe mit einem Einzugsbereich von weniger als 150000 Einwohnern bzw. entsprechendem Gewerbepotential. Engagements im Bereich Citycarrier verlangten zumindest zweistellige, in vielen Fällen dreistellige Millioneninvestitionen.

15.2 Die Rolle der Citynetze im Wettbewerb

Interview mit Karlheinz W. Huber, KWH Consult GmbH:
Der Medienberater Karlheinz W. Huber ist mit seiner Unternehmensberatung KWH und ihrer früheren Tochtergesellschaft Intercai Teleconsult GmbH seit Öffnung des Marktes für Stadtnetzbetreiber beratend tätig. Dabei wurde insbesondere Hilfestellung bei Machbarkeitsstudien, Risikoabschätzungen, Gründung eigener TK-Gesellschaften und deren Organisationsaufbau gegeben. Dies gilt u.a. für CNB/Stadtwerke Bremen, Stadtwerke Leipzig, Gasunion Frankfurt, ESWE/Stadtwerke Wiesbaden etc. Dabei kamen Erfahrungen aus Vorläuferprojekten wie „Teleport Mediapark Köln" zugute.

Welche Kunden sollten Citycarrier Ihrer Ansicht nach ansprechen und welche Aufgabenbereiche lieber anderen überlassen – nach dem Motto, Schuster bleib bei deinem Leisten?

Huber: Es ergibt sich eine eindeutige Aufgabenverteilung zwischen Citycarriern, regionalen bzw. nationalen und internationalen Betreibern wie Arcor, Otelo, VIAG etc. Danach können Citycarrier wichtige Funktionen im Endkundenzugang (Geschäftskunden/Privatkunden) wahrnehmen und die Auf- und Abfahrten zur „InfoAutobahn" realisieren.

Können Citycarrier Ihrer Ansicht nach eine ernsthafte Rolle im weltweiten Wettkampf um Marktanteile in der Telekommunikation spielen?

Huber: Bei Spezialisierung und Ausrichtung auf ihre jeweiligen Stärken und Marktgegebenheiten können Citycarrier eine sehr wichtige Rolle im lokalen bzw. regionalen TK-Umfeld spielen. Im Interesse der Nutzung von Synergieeffekten, der Beschränkung der notwendigen Investitionen und mittelfristiger Profitabilität bleibt allerdings nur der Weg in regionale Zusammenschlüsse und Kooperationen mit anderen Marktpartnern.

Über welche Marktgrößen sprechen wir im Zusammenhang mit Stadtnetzen?

Huber: Es ist schwierig, derzeit Marktgrößen zu definieren. Die bisherigen Entwicklungen zeigen interessante Perspektiven für Großstädte und Ballungsräume. Aber nur in Ausnahmefällen können realistische Chancen für Kommunenversorgungsbetriebe mit einem Einzugsbereich von weniger als 150 000 Einwohnern bzw. entsprechendem Gewerbepotential ausgemacht werden. Engagements im Bereich Citycarrier verlangen zumindest zweistellige, in vielen Fällen dreistellige Millioneninvestitionen. Die erreichbaren Anteile in einzelnen Marktsegmenten können trotz erwartet starker Konkurrenz durch Telekom und andere Wettbewerber in Einzelfällen auch 20 bis 30 Prozent übersteigen.

Sind Stadtnetze ein probates Mittel für die Stadtkämmerer, die zunehmend leereren Gemeindesäckel zu füllen?

Huber: Der Goldrausch in der Telekommunikation ist vorbei. Jedes TK-Engagement ist mittel- und langfristig angelegt, d. h. bedingt erheblichen finanziellen Vorlauf, kann somit auf keinen Fall kurzfristig zur Sanierung leerer Stadtsäckel herangezogen werden.

Wie sieht die Zukunft der Stadtnetze aus, nachdem ja schon einmal eine Idee in dieser Richtung, die der Teleports, offenbar nicht sehr erfolgreich gewesen ist?

Huber: Nur wenige der bereits bestehenden und in Gründung befindlichen Citycarrier werden als eigene Gesellschaften überleben. Voraussichtlich wird es schon bald zu Kooperationen und zur Einbeziehung weiterer finanzkräftiger und im Betreibergeschäft erfahrener Partner kommen – neben den bereits in vielen Fällen schon engagierten Sparkassen bzw. Finanzinstituten. Der Grundgedanke der „Teleports" lebt in den Citycarriern weiter. Sie haben als „Vorläufer" manche Wege in Richtung Markterschließung, Technologieeinsatz und Betreibererfahrung für die Citycarrier geebnet.

Gleichwohl sieht auch Huber die Möglichkeiten von Stadtnetzen – vorausgesetzt, die Indikatoren stimmen. Ist man auf überwiegend positive Indikatoren gestoßen, rät Huber: „Sofort handeln und das Engagement in der Telekommunikation eingehen!"

Checkliste

Citynetz – gewußt, wie

Worauf Gemeindeverwaltungen, Stadtwerke und andere potentielle Betreiber von Stadtnetzen bei der Planung achten sollten:

1. Schonungslose Analyse des Ist-Zustandes und der Erfolgsaussichten eines Engagements im TK-Bereich!
2. Selbst bei überwiegend positiver Einschätzung der erreichbaren Marktanteile sorgfältige Risiko- und Sensitivitäts-Abschätzungen *vor* einem eventuellen Einstieg!
3. Bei zu erwartenden weiter sinkenden Preisen und Margen – vor allem im Angebot von Übertragungskapazitäten – Dienstleistungsportfolio auf möglichst hohen Anteil in der Wertschöpfungskette ausrichten!
4. Betätigung nur gerechtfertigt, wenn mit dem Dienstleistungsangebot bzw. der Unternehmensgröße eine kritische Masse erreicht werden kann und akzeptable Rahmenbedingungen für Break-even bzw. Return-on-Investment erreichbar sind!
5. Business Cases sorgfältig prüfen, insbesondere Validierung der Eingabedaten, Marktabschätzungen etc. sowie Analyse und Bewertung der Schlußfolgerungen. Business Case auf mindestens 12 Jahre auslegen!
6. Sinnvolle horizontale und vertikale Kooperationen mit anderen Citycarriern, Netzbetreibern, Service Providern und Lösungsanbietern eingehen!
7. Zusammenarbeit mit einschlägig erfahrenen Beratern; Experten- und Erfahrungsaustausch mit anderen Citycarriern zur Vermeidung von Fehlinvestitionen bzw. falschen Entscheidungen!

Leitsatz: Bei überwiegend positiven Indikatoren sofort handeln und TK-Engagement eingehen!!!
Im Zweifel: Finger weg vom Engagement!

Diesem Rat schließen sich offenbar immer mehr Kommunen an und wollen die Perspektiven nutzen, die ihnen das Thema Stadtnetze oder *Citycarrier* bietet.

15.3 Tour de Netz

Auch wenn Sie sich nicht als Stadtkämmerer für die Einrichtung von Stadtnetzen interessieren sollten, dürfte die nachfolgende Zusammenstellung der wichtigsten Stadtnetzprojekte für Sie etwa als Berater von Städten und Gemeinden oder Partner von kommunalen Einrichtungen nicht uninteressant sein. Während nämlich die überregional tätigen Netzbetreiber ihr Hauptaugenmerk auf Großunternehmen oder aber auf die Masse der Endverbraucher richten, sehen die Kommunalverwaltungen daneben auch vordringlich das Interesse der mittelständischen und kleinen Unternehmen in ihrem Einzugsbereich im Fokus ihres Telekommunikationsangebots, wie die nachfolgenden Beispiele zeigen.

15.3.1 Net de Cologne

Mit am weitesten fortgeschritten ist die Realisierung eines eigenen Stadtnetzes am Rhein. In Köln ist der Netzbetreiber NetCologne neben der Telekom das einzige Telekommunikationsunternehmen mit einem eigenen Netz. Aufbauend auf diesem Netz, entwickelt NetCologne Services und bietet sie den Kunden am Kölner Markt auf dem Netz „CityNetCologne" an.

Gegründet wurde NetCologne (heute 70 Mitarbeiter) bereits Ende Oktober 1994 und bei Markteintritt im Mai 1996 von seinen Gesellschaftern, der Gas-, Elektrizitäts- und Wasserwerke Köln AG (64,9 Prozent), der Stadtsparkasse (25,1 Prozent) und der Kreissparkasse Köln (10 Prozent) mit einem Stammkapital von 9 Mio. Mark ausgestattet. Mitte Oktober und kurz vor Weihnachten desselben Jahres erhielt man vom Bundespostministerium die Lizenzen 3 und 4 zum Betrieb des Stadtnetzes.

NetCologne nutzt für die Einführung seiner Services das vorhandene Telekommunikationsnetz der GEW mit ca. 2500 km Kupfer- und 350 km Glasfaserkabel. Dieses Netz hat heute schon Endpunkte in ca. 900 Gebäuden, von denen aus wiederum Endkunden im Durchschnitt schon nach 50 m zusätzlicher Leitung erreichbar sein sollen.

Bereits 1996 wurden die ersten 3500 Gebäude mit Glasfaserkabel vernetzt. Noch mehr Dynamik will man dem Ausbau des Netzes durch die Investition eines dreistelligen Millionenbetrages bis zum Jahr 2004 verleihen, wobei nationale und internationale Verbindungen durch Kooperationen mit entsprechenden Netzpartnern gewährleistet werden sollen. Im Rahmen von Interconnect-Vereinbarungen arbeitet NetCologne mit allen wichtigen Carriern gleichberechtigt zusammen.

Tip

Ein Verzeichnis der Kennziffern, die Sie künftig beim Telefonieren Ihrer gewünschten Telefonnummer und der Vorwahl voranstellen müssen, um über Ihren Citynetzcarrier zu kommunizieren, finden Sie im Kapitel Least Cost Router und Callback auf Seite 63.

NetCologne tritt dabei als Full-Service-Provider für den Gesamtmarkt auf, mit zugeschnittenen Diensten für den Mittelstand ebenso wie für Schlüsselbranchen. Hierfür greift NetCologne u. a. auf das Know-how der Kommunikationsanforderungen der Gesellschafter zurück – ein Musterbeispiel für kommunale TK-Pläne.

Praxis

Dienste auf dem CityNetCologne

Das CityNetCologne bildet die Basis für die von NetCologne angebotenen Services, die sich mit Ausnahme der Bezeichnungen bei den anderen Stadtnetzen mehr oder weniger gleichen und deswegen nur hier etwas ausführlicher beschrieben sind. Ihm können Sie wesentliche Grundideen für ein Stadtnetz entnehmen:

- *NetCorporate*: Gestaltung und Betrieb wirtschaftlicher Kundennetze (Corporate Networks), die eine definierte Benutzergruppe innerhalb eines Unternehmens für Sprach-, Daten- und Videokommunikation miteinander verbinden.
- *NetLine*: Bereitstellung von Verbindungen aus dem CityNetCologne. Aus dem NetCologne SDH-Produktionsnetz (Synchronous Digital Hierarchy) stehen Übertragungswege von 9,6 kbit/s bis 622 Mbit/s für Unternehmen im Wirtschaftsraum Köln zur Verfügung. Die Verbindungen werden fest oder auf Zeit angeboten, d.h. der Kunde zahlt nur für die tatsächlich benötigte Nutzungsdauer.
- *NetOnline*: Das erste Produkt in dieser Produktgruppe ist Internet

für den Gewerbe- und Privatkunden. NetCologne ist seit 1. 4. 96 Internet-Provider mit einem lokalen Internet-Service für die Entwicklung von Multimediaangeboten.

- *NetConsult*: Beratung anderer Citycarrier mit dem Ziel der Kooperation zur gemeinsamen Produktentwicklung, zur Unterstützung des Aufbaus der internen Organisation und zum Ressourcensharing evtl. bei Customer Care und Billing.
- *NetSwitch*: Nach eigenen Angaben im Wirtschaftsraum Köln erstmalig das Angebot eines Anschlusses an ein ATM-Hochgeschwindigkeitsnetzwerk mit Übertragungsbandbreiten von 34 bis 155 Mbit/s mit Gateways zu vorhandenen Netzen als Migrationspfad in breitbandigen Anwendungen. Neben der Bereitstellungsgebühr soll eine nutzungsabhängige Tarifierung für die Kunden diesen Kommunikationsservice bezahlbar machen. Zielgruppe: vorrangig Medienunternehmen, medizinische und wissenschaftliche Einrichtungen.
- *NetVoice*: Call-Center-Services für z.B. Buchungs- und Auskunftssysteme, Marketingaktionen und Telefonbanking.
- *NetVideo*: Videokommunikation mit Punkt-zu-Punkt-Verbindungen oder Multipointkonferenzen.
- *NetTV*: Empfang eines TV- und Radioprogrammangebots. Dabei stehen dem Kunden außerdem fremdsprachige Programme zur Verfügung. In naher Zukunft soll das Angebot auf ca. 70 Kanäle ausgeweitet werden, aus dem Kunden dann auf Wunsch einzelne Programmpakete auswählen können.
- *NetPhone*: NetCologne will mit der Freigabe des Telefonmarktes zum 1. 1. 98 auch Sprachdienste (Telefonie) anbieten. Bis dahin ist die volle Flächendeckung mit eigenen Netzen allerdings noch nicht zu erreichen. Deshalb werden alternative Anschlußmöglichkeiten vorgesehen. So können die vorhandenen Kabelfernsehnetze und im Rahmen des Interconnect-Abkommen das Telekom-Netz für den Endkundenanschluß genutzt werden.
- *NetService*: Dienstleistung über Planung, Einrichtung und Betrieb von Kommunikationsnetzen. Kundennetze werden im Rahmen dieses Services in die Überwachung durch das NetCologne Netzwerkkontroll-Center einbezogen. Individuelle Vereinbarungen über den Servicezeitraum und Reaktionszeiten sollen die Anpassung an Kundenbedürfnisse ermöglichen.

Als besondere Stärke von NetCologne werten die Marketingstrategen des Unternehmens, daß es sich auf die Anforderungen der Kölner Unternehmen, Behörden und privaten Haushalte konzentrieren kann. Für die Planung spiele zudem die Stellung Kölns als Medienstadt eine wesentliche Rolle. Nach ausführlichen Gesprächen mit Broadcast-Unternehmen, Produzenten und Studios habe man sich entschlossen, mit „MediaNet" ein auf die Bedürfnisse dieser Branche zugeschnittenes Hochgeschwindigkeitsnetz zu realisieren. Dieses Netz spannt sich von den Sendeanstalten, Studios, TV-Dienstleistern hin zu Fußballstadien, zur Messe und zur zukünftigen Mehrzweckarena und weiter zu allen wichtigen Veranstaltungsorten.

Ziel der NetCologne ist es, dem gesamten Wirtschaftsraum Köln hochwertige und kostengünstige Kommunikationsmöglichkeiten aus einer Hand anzubieten. Dabei sollen die Preise der NetCologne für Telekommunikationsleistungen außerhalb des Stadtgebietes Köln ebenso günstig sein wie innerhalb Kölns. Möglich werde dies durch Synergieeffekte sowohl bei der Entwicklung von Produkten und Diensten als auch bei der eingesetzten Technik.

NetCologne plant, bis zum Jahr 2004 20 Prozent Marktanteil am Kölner Telekommunikationsmarkt zu erreichen. Aufgrund der verfügbaren Ressourcen und der Konzentration auf den Kölner Markt vermutlich eine realistische Annahme. Damit würde NetCologne nach der Telekom der führende Service-Provider in Köln.

15.3.2 Mit Isis auf der Kö

Ebenfalls seit 1994 gibt es in Düsseldorf das Glasfasercitynetz der ISIS Multimedia Net GmbH. Sie wurde damals als erster deutscher Stadtnetzbetreiber von der WestLB und den Stadtwerken Düsseldorf AG gegründet. Mittlerweile zählen auch die Stadtsparkasse Düsseldorf und die Rheinische Bahngesellschaft AG zu den Gesellschaftern. Beteiligt sind die WestLB mit 50 Prozent, die Stadtwerke Düsseldorf AG mit 40 Prozent sowie die Stadtsparkasse Düsseldorf und die Rheinbahn AG mit je 5 Prozent.

Mit der offiziellen Eintragung ins Handelsregister der Stadt Düsseldorf im September 1994 fiel auch der Startschuß zum Betrieb des Glasfasernetzes der ISIS Multimedia Net GmbH.

ISIS sieht sich als Pionier unter den Stadtnetzbetreibern. Das Unternehmen verfüge über Kompetenzen im Bereich der TK-Technologien und über Knowhow für den Aufbau von Stadtnetzen. Als Consultant gibt ISIS dieses Knowhow an andere Kommunen und Stadtwerke weiter und unterstützt diese beim

Aufbau eines eigenen Stadtnetzes. Allein 1997 soll der Mitarbeiterstamm von ISIS um rund 50 Prozent von 97 auf 150 Mitarbeiter wachsen.

Laut Telekommunikationsgesetz darf ISIS ihr Angebot zur Zeit nur an Unternehmen, Dienstleister und Institutionen richten. Ab 1998 soll das Angebot auch an Privathaushalte gerichtet werden.

ISIS soll ein flächendeckendes Glasfasercitynetz in Düsseldorf und damit die Voraussetzungen für eine multimediale Stadt schaffen. Primäres Unternehmensziel sei dabei der Aufbau eines flächendeckenden Glasfasernetzes in Düsseldorf, das täglich weiter und feinmaschiger ausgebaut werden soll. Das Netz erstreckt sich bereits vom Düsseldorfer Flughafen im Norden der Stadt bis nach Benrath im Süden.

Kunden der ISIS könnten in die ganze Welt telefonieren oder Daten verschicken. Interconnection-Verträge mit verschiedenen internationalen Carriern sichern auch hier eine Anbindung an den Rest der Welt. Kooperationen mit anderen Citynetzbetreibern wie beispielsweise NetCologne sind bereits vertraglich fixiert.

Bis zum Jahr 2001 soll ein dreistelliger Millionenbetrag investiert werden. ISIS plant ein flächendeckendes Glasfasercitynetz in Düsseldorf aufzubauen, um Unternehmen und Privathaushalte anschließen zu können. Bei ISIS sieht man das Akronym für „Individueller Service und Integrierte Systeme" als Programm des Unternehmens, denn ISIS versteht sich als kundenorientierter Full-Service-Anbieter in den Bereichen Telekommunikation und Multimedia. Und dies alles aus einer Hand.

Mit seinen integrierten Lösungskonzepten wendet sich ISIS an kleine und mittelständische Unternehmen und Dienstleister, die ihre bürokommunikativen Arbeitsprozesse optimieren möchten. Auch branchenspezifische Lösungen – wie für die Werbebranche – würden realisiert.

15.3.3 NEFkom – der Franken-Highway

Der erste private Stadtnetzbetreiber in der Wirtschaftsregion Nürnberg, Erlangen und Fürth ist die NEFkom Telekommunikation GmbH. Als Ziel nennt das Unternehmen „Aufbau und Betrieb eines hochmodernen Glasfasernetzes, um komfortable Telekommunikationsdienstleistungen anzubieten". In einem zweiten Schritt sollen auch hier Privatkunden von den im Wettbewerb zu erwartenden günstigen Preisen profitieren können.

Zusätzlich zum bereits bestehenden Stadtnetz, das die städtischen Standorte, Einrichtungen der Stadtwerke und andere wirtschaftlich wichtigen Standorte des Stadtgebietes miteinander verbindet, existiert ein ausgeprägtes

Leerrohrnetz, das weitgehend alle Industrie- und Gewerbestandorte innerhalb der Region erreicht. In das Leerrohrnetz können nach Angaben der NEFkom-Verantwortlichen ohne größeren Aufwand Lichtwellenleiterkabel eingezogen und auf diese Weise kurzfristig Kundenverbindungen realisiert werden.

Durch die langjährige Erfahrung des Personals der Stadtwerke in Betrieb und Wartung dieser Infrastruktur existiere bereits das erforderliche Know-how sowohl bezüglich der Linien als auch der Systemtechnik.

Die Kommunikation über die Grenzen der Region hinaus soll durch Kooperationen mit überregionalen Carriern gewährleistet werden.

15.3.4 Bits im Pott

Basierend auf den langjährigen Erfahrungen im Bereich der Kabelkommunikation, hat die Gelsenkirchener Gesellschaft für Kabelkommunikation und Gebäudetechnik mbH ausgehend vom Stammgeschäft ihr Geschäftsfeld zunehmend in Richtung Tele- und Datenkommunikation ausgeweitet. Durch die stetige Diversifizierung soll sie sich in Kürze als Citycarrier am Telekommunikationsmarkt positionieren und in GelsenNet GmbH umbenannt werden.

Die bisherige Gesellschaft für Kabelkommunikation und Gebäudetechnik mbH (GfKG), neuerdings als GelsenNet GmbH firmierend, ist eine 100prozentige Tochtergesellschaft der Stadtwerke Gelsenkirchen GmbH.

Das Citynetzkonzept der GelsenNet GmbH gliedert sich in zwei Geschäftsbereiche:

1. Der Bereich „GelsenNet" umfaßt Planung, Errichtung, Betrieb und Vermarktung des lokalen Telekommunikationsnetzes mit entsprechenden Telekommunikationsdienstleistungen in Gelsenkirchen. Diese Marktaufgabe bezieht sich auf die Geschäfts- und Privatkunden in Gelsenkirchen.
2. Zu den Aufgaben des Geschäftsbereiches „Teleport Ruhrgebiet" gehört die Sicherstellung des Anschlusses des lokalen Netzes an alle anderen existierenden Netze. Entsprechend diesem Teleportgedanken werden für das Gelsenkirchener Stadtnetz Kooperationen mit anderen globalen Playern und Citynetzbetreibern angestrebt.

Zielsetzung ist es, die Geschäfts- und Privatkunden in Gelsenkirchen bei der Nutzung innovativer und moderner, zukunftsträchtiger Kommunikationsformen zu unterstützen. Damit sollen ihre Kommunikationswege komfortabler, schneller und wirtschaftlicher abgewickelt werden. Zur Realisierung dieser Zielsetzung und zur Differenzierung im Wettbewerb würden Wettbewerbsvorteile in den Bereichen Preis, Produkt und Servicequalität angestrebt.

Die Vermarktung der Telekommunikationsdienste für die Produktbereiche Basisdienstleistungen (GelsenNet Connect), Mehrwertdienstleistungen (GelsenNet Plus) und Online-Dienstleistungen (GelsenNet Online) soll mit hohem Qualitätsanspruch eng an den Kundenbedürfnissen ausgerichtet werden.

15.3.5 Service an der Alster

HanseNet in Hamburg, eine 100prozentige Tochter der Hamburgischen Electricitäts Werke AG, ist Netzbetreiber und Lizenzinhaber der Klasse 3 für den Wirtschaftsraum Hamburg einschließlich des Speckgürtels und für Teile von Mecklenburg-Vorpommern. Das Unternehmen ist seit Mitte 1996 operativ tätig. Als Referenzkunden sind u. a. der Axel Springer Verlag (Realisierung einer breitbandigen Verbindung zur Druckerei) und das LBK Hamburg (Landesbetriebe Krankenhäuser) zu nennen, wo HanseNet gegenwärtig ein Wide-Area-Network für Sprach- und Datenkommunikation errichtet.

HanseNet hat die Aufgabe, ein Telekommunikationsnetz zu planen, zu errichten, zu betreiben und zu vermarkten. Zielgruppen sind vorläufig Geschäftskunden mit hohem Kommunikationsbedarf. Zur Zeit besteht eine Beteiligung am Internet-Provider POP Point of Presence Dienstleistungen für Telekommunikation GmbH. Weitere Beteiligungen sind geplant.

Praxis

Das bietet die HanseNet

Der Citycarrier stellt sich als Full-Service-Provider für den Wirtschaftsraum Hamburg auf. Die Angebotspalette umfaßt bereits heute folgende Produktfamilien:

- Festverbindungen: variable Übertragungsraten bis 155 Mbit/s.
- Datenverbindungen: Konzeption und Aufbau von Unternehmensnetzwerken.
- Telefondienste: Über Partner immer die günstigste Verbindung für die Kunden, so jedenfalls der Anspruch.
- Internet-Dienste: Über den Partner POP Point of Presence. Die Produktpalette soll kundenbezogen ausgebaut werden. Neue Produkte wolle man entweder selbst entwickeln oder zukaufen. Der Markteintritt erfolgte über das Segment Großkunden mit hohem Kommunikationsbedarf im Wirtschaftsraum Hamburg. Zur Zeit wird der Einstieg in das Segment KMU vorbereitet.

15.3.6 An der langen Leine durch Hannover

Für den Großraum Hannover (Stadtgebiet und Landkreis Hannover) wurde eine Stadtnetzgesellschaft, die HTN – Hannoversche Telekommunikations- und Netzgesellschaft mbH, gegründet.

Gesellschafter von HTN sind die Stadtwerke Hannover AG, die Landeshauptstadt Hannover, die Stadtsparkasse Hannover und die Üstra Hannoversche Verkehrsbetriebe AG. Jeder der Gesellschafter hält 25 Prozent der Geschäftsanteile. Die technische Betriebsführung wird derzeit von den Stadtwerken Hannover und die kaufmännische Betriebsführung von der Stadtsparkasse Hannover durchgeführt.

Das Unternehmen wurde im Juni 1996 gegründet. Die Lizenz Klasse 3 vom BMPT wurde im Februar 1997 erteilt. Nach einem Probebetrieb Ende 1996 wurde der Regelbetrieb am 15. 4. 1997 gestartet.

Das Unternehmen strebt die Vermarktung von Telekommunikationsprodukten und -dienstleistungen im Lizenzgebiet an. Unternehmensziel sind das Errichten und Betreiben einer alternativen Telekommunikationsinfrastruktur im Großraum Hannover und das Angebot von kundenorientierten und wirtschaftlichen Telekommunikationsdienstleistungen und -produkten. Zentrale Absicht dabei ist die Verbesserung der Standortqualität im Großraum Hannover durch die Zurverfügungstellung von wirtschaftlichen Telekommunikationsdiensten für Industrie, Handel und Dienstleistungsgewerbe. Zur Zeit wird ein Unternehmenskonzept erarbeitet, in dessen Rahmen entschieden werden soll, ob HTN ab 1998 auch den öffentlichen Telefondienst anbieten und die Lizenz der Klasse 4 beantragen wird. Ferner wird untersucht, ob und in welcher Form die HTN auch Online-Services und Mehrwertdienste anbieten wird. Zunehmend sollen dann auch Kleingewerbe, Freiberufler und Privatkunden angesprochen werden.

Mit Citycarriern im Land Niedersachsen und in den angrenzenden Bundesländern gebe es bereits sehr enge Informationsbeziehungen. Im einzelnen sind dies bcc – Braunschweiger Communication Carrier, CNB – Communications Netmanagement Bremen, HanseNet und City Netz Flensburg. Auf seiten der überregionalen Carrier werden Gespräche über Zusammenarbeit und Kooperationen auf Netz- und Dienstebene mit Otelo und Mannesmann Arcor geführt. Erste Informationsgespräche mit Viag Interkom und der Deutschen Telekom hätten ebenfalls bereits stattgefunden. Zur Ausarbeitung von überregionalen Kundenangeboten wurden in einigen Fällen Bietergemeinschaften gegründet. Mit Mannesmann Arcor und der HTD Helsinki Telecom Deutschland habe man jeweils ein Memorandum of Understandig abgeschlossen. Mit Otelo befinde sich ein solches in der Verhandlungsphase.

Bezogen auf das Stadtgebiet Hannover, ist die Deutsche Telekom AG momentan der einzige Wettbewerber von HTN, der auch über eine eigene Netzinfrastruktur verfügt. Dort, wo HTN und Telekom in gleicher Weise präsent sind, sei in Hannover bereits ein verschärfter Wettbewerb zu verzeichnen. Dies äußere sich besonders bei den Preisen für hochwertige Übertragungsdienste.

Der Break-even Point für eine mittlere Marktentwicklung von HTN wird für das Jahr 2004 erwartet. Dabei wird davon ausgegangen, daß neben der Deutschen Telekom AG ein weiterer Wettbewerber im Stadtbereich Hannover präsent sein wird und HTN im Bereich der Basis- und Mehrwertdienste einen Marktanteil von rund 20 Prozent erreichen kann.

15.3.7 Münchner Kindl

Der Stadtnetzbetreiber in München ist die M"net Telekommunikations-GmbH (Landeshauptstadt München – Stadtwerke 45 Prozent, Stadtsparkasse München 5 Prozent, Bayerische Landesbank Girozentrale 25 Prozent, Bayernwerk Netkom GmbH 25 Prozent). Weitere Gesellschafter seien nicht geplant, heißt es.

Die M"net Telekommunikations GmbH wurde im Sommer 1996 gegründet, das Netz ging Ende 1996 in Betrieb. Das Unternehmen sieht sich als Telekommunikationsdienstleister mit einer eigenen, flächendeckenden Netzinfrastruktur in München. Die Palette des Angebots reicht von digitalen Festverbindungen zwischen 64 kbit/s und 622 Mbit/s bis zu ATM-Strukturen zur Übertragung von Daten, Audio- und Videosignalen.

Zur Zielgruppe gehören große und mittelständische Unternehmen, Behörden und überregionale Netzbetreiber in München. Zu den Kunden zählen Großbanken, Versicherungen, Carrier, Internet-Service-Provider, Behörden sowie Groß- und mittelständische Industrieunternehmen.

Künftig will M"net die Produkt- und Dienstleistungspalette den Marktanforderungen entsprechend ausbauen. Deshalb werden zusätzlich zu eigenproduzierten Diensten auch Vertriebspartnerschaften angestrebt. Vertriebsstruktur und Marketingmaßnahmen sollen gegebenenfalls neuen Zielkundengruppen angepaßt werden.

15.3.8 Ein Netz für Alma Münster

Bereits im Jahr 1994 haben die Stadtwerke Münster GmbH erste Schritte auf dem Weg zum Eintritt in die Telekommunikation unternommen. Im November 1996 erfolgte die offizielle Eintragung der Citykom Münster GmbH Telekommunikationsservice ins Handelsregister. Der Unternehmenszweck ist in erster Linie die Versorgung der Bevölkerung – vornehmlich innerhalb der Stadt Münster – mit Telekommunikationsdienstleistungen. Zudem will man sich an Unternehmen aus der Telekommunikationswirtschaft und an Unternehmen, die den Gesellschaftszweck fördern, beteiligen.

Der Anspruch der Citykom Münster ist, als Full-Service-Anbieter zweitgrößter TK-Anbieter nach der DTAG in Münster zu werden. Hierzu adressiert Citykom in einem ersten Schritt für Sprach-, Daten- und Mehrwertdienste das Geschäftskundensegment im Raum Münster. In einem zweiten Schritt soll die Ansprache von Privatkunden folgen.

Geplant sind sowohl Kooperationen mit direkt benachbarten Carriern oder Carriern der Region. Auch eine Kooperation mit überregionalen alternativen Netzbetreibern wird für denkbar gehalten. Abhängig von den Kooperationsbereichen, könnten dies sowohl Partnerschaften aus dem Bereich der Netzzusammenschaltung wie auch aus dem Bereich der Dienstleistung sein.

Durch die oftmals nur schleppende Bearbeitung und die von Fall zu Fall unterschiedlichen Entscheidungen der Regulierungsbehörde fehle u. a. die für den Netzaufbau notwendige Planungssicherheit, was wiederum zu einer deutlichen Benachteiligung der alternativen Carrier gegenüber dem Nochmonopolisten führe.

Hintergrund

Wenn Rathäuser Netze knüpfen

Trotz betonter Professionalität, die bei den Matadoren wie ein Schutzschild voran in die Werbeschlacht geführt wird, scheint man sich bei den Initiatoren von Citynetzen insgeheim bewußt zu sein, es mit Neuland zu tun zu haben.

Gut für Sie, wenn Sie sich als Dienstleister in diesem Bereich profilieren möchten. Wenn Sie über die Etablierung eines Stadtnetzes in Ihrem Entscheidungsbereich urteilen müssen, ist es jedoch manchmal sicherer, sich einen Spezialisten zu holen.

In Deutschland sind derzeit vor allem vier Anbieter als Spezialisten für den Netzaufbau tätig:

- Deutsche Telekom AG bzw. deren Tochter, die DeTeSystem,
- Colt Telecom,
- WorldCom/MFS und
- Helsinki Telecom Deutschland.

Gestützt teilweise durch finanzstarke Investmentgruppen vor allem aus dem Ausland, stampfen sie mittlerweile ein Stadtnetz nach dem anderen aus dem Boden. Gewappnet zudem durch Erfahrungen in den anderen Ländern, wissen sie genau, wo sich Stadtnetze lohnen und wo nicht. Wer also auf Nummer Sicher gehen will, holt sich zunächst eine Expertise von diesen Profis ein – bevor er mit seinem Stadtnetz in der städtischen Kanalisation baden geht.

16 Aus der Praxis

Der Verband der Postbenutzer e. V. in Offenbach hat folgende Thesen für den Umgang mit den neuen Telekommunikationsmärkten zusammengestellt:

Telefonanlagen, die älter als drei Jahre sind, sind vielfach unwirtschaftlich.
Die Innovationszyklen werden immer kürzer. Dies gilt inbesondere für Telekommunikationsanlagen (Fernsprechnebenstellenanlagen). Dies hat unter anderem zur Folge, daß Anlagen, die erst vor drei oder vier Jahren gekauft und finanziert wurden, heute schon unwirtschaftlich sein können.

Zu den im Mitgliedsbeitrag enthaltenen Leistungen des Verbandes gehört die Überprüfung der Wirtschaftlichkeit einer vorhandenen TK-Anlage. Wenn Sie von dieser Möglichkeit in den letzten drei Jahren keinen Gebrauch gemacht haben, dann sollten Sie den entsprechenden Fragebogen TK-Anlagen bei uns anfordern.

Die Erweiterung vorhandener Telekommunikationsanlagen, aber auch die Umrüstung auf ISDN sind fast immer unwirtschaftlich.
Jahrzehntelang war es richtig, eine neue Telekommunikationsanlage in ihrer Kapazität so zu dimensionieren, daß sie in einem Zeitraum von fünf bis sechs Jahren auf jeden Fall erweitert werden kann, ohne die technischen Ausbaugrenzen zu überschreiten.

Mit dem Ersatz elektromechanischer Telefonanlagen durch elektronische haben sich auch die Planungsgrundlagen erheblich verändert. Heute ist es sinnvoll, auf einen Zeitraum von nicht länger als drei Jahren zu planen; denn in der Regel ist es nicht mehr wirtschaftlich, eine vorhandene Telekommunikationsanlage, deren Kapazität ausgenutzt ist, zu erweitern.

Regelmäßig unwirtschaftlich ist es, vorhandene TK-Anlagen auf ISDN umzurüsten. Dies gilt nicht nur für TK-Anlagen, die zur Zeit noch mit analogen Amtsleitungen beschaltet sind, sondern in den meisten Fällen auch für die Umrüstung vom „deutschen ISDN" (1TR6) auf Euro-ISDN. Wenn Sie vor der Frage einer Erweiterung oder der Umrüstung Ihrer TK-Anlage stehen, dann sollten Sie keinen Auftrag erteilen, bevor Sie den Fragebogen TK-Anlagen bei uns angefordert und die Auswertung von uns erhalten haben.

Ist Outsourcing von Telekommunikationsanlagen wirtschaftlich sinnvoll? – Es kommt darauf an.
Das Outsourcing von Telekommunikationsanlagen kann wirtschaftlich durchaus sinnvoll sein, wenn dies im Rahmen der Gründung einer Dienstleistungstochter geschieht, auf die das Unternehmen bestimmenden Einfluß hat. Es

kann beispielsweise wirtschaftlich sinnvoll sein, wenn eine Konzernmutter und die Konzerntöchter die gemeinsam benutzte TK-Anlage auf eine Dienstleistungstochter übertragen, die möglicherweise noch zusätzliche Aufgaben hat, wie beispielsweise die Bereitstellung von EDV-Kapazität.

Problematisch wird es regelmäßig dann, wenn die Bereitstellung von Telekommunikationsdienstleistungen auf Dritte übertragen werden soll. Die uns zur Prüfung vorgelegten Verträge waren für die Kunden außerordentlich negativ formuliert. Die zu erbringenden Dienstleistungen wären nicht nur viel zu teuer gewesen, sie hätten vor allem nicht die technischen Möglichkeiten geboten, die heute Stand der Technik sind. Beispielsweise war regelmäßig die Versorgung mit analog durchschaltenden Anlagen vorgesehen, ISDN-Dienstleistungen hätten besonders vereinbart und zu teuer bezahlt werden müssen, und zu Problemen wäre es spätestens dann gekommen, wenn neue Dienstleistungen genutzt oder TK-Anlagen vernetzt werden sollten.

Wenn Sie das Outsourcing von Telekommunikationsdienstleistungen planen, die Dritte für Sie erbringen sollen, dann sollten Sie uns rechtzeitig vor Vertragsabschluß eine Kopie zur Beurteilung zusenden.

„Von einem Hersteller haben wir eine Ausschreibung erstellen lassen, bitte prüfen Sie die Angebote."

Es ist ein alter Hut, ein Lieferant kann niemals der optimale Berater seiner Kunden sein, schließlich muß er eigene wirtschaftliche Interessen verfolgen.

Wenn Sie eine neue Telekommunikationsanlage benötigen, dann ist es absolut falsch, einen Hersteller (meist ist es der derzeitige Lieferant) zu bitten, eine Ausschreibung zu erarbeiten. Dies tun Lieferanten von Telekommunikationsanlagen erfahrungsgemäß bereitwillig; denn wie jeder Mensch, so hat auch jedes Unternehmen seine „Handschrift". Da die Zahl der leistungsfähigen Anbieter von Telekommunikationsanlagen relativ gering ist, kennt natürlich jeder jeden und auch seine „Handschrift". Ein Anbieter von TK-Anlagen, der eine solche Ausschreibung erhält, weiß sofort, welcher Konkurrent sie erstellt hat, und glaubt damit, selbst keine Chance beim ausschreibenden Unternehmen zu haben.

Auf diese Weise läßt sich ein optimales Ergebnis sicherlich nicht erreichen.

Wie beschafft man eine optimal konfigurierte Telekommunikationsanlage zum günstigsten Preis?

Es beginnt regelmäßig damit, daß der Anwender, der eine Telekommunikationsanlage beschaffen will, nicht wissen kann, welche technischen Möglichkeiten es heute gibt und welche davon für ihn sinnvoll sind. Moderne TK-Anlagen sind zwar Serienprodukte, müssen aber durch die richtige Zusammenstellung der Leistungsmerkmale auf die Bedürfnisse des Anwenders zugeschnitten sein.

Seit nahezu drei Jahrzehnten beraten wir unsere Mitglieder bei der Beschaffung von TK-Anlagen. Der erste Schritt ist immer kostenlos, nämlich die Auswertung des Fragebogens (siehe Ziffer 3 dieses Abschnitts). Erkennen wir bei der Auswertung des Fragebogens, daß Beratungsbedarf besteht, dann erhält das Mitglied ein Angebot. In diesem wird ein Festpreis genannt und die Abrechnung auf Erfolgshonorarbasis angeboten.

Der erste und besonders wichtige Schritt ist ein Besuch beim Mitglied, um ein „Konfigurationsgespräch" zu führen. Beim Konfigurationsgespräch werden die Bedürfnisse des Mitglieds erfragt, sein Anforderungsprofil an die neue TK-Anlage diskutiert. Das Ergebnis ist die „Konfiguration". Am Ende dieses Konfigurationsgesprächs steht fest, welche Kapazität und welche Leistungsmerkmale die zu beschaffende Telekommunikationsanlage haben muß. Erst dann können sinnvollerweise Angebote bei allen relevanten Marktteilnehmern angefordert und ausgewertet werden. Die Auswertung der Angebote ergibt zwar eine erste Übersicht, ist aber noch keine Entscheidungsgrundlage für eine Auftragserteilung.

Der nächste wichtige Schritt ist das Führen der Vergabegespräche mit den Lieferanten beim Beratungskunden. Erst nach Abschluß der Vergabegespräche kann eine vertretbare Empfehlung ausgesprochen werden. Erst im Anschluß daran sollte der Kunde entscheiden, welcher Lieferant den Auftrag erhalten soll.

Bei der Bewertung der Gesprächsergebnisse muß insbesondere auch die Ausgangsposition des Beratungskunden beachtet werden. Besteht nämlich ein noch nicht kündbarer Miet- oder Wartungsvertrag, dann müssen beim Vergleich die an den bisherigen Lieferanten zu zahlenden Entschädigungsbeträge mitbewertet werden, sollte der bisherige Lieferant nicht den Auftrag für die neue TK-Anlage erhalten.

Anwender, die nicht oder nicht sachgerecht beraten werden, machen fast regelmäßig den Fehler, diese oft sehr hohen Erfüllungsansprüche nicht zu erkennen und auch nicht zu bewerten.

Nach unserer Auffassung ist die Vereinbarung eines Erfolgshonorars immer die für den Kunden schlechteste Möglichkeit. Da aber viele Berater ausschließlich auf Erfolgshonorarbasis arbeiten, bieten wir unseren Mitgliedern beide Möglichkeiten. Der große Vorteil für unsere Mitglieder: Die Entscheidung, ob das bereits vor der Auftragserteilung bekannte Festhonorar oder ein Erfolgshonorar gewählt wird, muß unser Mitglied erst dann treffen, wenn der Erfolg wertmäßig feststeht.

Private Anbieter von Telekommunikationsdienstleistungen sind vielfach deutlich billiger als die Deutsche Telekom AG – nicht nur Hauptstandorte, sondern auch die Niederlassungen sollten gegebenenfalls angebunden werden.
Private Anbieter von Telekommunikationsdienstleistungen im Rahmen sogenannter Corporate Networks berechnen deutlich niedrigere Verbindungsentgelte („Telefongebühren") als offiziell festgelegt. Dies gilt jedoch regelmäßig nicht für Citygespräche (Orts- und Nahgespräche) und Verbindungen in die Region 50. Dafür aber für Gespräche in die Region 200, für nationale und internationale Ferngespräche und auch für Verbindungen in die Mobilfunknetze.

Nach unserem Kenntnisstand nutzen viele unserer Mitglieder bereits diese Möglichkeiten. Wir haben aber auch festgestellt, daß nicht selten vergessen wird, daß ein Unternehmen fast regelmäßig nicht nur einen Hauptsitz hat, sondern auch diverse Niederlassungen.

Damit die Leistungen privater Anbieter von Telekommunikationsdienstleistungen optimal genutzt werden können, ist es erforderlich, daß Ihre TK-Anlage routingfähig ist; sie muß also imstande sein, aus der gewählten Rufnummer zu erkennen, ob das abgehend zu führende Gespräch besser über das Netz der Deutschen Telekom AG oder kostengünstiger über das des privaten Anbieters geführt werden kann.

Wenn wir für Sie prüfen sollen, ob die Nutzung der Leistungen privater Anbieter für Sie wirtschaftlich sein könnte, dann sollten Sie auf jeden Fall den Fragebogen TK-Anlagen anfordern und uns zusammen mit dem ausgefüllten Fragebogen Kopien der letzten sechs Rechnungen der Telekom zusenden.

Die Deutsche Telekom AG ist keineswegs immer teurer als Private Anbieter.
Wir haben wiederholt in unseren Rundschreiben darauf hingewiesen, daß die Deutsche Telekom AG seit dem 1. November 1996 bei Vorliegen entsprechender Voraussetzungen Geschäftskundenrabatte gibt. Besonders vorteilhaft ist die Telekom dann, wenn der Telekom-Kunde ein hohes Gesprächsaufkommen in die Bereiche City (Orts und Nahgespräche) und in die Region 50 hat, dagegen weniger Gespräche in die Region 200 oder nationale und internationale Ferngespräche führt.

Die privaten Anbieter können zur Zeit wegen des Fehlens entsprechender technischer Möglichkeiten Citygespräche und Gespräche in die Region 50 noch nicht rabattieren. Zu den Telekom-Kunden, die besonders viele Gespräche in diese Tarifgebiete führen, zählen die meisten Behörden (Gemeindeverwaltungen, Stadtverwaltungen, Kreisverwaltungen, Gesundheitsämter, die Justizverwaltung und weitere Behörden), aber auch Krankenkassen, Sparkassen, Banken und nicht zuletzt der Einzelhandel.

Diese Telekom-Kunden können Rabatte erhalten, wenn sie monatlich mindestens 5000 DM an reinen Verbindungsgebühren (also ohne Grundgebühren und weitere Leistungen der Telekom) zu zahlen haben.

Viele Anwender können sowohl die Leistungen privater Anbieter als auch die Geschäftskundenrabatte der Telekom nutzen.
Nicht wenige unserer Mitglieder haben ein derart hohes Gesprächsaufkommen, daß es sinnvoll ist, für Citygespräche und Gespräche in die Region 50 die Geschäftskundenrabatte der Telekom zu nutzen, für alle anderen Gespräche dagegen die niedrigeren Preise privater Anbieter.

Wenn Sie ein hohes Gesprächsaufkommen haben, dann sollten Sie unbedingt den Fragebogen TK-Anlagen anfordern und uns mit dem ausgefüllten Fragebogen Kopien der letzten sechs Rechnungen der Telekom zusenden.

Rebilling – eine neue Möglichkeit, Geld zu sparen.
Neben den „großen" Nutzern von Telekommunikationsdienstleistungen gibt es eine Fülle von Anwendern, die weder die Leistungen privater Anbieter noch die Geschäftskundenrabatte der Telekom nutzen können. Dazu gehören auch viele Außenstellen großer Unternehmen.

Rebilling für Verbindungsentgelte („Telefongebühren") ist neu auf dem deutschen Markt. Darunter versteht man, daß ein Unternehmen als eine Art Großhändler gegenüber der Deutschen Telekom AG auftritt und das Gesprächsaufkommen bündelt. Auf diese Weise können Geschäftskundenrabatte der Deutschen Telekom AG erzielt werden. Ein Teil dieser Rabatte wird dann an Kunden weitergegeben, die für sich allein wegen des zu niedrigen Gesprächsaufkommens keine Rabatte erhalten könnten. Da die Deutsche Telekom AG Geschäftskundenrabatte nur „anschlußbereichsbezogen" bietet, muß ein Rebillingunternehmen versuchen, möglichst viele Kunden pro Anschlußbereich zu gewinnen. „Anschlußbereich" ist jeweils der Einzugsbereich einer Ortsvermittlungsstelle der Deutschen Telekom AG.

Soweit sich dieser brandneue Markt überhaupt schon übersehen läßt, werden solche Dienstleistungen neben Unternehmen, die sich darauf spezialisiert haben, vor allem von Lieferanten von Telekommunikationsanlagen angeboten werden.

Verträge über Telekommunikationsdienstleistungen mit einer Laufzeit von mehr als sechs Monaten sollten Sie nicht unterschreiben.
Es kann bei den absehbaren Marktbewegungen für Sie nur nachteilig sein, wenn Sie Verträge mit einer Laufzeit von mehr als sechs Monaten abschließen. Dies gilt sowohl für Verträge mit schon im Markt operierenden Anbietern von

Telekommunikationsdienstleistungen als auch für Verträge mit der Deutschen Telekom AG über Geschäftskundenrabatte. Auch Rebillingverträge sollten keine längere Laufzeit haben.

Die Nutzung von Online-Diensten kann sehr teuer werden. Bis auf betrieblich notwendige Ausnahmen sollten Sie sie grundsätzlich verbieten.
Es ist auch zu verführerisch: Fast jeden Tag flattern einem als Beilagen zu Zeitschriften oder per Mailing Disketten mit der Aufforderung auf den Tisch: „Jetzt gratis testen", „Neu! 10 Stunden gratis" und ähnliche. Da es in den Unternehmen und den Verwaltungen zunehmend vernetzte Workstations gibt, ist verständlicherweise die Versuchung groß, diese Angebote auch zu nutzen.

Dabei wird nicht erkannt, daß solche Angebote nie kostenlos genutzt werden können; denn auch während der 10 Gratisstunden fallen natürlich Telefongebühren an. Und nicht zuletzt geht meist sehr teure Arbeitszeit verloren. Fast regelmäßig wird dabei übersehen, daß man sich ja zunächst einmal anmelden muß und mit der Anmeldung nach Ablauf der 10 Gratisstunden zum entgeltpflichtigen Teilnehmer wird. Entsprechend groß ist der Ärger, wenn die erste Rechnung des Online-Netzbetreibers das Unternehmen erreicht.

Wir empfehlen Ihnen, die Nutzung solcher Angebote grundsätzlich zu verbieten und berechtigte Ausnahmen davon abhängig zu machen, daß sie von einer von Ihnen zu benennenden Stelle geprüft und genehmigt wurden.

„Internet-Surfer in der Gebührenfalle"
Unter dieser Überschrift berichtete die Frankfurter Rundschau am 14. Juni 1997 darüber, daß für betrieblich genutze Online-Anschlüsse, die auch Hörfunk- und Fernsehsendungen empfangen können, Rundfunkgebühren (Hörfunk- und Fernsehgebühren) gezahlt werden müssen. Und dies auch dann, wenn die Möglichkeit zwar rein technisch betrachtet vorhanden ist, tatsächlich aber nicht genutzt wird.

Online-Anschlüsse im privaten Bereich sind von dieser Regelung ausgeschlossen. Es soll aber nicht wenige Freaks geben, die ihre vernetzte Workstation mit privaten Mitteln aufrüsten, um auch die Online-Dienste nutzen zu können, deren Nutzungsmöglichkeiten der Betrieb weder bereitgestellt hat noch bereitstellen will. Das kann also sehr teuer werden.

AMPS (Advanced Mobile Phone-Service)
Älterer Standard für Funktelefonie. Das AMPS-System wird in den USA, in Kanada, Alaska sowie Australien und Neuseeland eingesetzt. Es ist deutlich weniger leistungsfähig als das in Europa und dem Rest der Welt inzwischen übliche GSM-Verfahren.

Analog- oder a/b-Schnittstellen
Auch an digitalen Vermittlungsstellen werden weiterhin analoge Schnittstellen, die sogenannten a/b-Schnittstellen, angeboten. An diesen Schnittstellen können alle heute üblichen Endgeräte aus dem analogen Telefonnetz weiterbetrieben werden.

ANSI (American National Standards Institute)
Unabhängige, nichtkommerzielle, nichtstaatliche US-Organisation, die Standards zur Kompatibilität von Produkten auf dem Gebiet der Programmiersprachen, der Datenverarbeitung sowie der Telekommunikation entwickelt und vorschlägt, vergleichbar etwa dem deutschen DIN.

BAPT (Bundesamt für Post und Telekommunikation)
Das BAPT ist eine Bundesoberbehörde mit Sitz in Mainz. Seit 1.1.1998 ist dieses Bundesamt der Regulierungsbehörde für Telekommunikation im Geschäftsbereich des Bundesministeriums für Wirtschaft (BWi) angegliedert. Es führt hoheitlich-regulierende Aufgaben im Bereich der Telekommunikation und des Postwesens aus.

Carrier
1. Carrier (engl. „Träger“) nennt man die großen Festnetzbetreiber wie die Deutsche Telekom, auf deren Netzen unabhängige Unternehmen ihre Netzdienstleistungen anbieten.
2. Von einem Akustikkoppler oder Modem während der Verbindung gesendetes Tonsignal. Wird kein Trägersignal mehr übertragen, nimmt das andere Modem an, daß die Verbindung abgebrochen ist und gibt die Kennung „NO CARRIER“ aus.

CDMA (Code Division Multiplex Access)
Ein Verfahren, das mehreren Benutzern den Zugriff auf einen Übertragungskanal ermöglicht. Dabei belegen alle Benutzer denselben Frequenzbereich, jedoch wird das Nutzsignal für jeden Benutzer unterschiedlich codiert. Somit können die Daten der einzelnen Benutzer im Übertragungskanal klar voneinander unterschieden werden.

CN (Corporate Network)
Unternehmensweite und -eigene Netze von Unternehmen mit wenigstens fünf dezentralen Unternehmenseinheiten bis hin zu weltumspannenden Netzen, auf denen Sprach-, Daten- und Bildkommunikation unabhängig von öffentlichen Netzen etwa der Deutschen Telekom betrieben werden kann.

Dialer
„Wähler“, Programmteil zum Anwählen des Internet-Knotens.

DTAG (Deutsche Telekom Aktiengesellschaft)
Nachfolgeunternehmen der Deutschen Telekom Bundespost, die 1995 in eine Aktiengesellschaft umgewandelt wurde. Das Unternehmen ging im November 1996 an die Börse.

EDI (Electronic Data Interchange)
Bezeichnet die standardisierte Möglichkeit zum elektronischen Datenaustausch etwa bei der Abwicklung finanzieller Transaktion online. Kommunikationsdienst für den Austausch von strukturierten Geschäftsdaten.

EDSS1 (European Digital Subscriber System Nr. 1)
ISDN-Protokoll, das einen europaweit einheitlichen Standard darstellt, der in Deutschland den nationalen Vorgängerstandard 1TR6 ersetzt. Auch unter DSS1 (*Digital Subscriber System Nr. 1*) bekannt.

GPS (Global Positioning System)
Das US-Verteidigungsministerium hat, ursprünglich für militärische Zwecke, ein Radionavigationssystem mit dem Namen *NAVSTAR* entwickelt. In etwa 20 200 km Höhe umkreisen 24 GPS-Satelliten in sechs Bahnebenen die Erde. Sie ermöglichen bei Sichtlinienverbindung weltweit jederzeit den direkten Empfang von Radiosignalen zur Bestimmung der Position, der Geschwindigkeit und der Zeit.

GSM (Global System for Mobile Communications, ehemals Groupe Spéciale Mobile)
Ursprünglich nach dem Ausschuß des europäischen Instituts für Standardisierung in der Telekommunikation ETSI (*European Telecommunications Standards Institute*) in Nizza eingeführter, später umgetaufter Standard, auf den sich die Betreiber von digitalen öffentlichen Funknetzen geeinigt haben. Er hat sich mittlerweile zu einem Weltstandard für digitale Mobilkommunikation entwickelt. Nach ihm arbeiten auch die deutschen digitalen Mobilfunknetze D1, D2 privat und E-plus. Die beiden D-Netze nutzen jedoch das 900-MHz-Band, während E-plus auf 1800 bzw. 1900 MHz arbeitet.

H.320
In dieser Empfehlung der ITU sind die technischen Anforderungen für Schmalband-Bildtelefonsysteme und Videokonferenz-Endgeräte spezifiziert wie Kommunikationsmodus, Gerätetypen, Rufkontrolle etc.

IP (Internet Protokoll)
Transportprotokoll im Internet, auf dem andere Protokolle aufbauen. IP verpackt die Informationen, die gesendet werden sollen, in ein Datenpaket und wählt den besten Weg, um das Paket an sein Ziel zu schicken. Dort werden die Pakete wieder geöffnet, die Daten entschlüsselt.

IPX (Internet Packet Exchange Protocoll)
Bei dem IPX-Protokoll handelt es sich um ein herstellerspezifisches Netzwerkprotokoll, das vorwiegend in Netware-Umgebungen eingesetzt wird. IPX definiert ein spezielles, verbindungsloses Übertragungsprotokoll.

IS (Intermediate-System)

Ein System, das bestimmte Dienste für die Endgeräte bereitstellt, wie etwa Brücken und Router. Allgemein wird zwischen einem Intermediate-System und einem Relay-System unterschieden. Ersteres können beliebige Router oder Hosts mit Router-Intelligenz sein, letzteres sind reine Verbindungselemente, also nur Router. Auf diese Weise können Subnetze verschiedener Typen sowohl im LAN- als auch im WAN-Bereich zu einem einheitlichen globalen Netz verbunden werden.

IS–41 (Intersystem 41)

Ein Ende der 80er Jahre von der amerikanischen Elektronik- und Telekommunikations-Industrie (*EIA/TIA*) eingesetzter Ausschuß, der einen terrestrischen Standard für zellularen Mobilfunk entwickeln sollte. Das Ergebnis war der heutige Mobilfunkstandard in den USA.

ITU (International Telecommunications Union)

Internationale Fernmeldeunion mit Sitz in Genf, eine Unterorganisation der Vereinten Nationen.

LCR (Least Cost Router)

„Routenweiser für geringste Kosten" oder „Intelligente Weichenstellung". Bei der LCR-Box handelt es sich um einen Zusatzkasten, der an eine betriebseigene Telekommunikationsanlage angeschlossen wird. Er wickelt alle abgehenden Telefonate – übrigens auch Telefaxe – automatisch über den kostengünstigsten Weg, d.h. das kostengünstigste Netz ab.

LEO-Technologie (Low Earth Orbit)

Es werden im allgemeinen drei grundsätzliche Vorgehensweisen bei der Installation von Satellitennetzen unterschieden: In erdnaher Umlaufbahn, etwa 800 km von der Erde entfernt,befinden sich die Umlaufbahnen der LEO-Satelliten; bei ca. 10 335 km beginnt der geostationäre Orbit. Grob gerechnet in der Mitte zwischen beiden in einer Flughöhe zwischen ca. 9000 und 15 000 km kreisen *Medium-Earth-Orbit-*, *Intermediate-Circular-Orbit-* oder MEO-Satelliten.

MSN

1. (*The Microsoft Network*): Unter dieser Bezeichnung betreibt der US-Softwarehersteller Microsoft einen eigenen weltweiten Online-Dienst in Konkurrenz zu T-Online, Amercia Online (AOL) oder CompuServe.
2. (*Multiple Subscriber Number*): Die einzelnen Rufnummern bei einem Mehrgeräteanschluß im ISDN (Protokoll DSS1). Mehrfachbelegungen sind möglich, wenn die jeweiligen Dienstekennungen unterschiedlich konfiguriert sind.

OEM (Original Equipment Manufacturer)

„Original-Gerätehersteller"; Markenhersteller lassen sich vielfach von Produktlieferanten in sog. OEM-Verträgen das Recht einräumen, das Produkt unter eigener Marke zu verkaufen. So sind etwa von der Deutschen Telekom angebotene Produkte meistens OEM-Produkte, bei denen Telekom als Markenanbieter auftritt, die Marke des eigentlichen Herstellers aber nicht in Erscheinung tritt.

PDC (Personal Digital Cellular)
Japanischer Mobilfunkstandard. Er nutzt das 800-MHz-Band.

PMxAs oder PMX (ISDN-Primärmultiplexanschluß)
Der PMxAs dient zur Anschaltung mittlerer bis großer TK-Anlagen oder DV-Anlagen mit S_0-Schnittstelle (z. B. S_0-PC-Karte). Er besitzt 30 Nutzkanäle (B-Kanäle) mit einer Übertragungsgeschwindigkeit von je 64 kbit/s und einem Steuerkanal (D-Kanal) mit ebenfalls 64 kbit/s Übertragungsgeschwindigkeit. Als Übertragungsmedium werden zwei Kupferdoppeladern oder zwei Glasfasern verwendet (Quelle: Deutsche Telekom).

Router:
Ein Router („Weichensteller") ermittelt anhand einer von ihm erstellten Routing-Tabelle, in der sämtliche im Netzwerk verfügbaren Ziele aufgeführt sind, und aufgrund der Zieladressen eines bestimmten Protokolls den Weg für eine Datenübertragung.

S_0-Schnittstelle
Bei der S_0-Schnittstelle handelt es sich um die international standardisierte Schnittstelle für ISDN-Endeinrichtungen. Diese Schnittstelle kann sowohl in Punkt-zu-Punkt-Konfiguration, z. B. für den Anschluß von Telekommunikationsanlagen, als auch in Punkt-zu-Mehrpunkt-Konfiguration zum Anschluß von bis zu acht ISDN-Endgeräten betrieben werden.

S_{2M}-Schnittstelle
Die S_{2M}-Schnittstelle ist ebenfalls wie die S_0-Schnittstelle eine endgerätebezogene Schnittstelle. Sie wird ausschließlich in Punkt-zu-Punkt-Konfiguration für den Anschluß von Telekommunikationsanlagen überlassen.

SDH (Synchrone Digitale Hierarchie)
Übertragungsstandard für mehrere Datenübertragungsraten für Hochgeschwindigkeitsnetze auf ATM-Glasfaserkabel. Der Vorteil der SDH liegt hauptsächlich in der eingebauten Netzwerkvermittlung.

SDM (Short Data Messaging)
Verfahren zur Kurzdatenübertragung von bis zu 100 Zeichen im Bündelfunk.

SET (Secure Electronic Transaction)
Ein von den Kreditkartenorganisationen MasterCard und VISA entwickelter Standard zur sicheren elektronischen Datenübertragung bei Online-Transaktionen (Quelle: getfax).

SIM (Subscriber Identification Module)
Die Teilnehmerkarten für die digitalen Mobilfunknetze nach GSM-Standard enthalten das Teilnehmer-Identifikations-Modul, mit dem die persönliche Zuordnung eines GSM-Anschlusses möglich wird.

SMS (Short Message Service)
Kurznachrichtendienst, der im Rahmen der GSM-Spezifikationen angeboten wird.

SNA (Systems network architecture)
Systemarchitektur für IBM-Großrechner, die 1974 eingeführt wurde und ursprünglich als Baum-Topologie mit einem zentralen Host realisiert war.

Tetra (Trans-European Trunked Radio Access)
Der digitale Standard für Bündelfunk wird in Deutschland voraussichtlich ab 2000 eingeführt. Adapter sollen dann auch für analoge Installationen bereitstehen. Tetra soll neben weitgehender Abhörsicherheit und Sprachkommunikation die Möglichkeit bieten, auch Daten mit hohen Übertragungsraten auszutauschen.

TK-Anlage
Telekommunikationsanlagen, vor allem zum Anschluß an das ISDN.

1TR6 (1. Technische Richtlinie Nr. 6 des Forschungs- und Technologiezentrums [FTZ] der Deutschen Telekom)
Nationales ISDN-Protokoll der Telekom, definiert die Übertragungsregeln des nationalen ISDN.

Webpage
Unter einer Webpage (web = engl. für „Gewebe", „Gespinst", „Gewirr", „Netz"; page = engl. für „Seite") oder Internetseite versteht man den Teil eines Internet-Programmangebots, der beim Aufruf mit oder ohne Benutzung des seitlichen Rollbalkens auf einer Bildschirmseite wahrnehmbar gemacht werden kann.

X.25
Bei der Empfehlung X.25 handelt es sich um einen Schnittstellenstandard zwischen Datenendeinrichtung und Datenübertragungseinrichtung, der von der ITU erarbeitet wurde. Er wurde entwickelt, um Terminals über weite Strecken an Großrechner anzubinden. X.25 ist eine Norm für Netzwerke auf Basis von Paketvermittlung (Länge der Datenpakete üblicherweise 128 Byte).

Stichwort- und Personenverzeichnis

A

Abrechnung 93
Abschottungen 272
Access Boxen 72
ActiveX 269
AGT 82
Alarmanlagen 148, 204
Alexander Batteries 79
Allgemeiner Netzzugang 97
Amerika 169
Andreas Kolbatz 145
Anja Gutacker 208, 214
Anmeldeformulare 214
ANSI 273
Application Sharing 250
AS 502 80
Ascom 82, 200
ATM 285
Außendienst 133
Außendienststeuerung 121
Austauschgerät 122

B

B. Braun Melsungen AG 266
Backbonenetz 269
Bayerische Landesbank Girozentrale 291
Bayernwerk Netkom GmbH 291
berolina elektronik GmbH 143
Betriebsfunk 132
Bewag 146
Beweislast 102
Bildschirmtext (Btx) 232
Bildtelefon 244
Bilog AG 122
Bosch Telecom 75
Breitbandkabel 244
Buchhändler ABC 230
Bündelfunk 110, 158, 201, 204
Bündelfunkkosten 136
Bundesministerium für Post und Telekommunikation 73
Bundesverband Mittelständische Wirtschaft (BVMW) 71

C

Call Center 42, 263
Call-Home-Funktion 67
Callback 60
Calling Card 30, 66
CB-Funk 130, 233
CD-ROM 175
CeBIT 111
Cellway 22, 77
Centrex 263
Christian Schwarz-Schilling 176
Citycarrier 280
Citykom Münster 292
Cityruf 190, 191
Claus Schneider 252
CNS 279
CNT Telecom AG 83
Colt Telecom GmbH 19, 23, 292
ColtLine 85
Com.s.a.t.D 79
CompuServe 116
ComTel Electronics System GmbH 72, 86, 230
Container Monitoring System (CMS) 202
Corporate Network 122, 260, 299
Cybercash 236

D

D-Plus 123
D1 163, 169, 191
D2 61, 163, 169
D2-Message 117
Daimler-Benz Aerospace 167
Dänemark 81
Datenaufkommen 261
Datenautobahn 116
Datenübertragung 154, 262
DatexP 121
Debitel 19, 22, 32
DeTeMedien 177
DeTeMobil 159, 200
DeTeSystem 292
DeTeWe 245

Deutsche Bahn AG 146
Deutsche Funkruf 193
Deutsche Presse-Agentur (dpa) 193
Deutsche Telekom Siehe Telekom
Dialogverkehr 262
Diensteanbieter 90
Dieter Hähle 123
Dieter Riegelhof 230
Dietmar Gollnick 201
Dietmar Kratzer 234
Digital Equipment GmbH 234
Digitale Banknote 237
Direct Access 266
DirectDial 83
direktRuf 83
Distanzabhängige Tarifierung 230
Domain-Schutz 183
Dr. Dietmar Gollnick 152
Dr. Neuhaus 79
Dual Mode 170
Dual-Band-Handy 116

E
E-Mail 121, 244, 268
E-Mail-System 247
E-Mail-Weiterleitung 197
E-plus 61, 114, 115, 119, 162, 163, 171
ec-Karte 70, 264
Einzelfaxversand 224
Einzelverbindungsnachweis 97
Electronic Commerce 233, 234
Electronic Data Interchange (EDI) 234
Elektronischer Wachhund 203
Energiewirtschaft 140
Entsorgung 201
Equant 237, 267
Ericsson 168
Ersatz-Handy 122
European Information Technology Observatory (EITO) 229
Extrane 236

F
Fax 85, 119, 244
Fax Business Control (FBC) 83
Fax-Back 223
Fax-Gateways 121
Fax-in 223
Fax-on-Demand 220
Faxabruf 219
Faxpolling 219
Faxsoftware 216
Fernsteuerung 118
Fernüberwachung 118
Fernwirktechnik 141
Filetransfer 262
Flottenmanagement 118
Flottensteuerung 203
FMW 83
Ford 243
Forrester Research 238
Frame Relay 267
France Télécom 164
Francisco Ramos Saldo 86
Free & Easy Card 114
Freecall 184
Frosch Touristik International (FTI) 267
Fuhrunternehmer 152
Funkfachhändler 130, 205
Funkrufempfänger 190
Futterer & Maier-Wolf (FMW) 83

G
Garmhausen AG 270
Gateway Server 72
GCS 253
GelsenNet GmbH 288
Gemeindegebiet 143
Geschäftskundenrabatte 299, 300
Geschäftsreisen 250
Gesellschaft für Datenfunk (GfD) 200
Getrennter Leistungsnachweis 92
GfK 193
Gil Gordon 242
Gleichbehandlungsgrundsatz 91
Global Conferencing Services (GCS) 253
Global One 164
Global Positioning System (GPS) 204
Globalstar 167
GPS-Satellitensystem 118
Gruppenruf 121
GSM-Datendienste 118
GSM-Direktanbindung 77

GSM-Netze 165
GSM-Versorgung 162
GSMÄ900-Standard 116
GTC 208

H
H&W Daten- und Fernmeldetechnik 143
Handwerk 120, 137, 140, 153
Handy 60, 115, 120, 190
Hannoversche Telekommunikations- und Netzgesellschaft mbH (HTN) 290
Hans-Ingo Zücker 260
HanseNet 22, 289
Haus- und Grundstückseigentümer 95
Heidelberger Druckmaschinen AG 251
Helmut Blank 236
Helsinki Telecom Deutschland 292
Henkel 246
Home Office 244
Hörgeschädigte 197
Hotels 66, 254

I
ICO Global Communications 166
Info AG 22, 260
Inmarsat 164
Input 238
Institut für Arbeitswirtschaft und Organisation (IAO) 229
Intelligentes Routing 75
Interconnect Agreement 62
Interessengemeinschaft der Privaten Bündelfunkbetreiber (igb) 159
Interflottenruf 135
International Air Transportation Association (IATA) 266
International Freephone Service 186
International Telecommunication Union (ITU) 183
Internet 41, 124, 228, 250, 268, 301
Internet Engineering Task Force (IETF) 271, 272
Internet Service Provider (ISPs) 231
Internet Virtual Private Network (iVPN) 269
Internet-Browser 275
Internet-Protokoll (IP) 228
Internet-Telefonie 228
intertelcom 83
Intranet 237
IP-Telefonie 232
Irene Anspach 252
Iridium 162, 170
ISDN 120, 243, 247, 251, 253, 264, 296
ISDN SparBox 84
ISDN-Anschluß 216
isicall 69
ISIS Multimedia Net GmbH 286

J
Japan 169
Java 269
Johannes Buhr 244
Jürgen Tuffentsammer 267
Just-in-time-Produktion 234

K
Kälte- und Klimatechnik 149
Karlheinz W. Huber 279
KEVAG 140
Klaus Elftmann 254
Klaus Harisch 176
Klimatechnik 137
Kommunalverwaltung 144
Kommunen 143
KomSa 80
Kuhnt 80
Kundenbefragung 215
Kundenfaxzeitung 215
Kundenschutz 90, 91
Kündigung 95
Kündigungsfristen 65
Kurznachrichten 121
KWH Intercai 279
Kyocera 163

L
Landeshauptstadt Hannover 290
Laptop 117, 121
LCR-Box 72
Leasing 126, 253
Least Cost Router 230, 232
Least Cost Routing 27, 71, 85, 261
LEO 167

Letzte Meile 73, 92
Lindner Congress Hotel Frankfurt 254
Local Area Network (LAN) 265
Lockvogelpreise 127
Logistik 235
Loral Space & Communication Ltd. 167
Lothar Hunsel 169
Lotus Notes 250

M

M©Ànet Telekommunikations-GmbH 291
MÀnet 22
Mannesmann Arcor 22, 28
Mannesmann Autocom GmbH 118
Mannesmann Mobilfunk 117
Mannesmann Mobilfunk-D2 28
Marketing 208
Massenfax 208, 212
MediaNet 286
Mercantec 236
Message Resend 196
Metro 176
MFS-WorldCom 22
Miete 96, 252
Mirror Group 237
Mitel 83
Mobilbox 163
MobilCom 73, 77
Mobilfunk 61, 110, 118, 153, 263
Mobilfunktarif 112, 167
Mobilfunkvertrag 113
Mobiline 2000 75
Mobilkommunikation 117, 143
Mobiltelefon 74, 110, 133
Modacom 200
Modem 120
Motorola 134, 163
Multi Mode 170
Multimedia 124
Multipoint-Konferenz 250
Münchener Kreis 242
MVC (Mobile VideoCommunication) Deutschland GmbH 251

N

Nachteilige Vereinbarungen 91
Nebenleistungen 104
NEFkom Telekommunikation GmbH 287
NetCologne 283
NetCom 81
Netz-PC 179
Netzanbieter 123
Netzbetreiber 90, 96, 282
Netzwahl 113
Nokia 134
Norbert Posch 208
Norwegen 81
Novell-Netware 265

O

Odyssey 168
öffentliche TK-Netze 96
Öffentlicher Bündelfunk 144
Ogilvy & Mather 237
Online-Dienste 301
Orbitel 168
Ordnungsamt 145
Oskar Vierling GmbH & Co. KG 80
Otelo 22, 29
Otelo Card 70
Outsourcing 296
Overnight Express Service GmbH 122

P

Pager 190
Paging 171
Parlay 82
Paßwort 273
PayCard 67
PC 154, 232, 243, 244, 257
PCMCIA-Karte 119
Peek & Cloppenburg 264
Peter Doell 266
Peter Mihatsch 29
Peter Wünsch 176
Phonecall SX 79
PictureTel 243
Plusnet-Thyssen 22
PointCast 269
Positionsverfolgung 206
Postreform 95
Prepaid Card 112
Pressemitteilung 215
Produktinformationen 214

PSINet Germany GmbH 236
PSIWeb eCommerce 236
PSIWeb Worldpay 236
PTT Schweiz 279

Q
Qualcomm Inc. 167
Quittungsrufempfänger 139
Quix 193

R
Rebilling 300
Rechnung 124
Rechnungserstellung 98
Reginald Rudorf 110
RegioKom 152, 201
Regiokom Berlin 146
Regus Business Center 251
Reiner Gratzfeld 249
Reisekosten 257
Reiseveranstalter 267
Reparaturen 127
Retrobit 141
Rheinische Bahngesellschaft AG 286
Riegelhof 270
Robert Bosch GmbH 143
Robinsonliste 213
Rolf Schiefer 85
Router 265
Routing 75
RSLCOM 260
Rundsendung 208

S
Sanitär 137
SAP-Entwicklungen 243
Satelliten 162, 244
Satellitengestützter Mobilfunk 166
Sauerwein Multimedia GmbH 253
Scall 192
Scheuten Vermögensverwaltung 176
Schiffahrt 169
Schutzmaßnahmen 105
SDM 154
Secure Electronic Transaction (SET) 236
Seefunk 164
Sekretariatsdienst 196
Service Provider 123, 282
Service-Nummer 49, 50
Service-Provider 93
Shopping 235
Sicherheit 269
Siemens 74
SIM-Karte 116, 165
SITA 266
Skyper 193
SMS-Basis 119
Softwareanbieter 205
Spaceguard 146, 147
Spartips, Pager 195
Speditionen 120, 152, 204
Spotmarkt 124
Sprachaufkommen 261
Sprint 164
Stadtnetz 279
Stadtsparkasse Düsseldorf 286
Stadtsparkasse Hannover 290
Stadtsparkasse München 291
Stadtverwaltung 278
Stadtwerke Düsseldorf AG 286
Stadtwerke Gelsenkirchen GmbH 288
Stadtwerke Hannover AG 290
Standard-Mailbox 197
Steuerung 206

T
T-Card 66, 68
T-Mobil 115, 134, 163, 166, 191, 192
T-NetCall 229
T-Online 37, 40, 98, 175, 191, 228
T-OnlineBox 191
Talkline 22, 27
Taxifahrer 154
TCC TeleComContor GmbH 85
Teamarbeit 242, 258
Techniker Krankenkasse 265
Teilnehmerauskunft 196
TelÃCo 77
Tele Danmark 81
Tele2 260
Telearbeiter 249
Telefax 268
Telefaxmagazin 211
Telefonanlage 24, 296

Telefonaufkommen 262
Telefonauskunft 174
Telefonbuch 174
Telefonkarten 163
Telefonrechnung 131
Telegate 174, 178
Telekom 19, 22, 35, 61, 62, 91, 96, 164, 166, 174, 178, 184, 190, 278, 292, 299
Telekommunikations-Kundenschutzverordnung (TKV) 90
Telekommunikationsanlage 296, 298
Telekommunikationsgesetz (TKG) 278
Telekommunikationskosten 50
TelePassport 19, 22, 32, 62, 84
Teleselling 234
Telesystem International Wireless Corp. (TIW) 152
Telia 81
Telital 168
TelMI 193
Telsat 79
Temex 200
Terminruf 196
Tetra 133
Textpaging 193
Thomas Garmhausen 270
Thomas Windelschmidt 83
Tiefbauamt 145
Transportwesen 169
Triple Mode 170

U
Überwachung 206
UnitedConnect 83
Üstra Hannoversche Verkehrsbetriebe AG 290

V
Vanity-Nummer 180, 182
Verband der Postbenutzer 100
Verband Deutscher Maschinen- und Anlagenbauer (VDMA) 208, 213
Verbindungskennzahl 62
Verfügbarkeit 95
Verkehrsanalyse 262
Verkehrstelematik 118
Vermieter 96
Vermitteltes Breitbandnetzes (VBN) 246
Verträge 93
Vertragslaufzeiten 65
VEW Telnet 22
VIAG Interkom 22
Videokonferenz 243
Virtuelles Privatnetz (VPN) 270
Voice over IP 230

W
Wachschutzunternehmen 204
Welthandy 166
Werbung 181, 212
Werner L. Kuhnert 243
WestLB 286
Wiederverkäufer 90
Wilfried Osterloh 145
Wilfried Röttgers 268
Wilhelm Hübner 177
Windows 265
WorldCom Telecommunication Services GmbH 253
WorldCom/MFS 292

X
X.25-Direktzugang 121
X.25-Netzwerk 266
Xpedite Systems 208
Xtra 115

Y
Yankee Group 238

Z
Zahlungsverkehr 235